U0500823

135**战法系列** 9 典藏版
专家论股

步步为赢

股票交易中的质变节点

宁俊明 / 著

四川人民出版社

图书在版编目（CIP）数据

步步为赢：股票交易中的质变节点 / 宁俊明著. —成都：
四川人民出版社，2021.7
ISBN 978－7－220－12365－8

Ⅰ．①步… Ⅱ．①宁… Ⅲ．①股票交易－基本知识
Ⅳ．①F830.91

中国版本图书馆 CIP 数据核字（2021）第 126476 号

BUBU-WEIYING GUPIAO JIAOYI ZHONG DE ZHIBIAN JIEDIAN
步步为赢：股票交易中的质变节点

宁俊明　著

责任编辑	何佳佳
封面设计	张　科
版式设计	戴雨虹
责任校对	母芹碧
责任印制	许　茜
出版发行	四川人民出版社（成都市槐树街 2 号）
网　址	http://www.scpph.com
E-mail	scrmcbs@sina.com
新浪微博	@四川人民出版社
微信公众号	四川人民出版社
发行部业务电话	（028）86259624　86259453
防盗版举报电话	（028）86259624
照　排	四川胜翔数码印务设计有限公司
印　刷	四川机投印务有限公司
成品尺寸	160mm×240mm
印　张	17
字　数	260 千
版　次	2021 年 7 月第 1 版
印　次	2021 年 7 月第 1 次印刷
书　号	ISBN 978－7－220－12365－8
定　价	49.80 元

前言 谁能与我同醉

这是一片神奇的土地，这是一个魂牵梦绕的地方。来自五湖四海的投资者，"个个握灵蛇之珠，家家抱荆山之王"，为了一个共同的目标，聚集在财富王国，共创中国股市的辉煌。

这里有可歌可泣的壮举，也有风口浪尖上的拼搏；这里有鲜花间的昂首，也有坎坷中的迂回；这里有失败的悲壮，也有期待的感动。所有的过往都化成存在，所有的现在都预示着未来。长长的过去，长长的忠诚，长长的年年岁岁，伴着永恒不变的信念，绘就一幅绚丽多彩的人生画卷，它记录着昨日的历史，昭示着今日的奋进，预示着明日的收获。

我喜欢股市的静谧。凝望着错落有致的K线，欣赏着舒展流畅的均线，那种动与静的和谐，那种对立统一的完美，令人拍案叫绝。每一根K线都是一个生命，每一条均线都是一串故事，它们就那么安详地穿梭在你我中间，"长烟一空，皓月千里，浮光跃金，静影沉璧"。在"心事浩茫连广宇"的股市里，我的心胸变得开阔，性情变得张扬。那种博大、那种广袤，让我深深嵌入这个整体，时间仿佛都静止了，一切都是美妙的。

我喜欢股市的澎湃。潮起潮落，犹如海水掀起的巨浪；参差不齐的成交量，犹如浪花拍击岩石的巨响。我喜欢股市的气吞山河之勇，喜欢股市的排山倒海之势，更喜欢股市永不消失的激情。在这激情燃烧的世界里，每个人骨子里都在暗涌流动；在这激情燃烧的世界里，"瞎子"看到了光明，"聋子"听到了鸟鸣，"哑巴"唱出了动人的歌声。股市让你托起心中的梦想，实现无悔的人生。

我喜欢股市的包容。不论你是土豪商贾，还是普通百姓；不管你是阳春白雪，还是下里巴人，股市不分彼此，一律笑脸接纳。她的广阔，她的深邃，她的无限，她的源源不绝，都来自她的禀性。从她的性情中，我找到了博爱；从她的声音里，我找到了刚毅；在她的宽容里，我洗涤了灵魂；在她的深远里，我学会了坚韧。远远走来，澎湃着满腔热血，穿越血雨腥风的日子，走过辛酸苦楚的时光；遥遥前行，燃起永不熄灭的希望，跨越撕心裂肺的历程，艰难中固守着不屈服。

在实现梦想的过程中，重重艰险横亘眼前，绵绵不断的雪岭，广袤无际的荒原，风沙漫天的沙漠，都是我们必须克服的困难。

在茫茫的股海里，我们必须寻求有利的时机与个股去争取利润，在不利的条件下，我们应该拒绝那种冒险的没有胜利把握的操作。因此，我们必须速战速决，步步为赢，经常地转移板块，有时大盘股，有时小盘股，有时中小板，有时科创板；有时锁定冲天炮，有时轻抚两只鸟，有时伏击支撑位，有时急蹿大步追。一言以蔽之，"海阔凭鱼跃，天高任鸟飞"。

"长风破浪会有时，直挂云帆济沧海"，步步为赢是刘禹锡笔下"千淘万漉"的辛苦，是郑板桥笔下"咬定青山"的坚韧，更是陆游笔下"少壮工夫老始成"的耐心和决心。

让幼稚走向成熟，一同接受股市的洗礼；让热情伴着进取，一起迎接胜利的曙光。我们曾经同路走，沧海桑田我们同回首；我们终究一路行，凯歌高旋我们共悲欢。超越昨夜西风，今宵酒醒，迎接明日辉煌，谁能与我同醉。

《步步为赢》是 135 系列战法的第九部，书中的专业术语、名词解释、操作原则和使用方法，在四川人民出版社的《黑客点击》《胜者为王》《巅峰对决》《下一个百万富翁》《实战大典》《过关斩将》《与庄神通》和《资金布局》里面有详细阐述，请参阅。

宁俊明

2021 年 3 月于北京

目　　录

概论 **众里寻她千百度**

我们在错综复杂、变幻莫测的股市里徜徉，在不同的个股里体会人生百态，在起伏不定的股价中感悟人间冷暖，在快速的决断中彰显生命的力量。

步步为赢就是对准目标打完就走，不恋战，这种交易模式，我们把它称之为超级短线。玩超级短线如同条件反射，既不能彩排，也几乎没时间思考，全凭经验的累积和临战时的盘感。

我们该如何给它定义呢？

就是哪里有钱赚就往哪里去；

就是今天买进明天卖出；

就是富贵险中求……

其实，超级短线就是在股价质变节点上断然一击！

然而，这一击非常不容易，所以才让人们格外着迷。

一、周期与参数

1. 15 分钟图。

2. 5、13、21、144 单位线。

3. 日线有形，分时有点，日线与分时衔接有序。

4. 每次操作平均获利 7% 左右。

二、做超级短线需要满足三个条件

1. 要有五年以上的股龄。至少要经历过一次熊市。当所有的棱角统统被股市磨平以后，你会发现，股市的跌宕起伏不以人的意志为转移；你还会发现，一个短线高手要经历怎样的风吹浪打才能"吹尽狂沙始见金"。

2. 要有累计大幅亏损的经历。比如，在某股上赚了 10 万元，最后把利润又退了回去，像这样不盈反亏的事例数不胜数，不是不想获利了结，而是锁不定。上蹿下跳的股价造就了一大批追涨杀跌的人，但能从"一将功成万骨枯"中脱颖而出的短线高手，血与火让他们养成了略不世出的直觉和掌控力，养成了泰山崩于前而色不变的气度。

3. 要有数千次的交易记录。只有完成量变的积累，才能实现质变的突破。有时候，我们无法立即察觉将要出现或已经出现的质变，只有无数次的量变促使质变的早日到来，但在量变到质变的煎熬中，需要超强的坚韧与耐心。主力可以在几分钟之内毁灭我们的财富，而我们却不能在几分钟之内收复我们的失地。

做超级短线的每一次胜利，都是一路硝烟、一路战火、一路鲜血、一路郁闷走过来的。正是在一次又一次转危为安、转败为胜、转坎坷为通途的努力奋斗中，熔炼出了顽强不息与光彩夺目的生命力。

三、做超级短线需要四种能力

股市有"一赢二平七赔"的说法，真正能够成为短线高手的在万分之五左右，超级短线淘汰率极高，诱惑力极大。因此做超级短线必须经过残酷的魔鬼训练，获取超级能力。

1. 精准识别能力。短线错综复杂，形态错落有致。"研究问题，要从人们看得见、摸得到的现象出发，来研究隐藏在现象背后的本质，从而揭示客观事物的本质矛盾。"只有把握大量规律性的东西，才能"操千曲而后晓声"；只有积极参与大量实战，才能"观千剑而后识器"。

2. 临危不惧的决断能力。速战速决不是摸着石头过河，而是等船过海，因为它有前车之鉴，它有典可考。比如，在与【眼镜蛇】狭路相逢时，无论它有多厉害，就算它是天下第一蛇王，明知会被它的毒液致死，也要挺身而出，即使擒拿失败也虽败犹荣，这就是超级短线的亮剑精神。

3. 快速反应能力。做超级短线讲究的就是生死时速，机会稍纵即逝，要求胆大心细，眼疾手快。做到令行禁止，绝不拖延。

4. 忍耐力和爆发力。短线要忍受孤独，享受寂寞，没猎物出现就卧在草丛里不动如山，宁肯憋得冒汗也不给自己添乱。一旦发现猎物，立即扣动扳机，不管是否击中，时刻准备着快速撤离。

四、做超级短线的四个实施步骤

1. 情况明。知道日线上的形态以及目前所处的具体位置，先让自己心里有底，分时上才会有的放矢。

2. 决心大。"耳闻不如目见，目见不如足践"，一是找到自己最喜欢的形态，二是把握日线和分时上的交汇对接，三是锁定目标马上行动。

3. 方法对。从日线搜索到周线定位，再到分时切入，这是一套完整的交易体系，无论哪个环节出现问题，财富都不会顺畅地流出来。

4. 讲纪律。面对指令，理解的要执行，不理解的在执行中去理解。心浮气躁的"火烧膛"，毛手毛脚的"多动症"不适合做短线；"才下眉头，却上心头""得之若惊，失之若惊"的人也不适合超级短线操作。找到自己，坚守一生。

"试玉要烧三日满，辨材须待七年期"，只要拿出十年磨一剑的工匠精神，不管股市惊涛骇浪，还是风平浪静，超级短线依旧是"大红灯笼高高挂，火树银花不夜天"。

心静，才能看透形态的本质；

心清，才能明辨位置的高低。

第一章  眼镜蛇

◉ 形态特征

在即时图上，股价始终围绕均价线徘徊，有时索性趴在均价线上装死，随着时间的推移，股价突然从均价线上揭竿而起，然后以迅雷不及掩耳之势直奔涨停板。我们把这根奋然挺起的股价线称之为【眼镜蛇】。

眼镜蛇属于爬行动物，颈部很粗，上面有一对白边黑心的环状斑纹，像一副眼镜，激怒时前半身竖起，很吓人。实战中发现【眼镜蛇】，立即将其擒拿归案，短期内会有一波暴涨兑现，见下图。

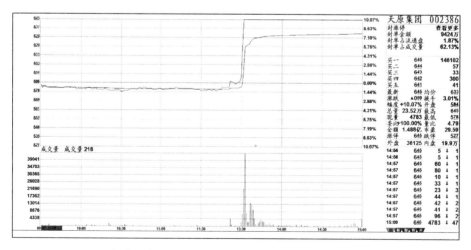

在【眼镜蛇】面前，除了敢于胜利，已经无路可走

◉ 经典记忆

1. **奥维通信**（002231），【一锤定音】的出现，标志着股价的下跌空间已被封闭（详见四川人民出版社 2017 年 6 月《实战大典》第 3 版）。股价能不能涨起来，需要多种因素的配合。当然，你对它感兴趣就不妨关注它，甚至可以用分时线去监视它的动向。

打开 15 分钟图，我们注意到，前不久，它有过【锁定冲天炮】的测试，虽然没有成功，但残留的痕迹依稀可见。看似溃不成军的股价，其实是有组织地聚集在 144 单位线附近。

休整一段时间以后，不安分的股价又开始跃跃欲试，但这一次又犯了一个致命的错误，它把位置搞错了，升空不久就摔了下来。股价像秋天里的树叶，随风摇摆，飘忽不定，你会感叹股价越走越弱，可是在最无助的时候，回落的股价没有击穿 144 单位线，多少也算给了点安慰。也许，不是路太窄，而是我们的眼光太窄；不是路到了尽头，是我们的眼光到了尽头。

后来，指标线和均线不约而至，它们携手完成金叉穿越；尽管股价的未来依然若明若暗，但随着【均线互换】悄然出现，暗示股价的上升趋势没有改变。

在收盘前的最后一个时间段，股价线突然翘起，主力就像挑战风车的唐·吉诃德，顶天立地地站了起来，见图一。

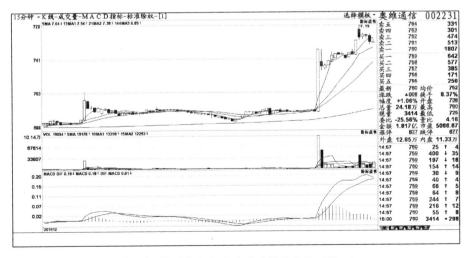

【眼镜蛇】是超级短线致力追寻的猎物（图一）

你永远赚不到超出自己能力范围的钱，如果靠运气赚到了，最后还是会因为你的大意而退还市场，这是一种必然。

你所赚的每一分钱，都体现着你对股市规律的把握深度；你所亏的每一分钱，都暴露出你对股市规律的认识上存有缺陷。

股市的最大公平在于：当一个人的欲望大于他的能力的时候，股市里所有的妖魔鬼怪都会欺负你，直到你的能力与欲望匹配为止。

两千多年前的沛县，33岁的樊哙正在杀狗卖肉，他何曾想过，有一天自己会攻城略地，拜将封侯？陈胜吴广之后，人心思动，48岁的刘邦站出来说，跟我干！樊哙一向对这个姐夫言听计从，放下屠刀投身从戎。鸿门宴口，项庄舞剑，老刘命悬一线，樊哙提盾握剑，挺身救援，这才有了后来的大汉基业。曾经的屠户樊哙一生平定六郡五十二县，打败7支军队，俘获过将军13人，号称刘邦手下第一猛将。试问当日，谁敢想？

25年前，四川简阳17岁的杨丽娟正在小饭馆里擦桌子，她何曾想过，自己日后竟会万众瞩目，身家亿万？当一位顾客悄悄对她说，我新开一家火锅店，就缺你这样的，小杨哪知道这个人、这家店会和自己牵扯一生？只身来到小火锅店的杨丽娟，当收银、做采购，学电脑、考驾照，二十出头当了店长。一次，一群醉汉在店里闹事，体重不到80斤的小杨点齐人马，拿着擀面杖冲在最前面。杨丽娟成了老板最信任的人，小火锅店后来在全球开出400多家分店，都归当年的那位小服务员一人管。随着海底捞火锅的上市，杨丽娟的身家也超过50亿元。试问当日，谁敢想？

23年前，上海的盛一飞在一家设计公司当美工，月薪100多元，他何曾想过有一天自己会被当成一种符号，举世皆知？那年他在上海电视节接到一个设计订单，同事说，对方公司不靠谱，那个领头的马先生一看就是骗子。小盛却相信，马先生说的有道理，互联网一定会改变世界，他毅然从乙方跳到甲方，跟马先生一起北上创业，失败了又跟着他到杭州。如今，当年被认为是"骗子"的马先生成了中国首富，小盛位列"十八罗汉"，盛一飞领衔设计了阿里的中英文网页。试问当日，谁敢想？

当你还是小人物时，绝无可能拥抱层出不穷的机会，你唯一能做的就是跟着一个你认为靠谱的人，让自己涅槃。当你还是平凡人时，绝无可能找到非凡人入伙，你唯一能做的就是与非凡人一同成为非凡人。绝大多数人成功之后，一定被人感叹一句。试问当日，谁敢想？

从即时图上看，股价始终小心翼翼地在均价线附近缓缓蠕动，它安静得如同千年古冢，毫无半点生气。时光流动沉缓，铁沙般灌进心里，沉闷至极。

在行将收盘的最后 15 分钟，股价突然移动，然后风驰电掣般直奔涨停板。从它启动到涨停就是两三分钟的事。假如它不是你的自选股，临盘实战反应过慢的人是根本买不进的，但可以把股价的价格挂得高些，对其实施空中拦截。采取拦截有两种结果：一是出现跳弹，空手而归；二是打提前量，拦截成功，见图二。

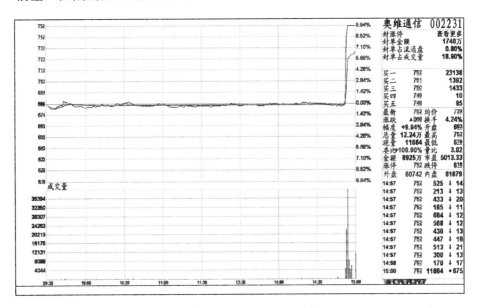

【眼镜蛇】非常优美，但可遇而不可求（图二）

追逐【眼镜蛇】，一开始都是从一个傻傻的愿望开始的。当你明知【眼镜蛇】会失败，甚至被咬伤时你还愿意去做，并且让这种欲望持续燃烧，最后都能成为捕捉【眼镜蛇】的高手。

看盘累了，就安静地躺着，等不来形态就悄悄地忍着，习惯了沉默也就不会多说。它比解释容易，比诉说轻松。对看不惯的个股，转身离去，对得不到的【眼镜蛇】，拱手相送。走过了机会，也就看淡了得失。古人去"三月残花落更开"，亦云"不信东风唤不回"。

独自交易和面对孤独，是成为短线高手亟待解决的两大难题。没有独立的交易方法，肯定逮不住【眼镜蛇】；没有孤独等待，即使【眼镜蛇】在你面前舞之蹈之，你也没有能力把它拿下。假如有一天，你能干净利落地在股市的丛林里发现并且擒拿到【眼镜蛇】，然后把它收回笼子里，你就成为驯蛇大师。从此，股市里就没人敢欺负你了。

我们把目光收回到日线，【一锤定音】出现后，股价没做任何铺垫，甚至连最起码的热身都省略了，出手就是【一阳穿三线】，看似很强势，其实不然。俗话说，强龙不压地头蛇。从它冲击涨停板到自毁形象的表现，可以判断主力在试盘，主要探测市场的跟风热度和盘面的抛压情况。试盘的结果是：跟风不积极，但抛压也不重。于是，主力选择继续整理。一周后，当股价开始【投石问路】时，我们知道，机会来了（详见四川人民出版社 2017 年 10 月《胜者为王》第 4 版），见图三。

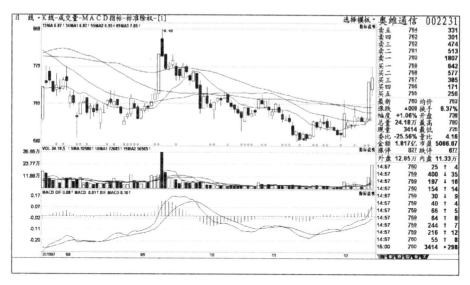

跟着形态找财富，跟着赌徒找痛苦（图三）

混迹股市这么多年，我们发现，即使把握了股价的运行规律，我们仍然处于并将长期处于配角的性质没有变，我们日益增长的财富欲望和赚钱能力的不匹配没有变，我们和市场主力之间的市场定位没有变。

在此基础上，我们前所未有地活跃在市场前沿，前所未有地接近实现自己的目标，前所未有地具备了实现这个目标的能力和信心。

三个"没有变"，要求我们更加尊重市场规律，不断提升自己，保持足够的定力和耐心；三个"前所未有"则激励我们继续坚持进退有据，永远与市场保持思想上的默契和行动上的一致。

认识一位摄影师，他不拍别的，只拍闪电。

这不是件容易的事。他必须在暴风雨之前，别人都躲到屋里去的时候出门，背着高速相机，在昏天黑地中奔走于旷野；他必须忘却自身的危险，专注地寻找、等待，捕捉那惊心动魄、壮丽奇目的瞬间。他的作品获得巨大成功。人们惊叹：他的目光竟比闪电还快。

有位女人被他与他的闪电作品所吸引，曾无畏地做他的助手。他们曾一同在龙卷风袭来之时死里逃生，他们曾彼此深深相爱，可是他俩终因种种原因分手了。他们都为此而痛不欲生。

一个捕捉闪电的高手却没能捕捉住将要到手的幸福，他只说，幸福在人身边的时间比闪电更短暂。

一个为了爱可以冒生命危险的女人终究没能把握住爱，她只能说，连闪电都可以定格，爱却不能。但愿我们捕捉【眼镜蛇】的时候，不留此憾。

2. **佳力图**（603912），下午两点半，在15分钟图上，股价开始温和放量突破5单位线和13单位线两道封锁线，但指标线尚未到达预定攻击位置。一刻钟之后，5单位线穿越13单位线，【投石问路】成功，但指标线依旧处于黏合状态，行将收盘时，指标线终于完成金叉穿越，股价站上21单位线，不规则的【红衣侠女】发出进场信号。因为不规范，所以要适量；因为是尾市，所以敢出手。

翌日，股价低开，但开盘价就是最低价。少顷，股价穿透均价线，接着开足马力硬闯昨天形成的成交密集区，要动真格了，快速拦截，见图四。

有一个人经常出差，但总是买不到对号入座的车票，可是无论长途短途，无论车上有多挤，他总能找到座位。他的方法其实很简单，就是耐心地一节车厢一节车厢地找过去，这个方法听上去似乎并不高明，但很管用，每次他都做好从第一节车厢走到最后一节车厢的准备，可是每次他都用不着走到最后就能发现空位。强者未必是胜利者，但胜利迟早属于有信心的人，这就是杜根定律。

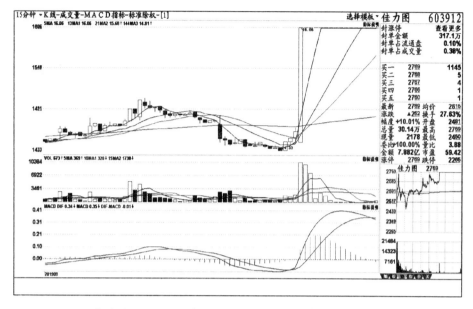

机会稍纵即逝，临盘反应慢的人就会被关在门外（图四）

很多人不赚钱，不是他们不优秀，而是无法坚持复盘。复盘是一种历练，看我们能坚持多久不求回报。有时候，对着选出来的个股爱不释手，看谁都是一副黑马相，在决定取舍那一刹那突然变得犹豫起来，之所以感到有压力，因为你的选择能力还没有过关。

股市每天都产生大量的黑马，我们不得不继续奔跑；股市每天也产生大量的垃圾，我们不得不小心翼翼地做出选择。

也许有人问，在数千只股票里面，为何对佳力图情有独钟？因为【眼镜蛇】出现之前，日线图出现了【一石两鸟】（详见四川人民出版社 2017年 10 月《胜者为王》第 4 版），这是主力为清洗获利盘而刻意的震仓，它时间短，见效快，复盘时若发现它，先把它放进自选股，随后密切关注它的动向，一旦有适合的切入点，立即展开攻击。

从即时图上，我们注意到，这个【眼镜蛇】的潜伏期不够，性子也急，开盘 10 分钟，被激怒的【眼镜蛇】挺起高昂的头瞬间把股价送上涨停板。但来得热烈，未必能长久。短线操作必须具备快速反应能力，猛虎一旦犹豫，还不如小蜜蜂的果敢一刺，见图五。

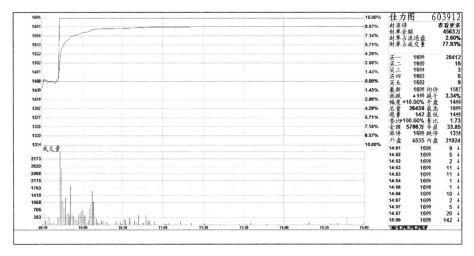

被激怒的【眼镜蛇】，瞬间冲上涨停板（图五）

按说形态出现以后，主力会按部就班地抬高股价，但也有主力剑走偏锋。对于无法预测的走势，与其心里纠结，不如索性放弃。没有结局的开始，就趁早给它一个落幕。只认指令对主力是尊重，对自己是爱护，见图六。

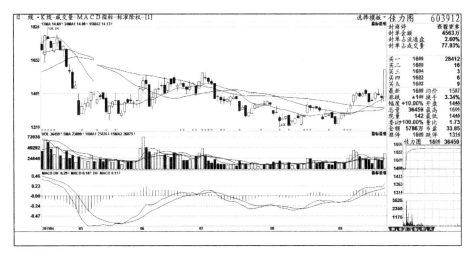

能大能小，见顶就跑；能收能放，扶摇直上（图六）

我希望自己是一个特别有力量的人，不会不顾一切，而是特有韧性，懂得跌倒了不需要任何人的搀扶就可以爬起来。做错了事也不会躲避，而是勇敢地面对，哪怕在错误的河流中落荒，最终也会慢慢地漂浮起来，因为我的人性中闪着忠诚，我的韧性中带着坚强。

交易失利时，闭上眼睛，回忆之前的努力，反思操作细节，心情会很快平复，自信会喷涌而出。没有不可治愈的伤痛，没有不可结束的沉沦。如果追高让你伤心落泪，那就寻找底部形态，抄一把底让自己心花怒放一下。

【眼镜蛇】的第二天，股价高开高走，但耐力极差，没多大工夫，就遭到获利盘的疯狂反扑。形态极美，在于它必然的流逝，由于【眼镜蛇】来得突然，走时也很仓促，【一剑封喉】忠实地履行着自己的职责，准确迅速地指挥人们撤离现场。

主力是翻云覆雨的高手，前一秒让你"春风得意马蹄疾"，后一秒就让你"飞流直下三千尺"。如果见顶形态不明显，又没有守仓底线，换来的只能是没有底线的伤害，所有的见顶形态都是覆水难收，当事情已经变得无可挽回时，要懂得转身。其实，赚多赚少不重要，重要的是知道什么时候锁定利润，见图七。

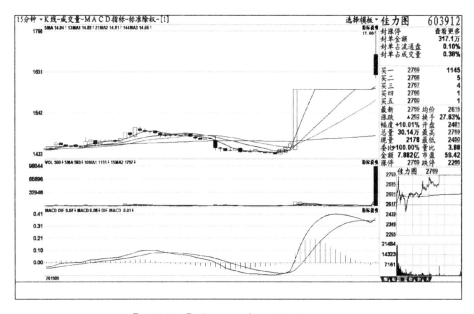

【一剑封喉】是见顶形态，快点跑（图七）

形态是一座桥梁，能让你与主力心灵沟通；形态是一种表白，它让你知道主力的真实意图；形态是一种高度，它让你站在主力的角度思考问题；形态是一种温暖，它会让你感动到落泪。如果你懂得形态，就不会因为一点小利就和主力闹得不欢而散，别总从自己的角度看主力，应多从主力的位置看自己。

丈夫看见妻子揍儿子，没理他们，直接去厨房喝汤，喝完看不过去了，说："教育孩子不要总是用暴力，讲道理嘛。"妻子说："他撒了一泡尿在汤里。"丈夫听完，说："让我揍！"这就是人性的弱点：置身事外谁都能心平气和，身处其中谁还能淡定从容？正如鬼谷子所说，不要轻易评论别人，因为你不在其中。

3. 天原集团（002386），"久久不见久久见，久久见过还想见"。究竟要有怎样的耐心，才能等到【眼镜蛇】呢？

那月那天，股价低开，然后就在均价线附近苟延残喘，围观的人见状纷纷离去，一上午就这么悄无声息地过去了。

心静，才能看透形态的本质；心清，才能明辨位置的高低。

"静"中藏着一个"争"字，越争，心越要静；"稳"中藏着一个"急"字，越急，心越要稳；"忙"中藏着一个"亡"字，越忙，心越不乱；"忍"中藏着一个"刀"字，越忍，看得越清。

当你感到累的时候，说明左右你的东西太多。混迹股市是一场旷日持久的折磨，在孤独与寂寞中默默与股市抗争，有时最坚强的人都不免在苦难中蹉跎。不要和别人比较，能活出与众不同的自己就够了。

乔布斯说"只有偏执狂才能生存"，形态在创造财富，同时也在制造着贫穷。在认清这些之后依然不放弃的人，才有希望获得最后的成功。

有时候，我们就像一个羸弱的孩子，被主力欺负了还不敢吱声，眼里含着泪，继续俯首帖耳；有时候，又觉得自己像一个穿越荆棘的拓荒者，被扎得体无完肤，却依然要负重前行。但自从发现了股价的运行规律，终于能亦步亦趋地跟上主力的步伐了。从此以后，对主力的所作所为既不愤怒，也不谴责；在执行指令的时候，要忠于规律，当主力肆意妄为，我们就要灵活变通。

下午1点半，股价线突然翘了翘头，尽管力度不大，但上攻的意图有了。这时，应立即从即时图切换到15分钟图，这一看不得了，指标线已经完成金叉穿越，【一阳穿三线】横刀立马，一场大战即将展开，见图八。

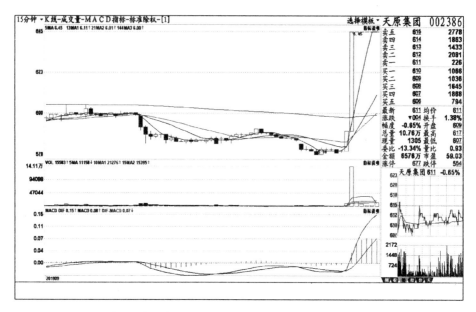

【一阳穿三线】是经典攻击形态，重仓出击（图八）

　　15分钟图上发出进场信号，即时图会是什么反应呢？我们注意到，股价经过一上午的闭门思过，终于有点开悟了。下午开盘不久，【眼镜蛇】就隆重登场了，这可遇而不可求的欣喜，是对所有超级短线高手的回报，见图九。

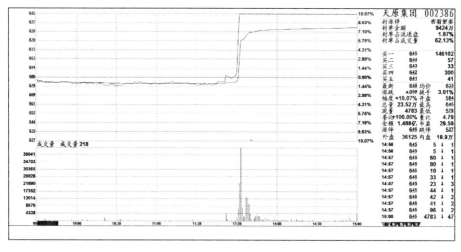

超级短线致力追逐的猎物（图九）

过去，目光所及，皆可交易；如今，弱水三千，只取一瓢。这种操作方式上的巨大变革，都是付出巨大的代价换来的。对主力的愤怒毫无意义，哀求更是分文不值，既然你不听我的，我从你还不行吗？

过去，最大的失误就是不知天高地厚地在股市横冲直撞，既想谋主力的财，又想要主力的命。结果是有眼不识泰山，被主力打得鼻青脸肿，不但不给疗伤，还得赔对方大笔精神损失费。

过去，最大的错误就是静不下心探索股市的涨跌规律，始终没有建立起自己的交易系统，东一榔头西一棒槌，最后也不知道把钱都"捐"给谁了。

最大的弱点，就是想法超前，行动滞后。

正是因为这些，才没被股市接纳，且长时间被排斥在财富大门之外。"千淘万漉虽辛苦，吹尽黄沙始到金。"在最无助的时候，只有凄清孤寂相伴，你可以失望，也可以妥协，但绝对不能赌气。最后发现，那种不安分，来自骨子里的坚韧与芳华。

【眼镜蛇】是超级短线致力追求的猎物，那为什么又说它可遇而不可求？因为，但凡经典走势，事先皆有痕迹可寻。天原集团自【红杏出墙】后，股价冲击55日均线未果，顺势构筑了一个上涨调整底，正是因为这些蛛丝马迹，才引起我们极大的关注，见图十。

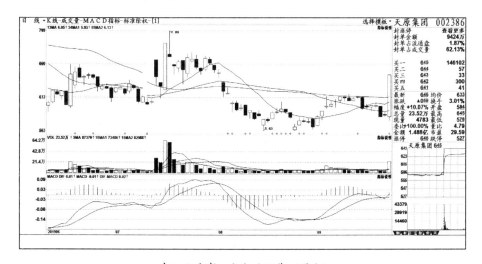

有心无难事，火大没湿柴（图十）

细细想想，股市并无尊卑，如果有不平等，那也只是能力上的不平等。世上没有放不下的苦难和辉煌，只有回不去的从前；没有抛不开的屈辱与尊严，只有走不出的自己。

生活中人们求的是圆满，股市里讲究的是对错；生活中越是爱憎分明得罪的人就越多，股市里丁是丁、卯是卯，受到的伤害反而最少。

最近重读《了凡四训》，立刻有一种新的感悟，人，只有清除内心的一些不切实际的想法，才有可能回到股市规律的轨道上来。归纳起来有三点：一是敢于认错。错了就是错了，要明白错在哪里，才能保证不会犯同样的错误。

二是要有敬畏之心，与一个陌生的股票打交道，要谨慎小心，举头三尺有神明，有所敬畏，就不会太出格。

三是要有发勇之心，意识到自己错了之后一定要在行动上有所体现。

一个人能够正视自己的弱点，说明他还有希望；能够承认自己的过失，说明他还可以进步。无视自己的弱点和过失，则是非常危险的事情。

翌日，股价高开低走，放量砸盘，这根 K 线不管以什么形态报收，都是一个短线见顶信号，往下砸是【过河拆桥】，向上拉是【拖泥带水】，与其在那犹豫，不如我先出局，见图十一。

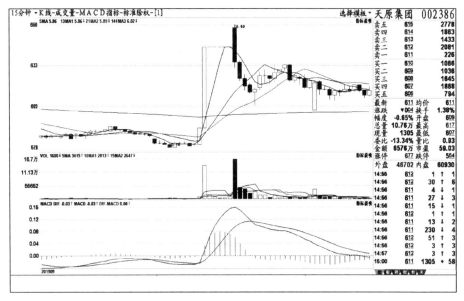

【过河拆桥】不能守了（图十一）

成功的个体差异基本不在于智商，而在于一个人是否努力和坚持。有人挖了一辈子坑，却从来没挖成一口井。有人炒了一辈子股，却从来没往家里拿过一分钱。其中有一曝十寒的原因，也有一朝被蛇咬十年怕井绳的恐惧。

我觉得犹太民族，值得我们钦佩。为什么？先看一些数字：诺贝尔奖得主23％是犹太人，这些杰出的人中包括爱因斯坦、弗洛伊德等。全球的犹太人共有1700万人，他们对全球所做的贡献有多大？美国所有的投资银行都有犹太人投资，美国联邦储备系统，即FED，它是犹太人建立的。

在世界500强企业中，有30％—40％的公司是由犹太人掌控的，为什么犹太民族能够涌现出这么多聪明人呢？人和人之间智商的差别是完全可以忽略不计的，成功与否跟智商关系不大。犹太人最重要的成功秘诀，在于他们热爱教育。然而，犹太人的家庭从来不会逼迫孩子学习。他们认为一个孩子的学习成绩跟睡眠时间挂钩，有足够的睡眠时间，这个孩子就能够学习得更好。

然后他们认为孩子的成绩与其在课堂上的活跃度相关，所以他们会要求每一个孩子，如果上课的时候有什么地方听不懂，一定要问。在犹太人的学校里，没有一间安静的教室，几乎每个教室里边全是嗡嗡的吵闹声，为什么呢？老师布置一个题目下去，然后两三个孩子一组讨论。这是一种完全反转课堂式的教学方法，这就使得孩子们拥有极大的探索知识的欲望，因为他们希望在辩论中获胜，希望自己变得更加出众。

以色列的孩子在上完高中以后，不参加高考，而是服三年兵役，无论男女都得去。因为以色列能够当兵的人太少，他们周围强敌环伺；为了保护自己的国家，需要全民服兵役。

三年兵役服完后孩子们并没有马上上学，政府会给这些孩子发大量的补贴，他们手里有一大笔钱可以去环游世界，一年之后再决定上哪一所大学。这些孩子上大学的目的和懵懵懂懂被家长推入大学里的人不一样，他们更清楚自己上学的目的到底是什么。

4. 汇鸿集团（600981），主力是麻烦的制造者，但也是财富的创造者，离开主力，我们什么也不是。

不管什么原因，凡是被卷入股市的人，谁不是在一半海水一半火焰中苟且偷生？谁不是在一边坠落一边升腾的梦境里挣扎？每个参与者，既是无中生有的肇事者，也是痛苦的承受者。股市确实很精彩，但股民真的很无奈。

复盘时，发现汇鸿集团图表上的【一石两鸟】，就顺手把它放进了自选股，但对形态的构成要素应认真审核，每一个细节都不能忽略；实盘时对主力的行为不能太较真，它错就让它错，但不要去纠正它，这叫认真不叫较真，区别对待不闹心。

上午 10 时，例行看盘时，发现指标线已完成金叉穿越，【红衣侠女】闪亮登场，爱江山更爱美人。这个形态真的很奇妙，你根本不知道下一秒会发生什么，见图十二。

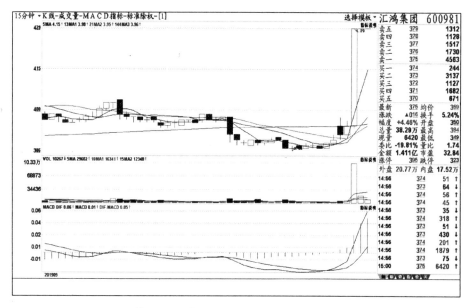

【红衣侠女】是经典攻击形态（图十二）

不知你发现没有，自从买股票不用现金后，很多人都变得身无分文了，面对撒欢的黑马只能坐以待毙。我们目前面临的三大问题亟待解决：一是解决人和钱之间的问题；二是解决人和主力之间的问题；三是解决人和自己内心之间的问题。

首先，炒股的钱来路要正。它不能是借来的，也不能是挪用来的，它必须是你的自有资金，投入股市的这部分资金应做到即使打了水漂也不会影响正常的生活。这样，你的心理就不会有太大压力。

其次，股市是政府为企业的发展而设立的融资平台。推动市场潮起潮落的是八仙过海各显其能的主力，我们只是跟随者，要摆正自己的位置；资金再大，你充其量也不过是个浑水摸鱼的散户，可以凭借技巧捕些小鱼小虾，却无法改变市场的风向。

最后，面对错综复杂的股市，它埋葬着我们的希望与困惑，我们怎样来面对自己的内心？面对利益的巨大诱惑，拿什么来抚慰自己的内心？怎样在"大风起兮云飞扬"的股海里，保证自己不会被打得七零八落？股市已经不是一块净土，我们也不可能不染纤尘。在最绝望的时候，怎样才能使精神不被摧垮并且实现最初的愿望？

从即时图上可以看出，这个初出茅庐的【眼镜蛇】，凭着无知无畏完成了自己的第一次试飞；动作虽有变形，但这种进取精神还是值得鼓励的。没有什么与生俱来，自己不努力，好运找不上门来，见图十三。

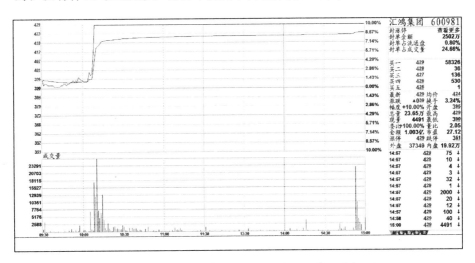

在【眼镜蛇】面前只有不怕死的人才配活着（图十三）

以上三个问题属于认知范畴，下面几个问题是需要认真解决的。

第一，持有的股票多，导致精力分散。持股太多，如同要在几口锅里同时烧水，在这锅里没烧开，又到另外一口锅里去烧，这样很难在最短的时间把一口锅里的水烧到沸腾。究竟持有几只好呢？一只有点单薄，假如某天宣布停牌，你就"失业"了；两只互为玩伴，有个照应；三只有点手忙脚乱，遇上突发情况就是你死我活。

第二，频繁交易，对细节关注不够。劲没少费，钱没多赚。券商高兴，自己郁闷。

第三，想法太多。涨跌本来由主力说了算，可你愣是要替主力做主，错了还嘴硬，所以在挣扎中沉沦。

第四，忽略位置。能按切入点进场，却不能按离场信号出局。由于切入点偏高，空间有限，第二天总是期待它再涨一涨，结果导致不盈反亏。

第五，理念模糊。理念是交易的灵魂，一个人不管多聪明，多能吃苦，资金再多，如果理念不正确，同样逃脱不了失败的命运。

但凡成大事者大多是被苦难所逼，最初为了求生存而不是为了出仕为将，才纵身一跃。经历过苦难的投资者往往敢于以命相搏，置之死地而后生。在指令面前，他们背水一战，往往会获得意想不到的成功，只要不被股市战胜，就会变得越来越强大。

每个人都会根据自己的不同情况采用不同的周期进行交易，周期的长与短没有孰强孰弱，关键是看哪个周期更适合你。采用日线操作的，盘中很难做出差价，采用分时操作，容易把股票弄丢。它们既各有千秋，也各有利弊。

超级短线以日线为依托，以 15 分钟线为进出点，操作得当，获利很快；操作不当，损失很大。

有一种值得注意的现象，识图有误，位置判断也不够准确，所以总是吃亏。

比如【一石两鸟】，识图有误，把一根阳线两根阴线统统视为【一石两鸟】，根本不管它目前所处的位置，结果鸟没逮住，反被鸟啄瞎了眼。有个很经典的案例，第一根阴线是经过大幅拉升以后的【一剑封喉】，第二根阴线又是根带量的【落井下石】，因为它前面有根阳线，就把它们视为【一石两鸟】，这不但在位置上看走了眼，在识图上也出现了偏差。

汇鸿集团上的【一石两鸟】，尽管【均线互换】还没完成它就出来抢点，但也说得过去，起码它站上了 55 日均线，所以对有些小瑕小疵的形态也要一视同仁。不出现买点可以不理它，但绝对不能漠视它，见图十四。

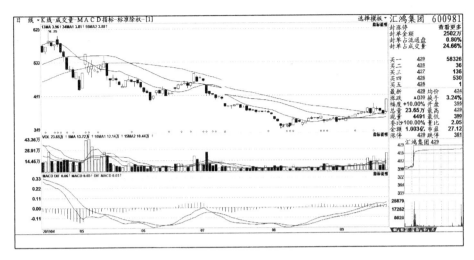

没有日线做依托，所有分时线都不能用（图十四）

翌日，一开盘就是惊人一幕，股价高开 1 分，但股价瞬间下探 6 个多点，若不能尽快拉回来，只能止损出局。好在有惊无险，股价很快又拉了上来。这一下一上 10 个点的振幅，紧张得让人额头直冒汗。

股价一路过关斩将，志在必得。当股价差 1 分就要封停时，却死活不上了，主力去意已决，15 分钟图上出现【一枝独秀】的出局信号，执行命令吧，见图十五。

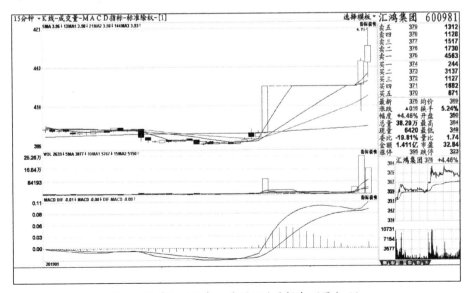

【一枝独秀】不是春，获利了结是根本（图十五）

　　一个小伙子站在天台上要自杀，众人围观，警察问为什么。小伙子说：谈了8年的女朋友跟土豪跑了，明天她就要结婚了，自己感觉活着没有什么意思。突然旁边的一老者说，别人的老婆陪伴了你8年，你怎么还想着自杀？小伙子想了想，也对啊，笑了笑就走了下来。

　　没有过硬的擒拿技巧，山珍海味别奢望，再游手好闲下去，柴米油盐够你愁。

　　5. 博济医药（300404），在15分钟图上，指标线完成金叉后已进入预定攻击位置，均线系统也已完成【均线互换】，股价按部就班，不瘟不火，没有引起人们的格外注意，但它却传递出一个重要信息。

　　时间锁定在上午10：30，在毫无激情的状态下，就这样例行公事地进场了，压根儿也没指望它会带来惊喜。

　　有欲而不执着于欲，这叫控制；有求而不拘泥于求，这叫变化。云过天更蓝，船行水更幽。当某种形态没有达到期待的要求，不一定是形态有错，也许是我们看形态的角度出现了偏差。

　　一小时后，均线系统开始向上发散，好兆头，这持续的6根小阳线功不可没，在144单位线的压制下，主力用不规则的【暗度陈仓】完成攻击前准备，从成交量上看，震仓效果不错。上攻之前先打压，这和战争年代冲锋之前先进行一轮炮轰的战术如出一辙，见图十六。

　　有人什么都知道，就是不赚钱，为什么？跟着苍蝇找厕所，跟着蜜蜂找花朵；跟着形态找财富，跟着赌徒受大苦。

　　一样的眼睛，不一样的看法；一样的耳朵，不一样的听法；一样的嘴巴，不一样的说法；一样的心，不一样的想法；一样的钱，不一样的花法。归根结底是违背股价的运行规律。

　　有时，我们不肯发现自身的价值，却过分迷恋道听途说的消息。于是，孤独不再变得美好，寂寞也不再有价值。失去形态，我们会惶惑不安。而迎接形态，却要苦苦等待。

　　有时，面对不断缩水的资金，感到无限惭愧，年华虚度，空有一身疲惫。所有的想法，都是想证明自己能行，但却恰恰忘了形态的客观存在。明白这一点后，买进不会再后悔，卖出也不会再迟疑。

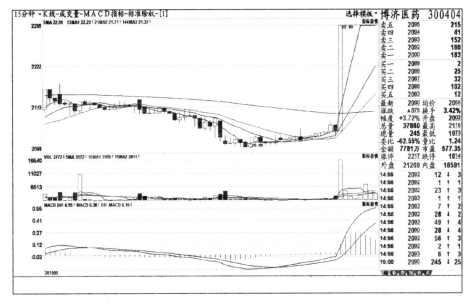

【均线互换】标志着股价的上升空间已被打开（图十六）

在独立思考的前提下，用一颗包容的心去理解股市，用韧性和智慧给自己赢得财富和快乐。做一个温和却有力量，谦卑却有内涵的投资人。

可在人们眼里，从来只有慷慨和欢喜，这说明你对股市的认识还很肤浅。当有一天你突然发现，股价在高处，你便退去，让主力独自闪耀光芒；股价在低谷，你便涌来，温柔地缠绕它，你便脱颖而出了。

当你膨胀到爱买什么就买什么的时候，就站在了盛极而衰的火山口，离坠落就不远了。

实践中只有没做的事让我们遗憾，买对是投资，买错了是消费，赚的是经历。如果你不想另起炉灶另搞一套，那就坚持进退有据。以前有句俗话，"林子大了什么鸟都有"，现在的股市是"鸟大了什么林子都有"。

看不清的股市，猜不透的人心，忘不掉的念想，躲不开的意外，难以释怀的过去。只有揣着真金白银在股市里穿梭的人，才知道什么叫举步维艰；追过涨停板的人，才知道什么叫铤而走险；被主力扔在山顶上的人，才知道什么叫高处不胜寒；跨过坎坷的人，才知道那道沟有多深。只要你一直前行，路的尽头依然是路。

下午开盘后，股价冲破144单位线的封锁，立功的时候到了，再不奋

起直追就要沦为收容队了；主力财大气粗，来了一阵兵不血刃的横扫后直
奔涨停，见图十七。

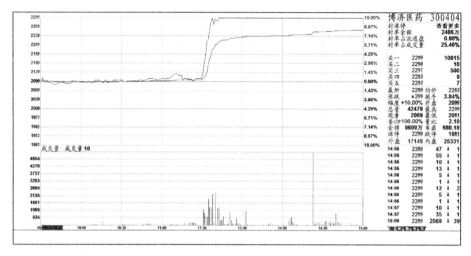

在【眼镜蛇】面前，宁愿轰烈死，决不苟且生（图十七）

当欲望与能力出现落差的时候，梦想的实现就会往后推迟。欲望是个
无底洞，站在洞口看不到里面的奥秘，于是就伸长脖子往洞里钻，结果进
去就再也出不来了。法国画家安格说："贪婪会破坏人们的心灵纯质，你
获得的愈多，就越贪婪，而且确实总感到不能满足自己。"当主力利益与
自己利益分离时，疯狂蠢行在所难免。承认落差，并决心消灭这个落差，
那就意味着希望。

在失利的情况下，不要动不动就去拜佛，因为，佛不是有求必应的神
明，也不是未卜先知的算命大师，佛就是一种信心，就是一种思想，是困
境中的思悟，是苦难里的心魂的一条救赎之路。

从日线看，博济医药这个【一阳穿三线】属于主力的即兴之作，并非
为了深化行情，因为它的行情已经被严重透支，今后的任务主要是派发。
相同的形态出现在不同的位置，其市场意义各有不同，见图十八。

翌日，股价高开高走，那种气吞山河之势大有再下一城的决心，不料
主力在上涨到 4 个多点的时候，突然停止发力，股价旋停三秒后向下俯冲，
【一剑封喉】出来后，主力的本性开始暴露，不长眼的股价逢人就砸，走
为上策，见图十九。

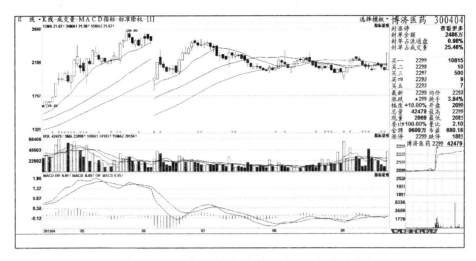

正确区分形态的位置，谨防主力精心设置的陷阱（图十八）

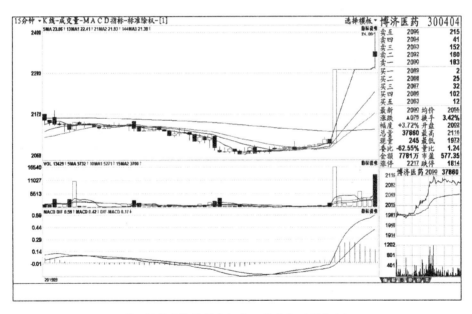

【一剑封喉】杀伤力极大，躲着点（图十九）

　　不懂识图，就容易落入人云亦云的陷阱。跟着感觉走，说明你还在撞大运，按形态进出，表明你不再随心所欲。

　　从该股的后期走势看，自从【一剑封喉】的见顶形态出现以后，股价又回到了它的原点，因此，面对卖出形态，如不迅速抛出，股价便会像泥石流一样将你埋没。

炒股就是两件事：买进和卖出。买进需要勇气，卖出需要智慧。爱因斯坦说："人的最高本领是适应客观条件的能力。"达尔文说得更透彻：适者生存。

炒股，只有疯狂过，才会静下来。

相逢不语，是懂得；进退有据，是修行。本事再大也挽不住流水，资金再多亦留不住落花。倘若在薄情的股市里深情地活着，就应放下身段，主动地融入这个市场。只要你不宣布退出股市，我们与市场的角色就不会互换。

6. **新天药业**（002873），讲完了纯种的【眼镜蛇】，再说几个变种的【眼镜蛇】。所谓变种，就是走势不规范，起涨前拖泥带水，起涨后小动作不断，没有纯种的【眼镜蛇】观赏性好，但变种的【眼镜蛇】，毒性不减。因此，它同样值得关注，见图二十。

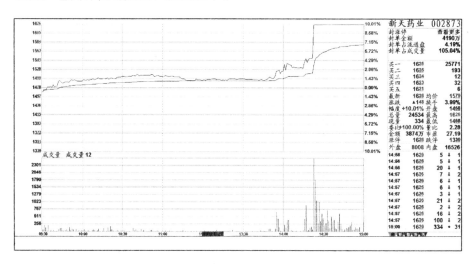

【眼镜蛇】的出现，奔涨停早已没有悬念（图二十）

在股市一切皆被简化：财富、地位、生活……当整个股市被浓缩成阴线和阳线的时候，它让人们看清了自己的真实状态；当某种欲望被摧毁后，那些刻意伪装的人们此时此刻才会露出原形。

走不出的伤痛，回不去的曾经。是谁拨断了财富的琴弦，是谁在姹紫嫣红的季节里播种了冷漠，是谁把上升的天梯修成了断路，是谁把阴森森的K线串成了项链？

国外有些所谓的投资经典与中国股市严重脱节，缺乏理论基础的我们如果盲目崇拜这些理论，只能成为一个脱离实际的模仿者。投资这么大的事，行情瞬息万变，怎能纸上谈兵？我不反对学习国外投资理论，理论是基础，但任何理论必须和中国股市的实际结合起来，才能找到中国股价涨跌规律。在战略上要举重若轻，在战术上要举轻若重，通过灵活机动的战略战术去成就追梦的自己。

关注新天药业是因为它的前期走势出现过蘑菇云现象，后期又出现过龙吸水现象，这种极端美丽和极端凶险不可思议地糅合在一起，就很容易让人浮想联翩了。关键在于，这些现象总是以令人意外的方式出现，又以令人措手不及的方式消失，来去只在一瞬间，见图二十一。

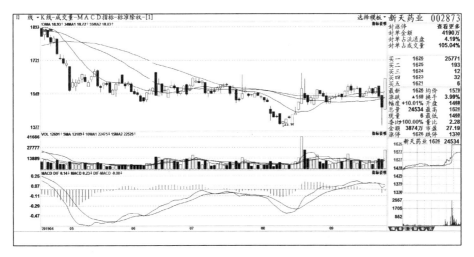

龙吸水引出的【一阳穿三线】（图二十一）

发现龙吸水以后，就在15分钟图中对它进行观察，随着指标线的金叉穿越，【均线互换】也打开了上升通道，表明攻击前的准备工作业已就绪，就等待出发的命令。

下午2：00，股价温和突破先前的整理平台，说明这条龙已经开始在水下游动了。

2：30，股价冲破144单位线的压制，跃出水面，在绝对实力的碾压之下，主力没给场外任何机会，直接把股价送上涨停板，动作优美且震撼，见图二十二。

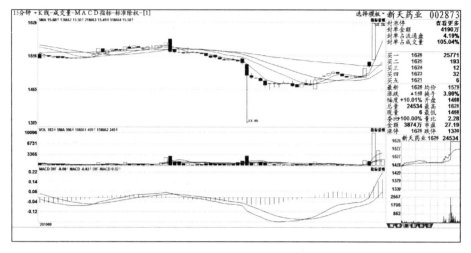

变种的【眼镜蛇】同样讨人喜欢（图二十二）

有时候，想多了头疼，想通了心疼，只认指令心里才会平衡。买的股票上涨了、赚钱了，那叫精彩；卖的股票下跌了、赔钱了，那叫经历。既要容忍股市的残忍，也要接纳主力的残酷。

翌日，股价高开低走，尽管它没回补缺口，但离奇的成交量已经令人心里发怵。15分钟走势行将走完的时候，股价依然没有收复失地的意思，而且图表上已经出现了复合卖出形态。股价上攻拖泥带水，即使再嚣张的【眼镜蛇】，它的脖子也不会老挺着，它的任何一个举动都足以撕碎我们的整个世界，要格外小心（详见四川人民出版社2017年6月《实战大典》第3版）。

一天很短，短得来不及拥抱清晨，就已经手握黄昏；

一年很短，短得来不及细品初春殷红窦绿，就要打点素裹秋霜；

一生很短，短得来不及享受美好年华，就已经身处迟暮。

俄罗斯的这首小诗，客观地揭示了超级短线的实质，有时还来不及品尝赚钱的滋味就要匆匆将它抛出。一旦与形态擦肩而过，也许与机会永不邂逅。

7. 怡达股份（300721），那天出现【红衣侠女】的时候，遭到上方沉重的抛压，留下长长的上影线，股价没再发起强攻，而是自然回落，借此观察市场有何反应。主力做的也是我们想的，在 15 分钟图上对其例行观察。

既要主观为自己，客观为主力，更要主观为主力，客观为自己，因为股价的涨跌全由主力来控制，听从主力的指挥既不掉价，又不丢人，还有钱赚，何乐而不为？

炒股的路要自己走，罪要自己受，伤要自己舔，坎要自己过，没有感同身受，只有冷暖自知。你可以哭，可以沉默，但不可以趴下，因为你身后多的是人看笑话。树木结疤的地方，往往是树干最坚硬的地方。

下午 2：45，指标线完成金叉穿越，主力在 144 单位线下方装模作样地检查一番后又回到自己的指挥位置，行将收盘时，一个淑女型【红衣侠女】蹑手蹑脚走了过来，她的出现不会惊起丝毫涟漪，只是随后溅起的浪花非常的美丽，进去凑凑热闹吧。

有些形态的出现就是为了冒个泡，让人有一种想买却下不了决心的犹豫；有些形态非常安全，它不会夺你的眼球，也从不主动去骚扰你；而有些形态则像广场上的喷泉，只是供人观赏。其实，每个形态都很美，每一段相伴都令人迷醉。

但我要的是一个似曾相识的形态，不管是在王维的诗里初识的，在柳宗元的《永州八记》里遇到过的，在石涛的水墨画里咀嚼而成了痕的，或在魂里梦里点点滴滴一石一木蓄积而未了情的，它就是淑女型【红衣侠女】。

淑女型【红衣侠女】，属于慢热型，而且一向低调，小巧玲珑的身影是那样弱不禁风，但随着能量的增加，股票开始引起市场的关注；它不像刚毅型那样瞬间爆发，又快速逝去，而是柔柔弱弱地向前推进；当我们停下脚步转身回眸时，股价已经离我们很远很远了。

陪伴主力不仅是两手相牵，更要步伐一致。股市里哪有那么多造化弄人，多数是自欺欺人。有时觉得自己没做错什么还很委屈，实际上你的做法早已偏移主力既定的轨道。

翌日，上午 10：15，淑女发出第二次进场信号，悉听尊便。

11：00，股价像一匹脱缰的野马，朝着涨停板的方向飞奔而去。见图二十三。

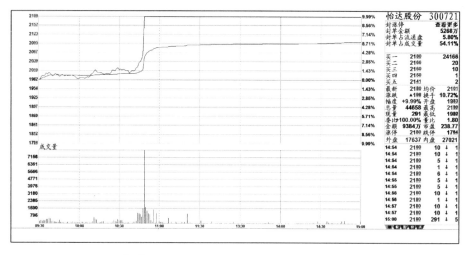

在【眼镜蛇】面前，决不苟且生（图二十三）

只有抓住股市机遇的人，才有可能发挥出最大的潜力，无论你是短线高手还是波段大王，概莫能外。因此，盲目地崇拜很难带来成功，认清自己与股市的关系，把握股价涨跌规律并付诸行动，这才是成功的根本。

抛出股票再回望原来的股价，真的挺恐怖，像一群俯冲的乌鸦。扭曲的股价就像火山爆发后的岩浆，到处流淌。所以，当卖出形态出现后要坚决抛出，即使吃骗线也要先行离开。况且，势不可使尽，财不可享尽，便宜不可占尽，聪明不可用尽。

学生问老师：青蛙和癞蛤蟆有什么区别呢？老师回答：青蛙坐井观天，而癞蛤蟆想吃天鹅肉，最后青蛙上了饭桌，成了一道名菜，而癞蛤蟆上了贡台，改名叫蟾蜍。所以长得丑没关系，关键是要想得美，如果你连想都不敢想，活着还有什么意思呢？有句出名的台词说得好，人生没有梦想，和咸鱼有什么区别。

第三天，下午1：30，主力在里边憋得不耐烦了，一脚踢开涨停板。一小时以后，股价得到21单位线的临时庇护。

下午2：45，股价再次上摸涨停板，但举而不坚。指标线已经死叉一段时间了，既然回天无力，那就胜利大逃亡，见图二十四。

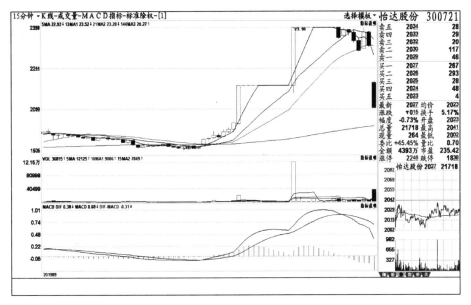

在趋势不明朗的情况下先锁定利润（图二十四）

【眼镜蛇】作为主力新兴的赢利模式悄然出现并有蔓延之势，但这种走势可遇而不可求。可以相信，在日新月异的股市发展历程中，【眼镜蛇】会变得愈加醇厚耐品，这种超级短线致力追逐的猎物，自然会飘逸四散，引起整个市场的热烈追捧。

8. **鲁银投资**（600784），该股经过长期下跌，股价从22.28元跌到4.04元，如果在【一剑封喉】出现不及时出脱持股，不但会退回原来的利润，而且会损失惨重。在漫长的下跌途中有过数次反弹，如果你选择的长线投资，短线溅起的散碎银两你又看不到眼里，那你的钱就会实实在在地缩水。

不要蔑视任何形态，因为形态说明一切，股价的上涨或下跌都是通过一个个具体形态来实现的。

自从进了股市，就变得对钱没有概念了。比如，买股票时，如鲸向海，似鸟投林；卖股票时，投鼠忌器，讳疾忌医。在识图这个问题上，哪怕你比葫芦画瓢，也比异想天开好啊！

当【红杏出墙】开始探头的时候，就可以寻找技术低点进场了。而【投石问路】摩拳擦掌的时候，似乎不该继续沉默下去。马克思在《资本论》中说："一旦有适当的利润，资本就胆大起来，有百分之五十的利润，它就铤而走险，为了百分之三百的利润，它就敢践踏一切人间法律。"见图二十五。

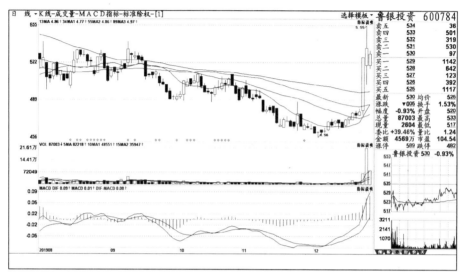

【红杏出墙】是行情的起涨点，值得关注（图二十五）

我们与主力有时就像主与仆，但实际上并不存在任何人为任何人做出牺牲。为了赚钱，我们必须尊重规律，行动上要俯首甘为孺子牛；主力之所以与我们分账，除了我们不给它捣乱，而且在关键时刻还给它抬轿。

从即时图看，股价小心翼翼地在 144 单位线附近悄悄移动，整整一个上午都没敢越雷池一步。这是告诉我们，【眼镜蛇】处于拔地而起前的蛰伏期。这时，忽然想起朱自清的一句话："热闹是他们的，我什么也没有。"

就看谁能熬过来。历史的经验值得注意，日线上股价一旦进入【动感地带】这个敏感区，往往会有意外的惊喜。

下午开盘时间不长，股价刚刚有点异动，【眼镜蛇】仿佛受到惊吓似地抬起头，然后直扑涨停板，见图二十六。

从 15 分钟图上看，为了实施【眼镜蛇】计划，主力已蓄谋已久，股价在 144 单位线下方养精蓄锐，然后神不知鬼不觉地完成指标线和均线的金叉穿越，接着让【均线互换】打开上升通道。当股价开始引起市场关注的时候，它干脆躺在均价线上装死了，直到人们身影渐渐远去。

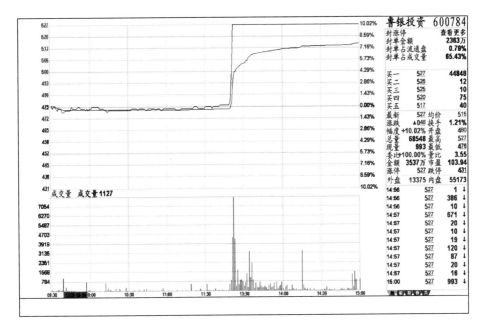

成交量力拔盖世，【眼镜蛇】一步登天（图二十六）

下午开盘后的第一时间段，指标线和5单位线再次金叉，仿佛心有灵犀，却又心照不宣。后在成交量的配合下，股价线像一道闪电直扑涨停板，【眼镜蛇】死死咬住它不放。

135交易系统对谁都一视同仁，它不会和哪只股票特别近，也不会和哪只股票特别远；它不会和哪个板块特别亲，也不会和哪个板块特别疏。因为135战法，它是一个完整的交易操作系统，而不是一只具体的股票。

高速运转的股市陀螺，将股票切割成一个个网格，把人们隔离成一个个原子。但生命的意志顽强的向上生成，激励着人们从一个个原点出发，又将一个个原点彼此相连，让所有参与者在不同的股票里遥相守望。

翌日，股价低开，接着开始砸盘，瞬间被吓跑一批。正当人们惊恐不定之时，股价突然转身上拉，于是又甩掉一批人。刚才卖出的有些后悔。少顷，股价故伎重演。有些胆大的又跟了进去，胆小的吓得双腿直哆嗦，15分钟图上的第二时段行将结束时，不规则的【明修栈道】，告诉人们应立即离场，见图二十七。

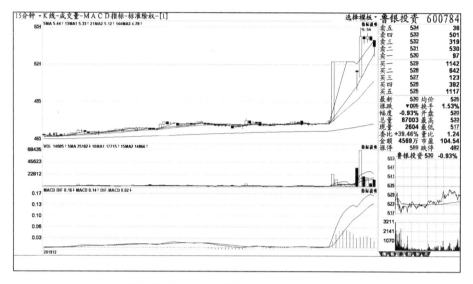

【明修栈道】是见顶形态，应抛出（图二十七）

9. 福成股份（600965），买得踏实，卖得自在。简单不一定最好，但好的一定简单。当我们真正能从股市里赚到钱时，你会为自己流泪，更会为自己自豪。

当【金蝉脱壳】出现时，你对它爱答不理，主力就会对你大打出手，而且是六亲不认。你会发现，股价从 13.51 元跌起，一路浩浩荡荡，风卷残云，用了 7 个多月的时间才与【日月合璧】会师，一路损兵折将，股价已缩水到 6.76 元，跌幅 44.44%。假如你是个长线投资者，又非常不幸地买在【金蝉脱壳】上，面对跌跌不休的股价，这不是靠熬就能挺过去的。我想起斯蒂格利茨的一句话：毁灭的种子是什么？第一个是繁荣。股价下跌就是因为出现了【金蝉脱壳】，此时此刻不管你是后悔，还是认亏出局，但都不要因为偏见而输给偏见，不要脱离事实而谈事实。

长线投资没有错，但进场的时间点很关键。股价迎来【日月合璧】以后，并未立即展开复仇行动，而是在底部区域养精蓄锐，等待时机。第一个【红杏出墙】的出现，成交量没有反应；【投石问路】过来试探，股价还是爱答不理，直到第二个【红杏出墙】出现，才勉强把 13 日线和 34 日线拉平，见图二十八。

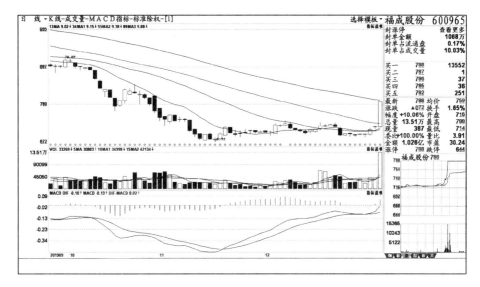

【红杏出墙】是股价最初的起涨点（图二十八）

　　我们曾经以为，只要持股不动，就可以获得稳定的收入，让家人过上美好的生活。但总有一些意外先于明天到达，总有一些事情超出人的能力之外。最后发现，自己的股票跌得惨不忍睹，辛辛苦苦好几年，不但没有住上宽大的别墅，结果连经济适用房也买不起了。我们坚信股市的未来一定很美好，然而穷困潦倒的我们即使使出浑身解数也逃不出主力的魔掌。

　　中国股市拉开大幕，新时代的复兴号带上股市里的每一个人，在诗一样的意境里驶向无限的远方。财富不在别处，就在你的心里；技能不在别处，就在你的眼力和手上；赚钱不靠想入非非，而靠对指令的执行。千万别忘了察言观色，珍惜与【眼镜蛇】的缘分。

　　没有一个冬天不可逾越，没有一个春天不会来临。操作水准和内心期许会在琐碎的交易中诞生，梦寐以求的财富会在"与庄神通"中实现。

　　在即时图上，股价平开高走，但从均价线跃出以后，它便躺在上面懒得动弹了。

　　下午开盘后的第一时段，股价轻轻地晃了一下头，但动作没有引起人们的注意。第三时间段又不甘寂寞地抬了一下头，这次虽比上次抬头动静大，但力度依然不够。第四时间段股价终于被激怒了，股价线笔直地站立起来，【眼镜蛇】终于出洞了，见图二十九。

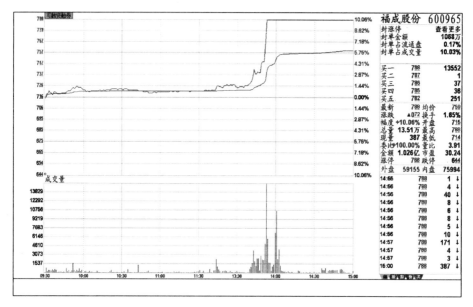

【眼镜蛇】的水平参差不齐，但却挺卖力（图二十九）

清代袁枚有首小诗叫《苔》："白日不到处，青春恰自来。苔花如米小，也学牡丹开。"苔花终日生活在潮湿阴暗的地方，就算根本见不到阳光，也要拥有属于自己的一片绿色！苔花如米粒般渺小，但它却盛放得绚烂，即使我们是股海中的一滴水，也要凭着自己的微薄之力溅起美丽的浪花。

在15分钟图上，第一时段的那根阳线虽然是对【浪子回头】的确认，但不能买进。因为它的指标线尚未金叉，强行跟进就属于抢点，守规矩就是耐心等待。第二时间段行将结束时，指标线完成金叉穿越，可考虑进场。

下午，主力把攻击计划分为几个阶段：开盘后的第一时段是热身，第二时段稍事休息，第三时段开始攻击。股价的上行几乎没遇到什么挑战，但你要知道主力为策划【眼镜蛇】背后付出的努力却是步步惊心。第四时段时【眼镜蛇】出现，财富开始狂奔。

在这只股票中，主力直接掌控着股价的定价权，这让它更容易在股市上巧妙让渡，实际上"定价权"等同于"印钞机"，看起来不和钱直接打交道，却拥有可以使"纸"变成"钞"的神奇之术。

在股市，很多因素都可能减缓股价上升的速度，但只有一个原因会让股价高位崩盘，那就是形态，它可以让你一夜爆仓，血本无归。沈从文在

《边城》里写道："凡事都有偶然的凑巧，结果却又如宿命的必然。"

出现【眼镜蛇】的第二天，上午的第一时段出现【拖泥带水】，卖出没商量，见图三十。

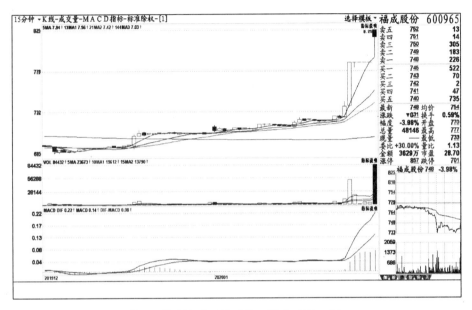

【拖泥带水】是调整信号，得跑（图三十）

◉ 买进时机

1. 15 分钟图上出现买进形态，小单进场。
2. 即时图上股价线瞬间拉升，奋勇直追。

◉ 友情提示

1. 股价在均价线附近跟跑着，一步一挣扎，看样子是在寻找可以突破的地方。一旦得手，股价出击如同闪电一般迅速，封停后却像死一样寂静。
2. 【眼镜蛇】出现之前，日线上必然有相应的形态进行呼应。
3. 用 15 分钟图观察其走势。
4. 注意形态的具体位置。
5. 逢调整形态，立即出局。
6. 愿岁并谢，与长友兮。

股市的奥妙，在于它可以包含无穷无尽的假设。股市的冷峻，又在于它总把假设置于假设。

第二章  后空翻

◉ 形态特征

在即时图上，股价心不在焉地在均价线附近窄幅波动。这时，股价突然下掉，然后以迅雷不及掩耳之势向下猛摔，这是股价加速下沉的特征，暗示短期还有新低。我们把这根突然下掉的股价线称之为【后空翻】，见下图。

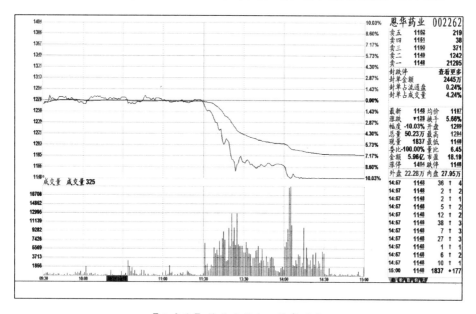

【后空翻】杀伤力很大，紧急避险

　　练后空翻需具备两个条件：一是柔软的草地，二是沙坑。然而在即时图上，股价转体却是硬摔，眼疾手快的还能少受些损失，动作迟缓的恐怕就要抱着跌停板过一夜了。经验表明，【后空翻】出现后，股价还有10%左右的跌幅。

◉ 经典记忆

　　1. **恩华药业**（002262），在【后空翻】出现之前，日线图上先后两次出现过【过河拆桥】的卖出信号。如果依然对它无动于衷或置之不理，主力会毫不客气地用【后空翻】鸣枪示警，赶紧走人，见图一。

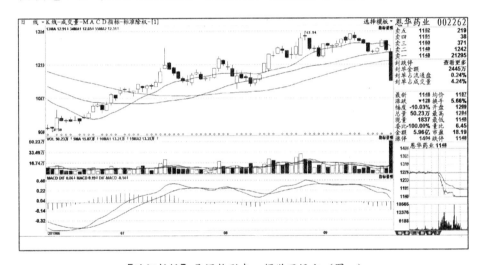

【过河拆桥】是调整形态，须敬而远之（图一）

　　翻脸比翻书还快的主力，前一秒还兴高采烈地哄抬股价，后一秒却歇斯底里地砸盘。散户如同海上的小舢板，面对波涛汹涌的海面，如不及时躲闪不断袭来的巨浪，就会被掀翻到海里喂鲨鱼。

　　有些人，即使伤痕累累也要与主力拼个你死我活；有些人，即使饱尝煎熬也要与无形的个股撇清干系；也有些人，喜欢股市却又渴望清静，拥有了清静却又耐不住寂寞。炒股充满着矛盾与破碎，充满着诱惑与挑战。只有真正理解只认指令、不管输赢时，也便读懂了孤独，活出了境界。

　　那些从股市里脱颖而出的短线高手，都是"一将功成万骨枯"的佼佼者，血与火让他们养成了略不世出的直觉和掌控力，也养成了泰山崩于前而色不变的气度。别人感觉天都要塌了的时候，他根本不当一回事。

想起约瑟夫·雷杜德，一位法国著名画家，他把自己的一生献给了玫瑰花。任凭法国革命大潮汹涌，政权更迭，甚至人头落地血流成河，他只是画他的玫瑰花。整整 20 年，雷杜德以一种独特的绘画风格完成《玫瑰图谱》。书里 169 种楚楚动人的玫瑰，成为世界玫瑰的经典。浪漫的玫瑰，来自最不浪漫的劳作，来自他在技术和艺术方面对自己严格的约束。在此后 180 多年里，《玫瑰图谱》以各种语言出版了 200 多种版本，平均每年都有一个新版本面世。雷杜德懂得约束自己，20 年如一日，只是画他的玫瑰花，却在这看似单调枯燥的事情里，享受自由创作的乐趣。

能把"只认指令，不管输赢"渗透到骨子里的人就是短线高手，但多数人只是把它停留在口头上，能自觉地把它运用到实战中更是少之又少。

在即时图上，股价在均价线附近捉迷藏，你追我赶，两线互相缠绕，玩得不亦乐乎。然而天有不测风云，下午开盘后，股价突然来了个【后空翻】，曾经不可一世的主力此时像斗败的公鸡般滑稽，持股者突然有一种一蜂入袖、猛士惊心的感觉。如不迅速逃离，损失将会非常严重，见图二。

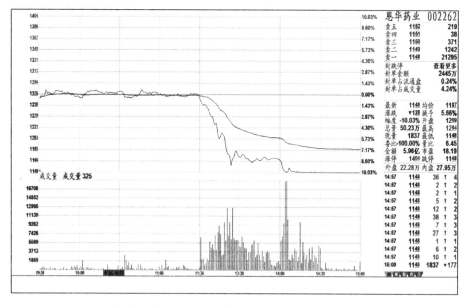

【后空翻】出现后，股价十之八九会跌停（图二）

主力通过制造恐慌，让财富源源不断地流进自己的口袋。正因为主力不择手段地巧取豪夺，才使得股市不断地出现暴风骤雨。

有时候，我像一头老牛，懒洋洋地卧在那里，把已经吃进去的草再吐出来细嚼慢咽，那感觉简直是其味无穷。

股市如潮，涨退更迭，唏嘘之间，总有失意；冥冥之中，总有彷徨。然而，迷茫的眼睛，看不到云卷云舒；朦胧的心境，找不到潮起潮落。我们感喟时运不济之时，却把及时跟变的撒手锏忘得一干二净。

有时绝境也能把人逼成天才，置之死地而后生的大有人在。她曾以79亿身价登上胡润中国富豪榜。42岁作为单身母亲，为了两个孩子被迫创业，到处捡砖头搭棚子做生意，街头卖米豆腐依旧坚持纳税。她从建厂开始吃住都是在厂里，亲自动手剁辣椒。想起创业经历，她有时也会落泪。她一直有一条铁打的原则，不贷款、不参股、不融资、不上市。国内十来块钱左右的辣椒酱，在国外售价高达70元，一罐辣椒酱被她做成与茅台齐名的产品，每天能卖出130万罐，产品风靡全球，间接带动800万农民致富，创造了中国品牌的传奇。她在行业中特立独行，却立于不败之地，她就是"老干妈"的创始人陶碧华。

生命无常，没有来日方长；人生短暂，没有从头再来。想早日实现财务自由就要抓紧。

在15分钟图上，先是用【一枝独秀】友情提示。面对恋恋不舍的人群，主力用【一阴破三线】强行驱离，对流连忘返者，索性使了一招【后空翻】。场内顿时变得鸦雀无声，不怕你【后空翻】，就怕你接着翻，见图三。

股市的不确定因素，有时你看不透；股价的上蹿下跳，有时你猜不到；是买进还是卖出，有时你拿不准；突如其来的意外，你要无条件地接受。谁想在弱肉强食的股市有一席立锥之地，必须有一身够硬的真本事。

"股灾"的时候，有个叫白交易的人写了一首打油诗，客观地反映了投资者的生存现状："十年炒股两茫茫，先亏本，后赔房；千股跌停，无处话凄凉；纵有涨停应不识，人跌傻，本赔光。牛市幽梦难还乡，睡不着，吃不香。望盘无语，唯有泪千行！料得日日肠断处，明日夜，天台上。"

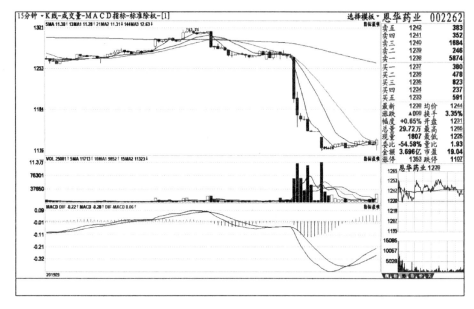

【后空翻】后接着翻，一片汪洋都不见（图三）

　　它从一个侧面反映了股民的生存现状，也从另一个侧面说明，长期混迹股市，没有独到的见解和得心应手的方法，赚钱确实很不容易。有首歌叫《挣钱难》，于跃好作词、禹皓作曲，歌中唱道：

　　　　从早忙到晚挣钱真叫难

　　　　你有你的苦我有我的烦

　　　　走北又闯南天下是同一般

　　　　社会太现实现实又太骨感

　　　　挣钱不容易都说难啊难

　　　　花钱如流水存款一直减

　　　　出的黄牛力收获是一点点

　　　　为了要生活再难也得干

　　　　挣钱真是难难倒英雄汉

　　　　如果没有钱啥事也不能办呀

　　　　挣钱难呀难夜里难入眠

　　　　喝着苦闷的酒啊抽着忧愁的烟

挣钱真是难难在我心间呐

如果不是钱就不会人翻脸

挣钱难呀难人人向钱看

做梦都是钱啊梦想我成大款

有人在埋怨有人在感叹

都为一个字那就是钱钱

钱是一张纸法力大无边

为了得到它流下多少汗

是人太愚昧还是看不穿

每天围着钱不停地转转

钱是万能的能把人改变

有钱的时候神仙仰着脸看

······

2. **京新药业**（002020），【后空翻】也有扎堆的时候，当同一板块，同一时间集体往后翻时，市场将会引起一定程度的恐慌，同时宣布某一板块的行情落幕。

该股在【后空翻】出现之前，日线图上先后两次出现【过河拆桥】，主力先礼后兵，并非都是小人；如果你还不领情，那就用【一阴破三线】大棒伺候。

诗人白桦的一首诗很形象地描述了【后空翻】的厉害：

　　昨天我还在秋风中抛撒着黄金的叶片，今天就被寒潮封闭在结冰的土地上了，漫天的雪花一层又一层地覆盖着大地，沉重的天空板着难以揣摩的老脸，我所有的枝杈都在断裂，坠落，我只能倾听自己被肢解的声音，一个无比庞大、无声而又无情的军团，把我紧紧地围困着，风声如同悲哀的楚歌。

详情见图四。

【一阴破三线】穿透力很强，躲着点（图四）

　　在即时图上，股价死气沉沉，在均价线下方昏昏欲睡，然后趁人不注意的时候，突然来了个【后空翻】，还没等人们反应过来，就恶狠狠地把股价砸到跌停板上，彻底粉碎了人们的出局念头，见图五。

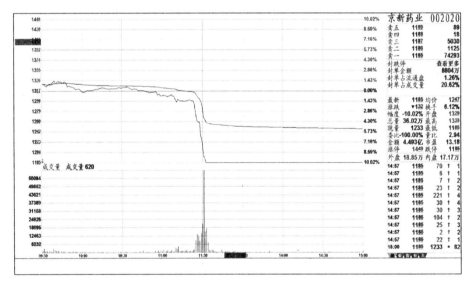

【后空翻】出现后，大约还有 10 个点的跌幅（图五）

　　做超级短线最难抵挡的是诱惑，最难控制的是情绪，最难把握的是时机，最难处理的是细节，最难改变的是习惯，最难提升的是能力，最难做到的是知行合一，最难战胜的是不听使唤的自己。

古镇的老街上有一铁匠铺，铺里住着一位老铁匠。由于没人再需要订制铁器，他就在铺里改卖铁锅、斧头和拴小狗的链子。人坐在门内，货物摆在门外，不吆喝、不还价，晚上也不收摊。生意也没有好坏之说，每天的收入正够他吃饭和喝茶。当路人经过老铁匠的门口，总会看到他在竹椅上乐呵呵地躺着，手里拿着收音机，身旁的小木桌上放着一把紫砂壶。

一天，一位文物商人从老街上经过，偶然看到老铁匠身旁的那把紫砂壶，仔细鉴玩之后，认定此乃清代一位名家亲手所制。

商人惊喜不已，欲以10万元的价格买下它。老铁匠先是一惊，后又拒绝了，因为这把壶是他爷爷留下的，他们祖孙三代打铁时都喝这把壶里的水。壶虽没卖，但商人走后，老铁匠有生以来第一次失眠了。这把壶他用了近60年，并且一直以为是把普普通通的壶，现在竟有人要以10万元的价钱买下它。过去他躺在椅子上喝水，都是闭着眼睛把壶放在小桌上。现在只要听到响声，他就要坐起来看壶是否还安在，这让他很不舒服。更难以容忍的是，当镇上的人知道他有一把昂贵的古董茶壶后，纷纷上门索问还有没有其他的宝贝，有的甚至开始向他借钱，更有甚者悄悄潜入门来寻宝。老铁匠的生活被打乱了。

当那位商人带着20万元现金第二次登门的时候，老铁匠再也坐不住了。他叫来众邻居，拿起铁锤，当着众人的面把那把紫砂壶砸了个粉碎。

接下来，日子渐渐恢复平静，老铁匠依旧在卖铁锅、斧头和拴小狗的链子。每天躺在竹椅上听着收音机，用搪瓷杯喝着茶水。据说他现在已经活过了100岁。

这个故事的精彩之处是老铁匠举起铁锤的致命一砸，随后散落一地的，不只是一堆碎片，也不是一叠散落的钞票，而是无尽的欲望、贪婪和痴迷。所谓盯盘，就是盯住自己股票池的个股以及手中的个股有无买卖点，你赚的钱应该是自己股票池里的个股提供的利润，而不是偷鸡摸狗弄来的嗟来之食，明白了这一点，就不用再去东张西望。在涨幅榜上寻黑马属于弯道超车，弄不好会丧命。

在15分钟图上，如果我们尊重【狗急跳墙】式的【一枝独秀】的提示及时离场，完全可以避开【后空翻】的惊险一幕，资金也不会在短短几天就缩水20％以上。

把令行禁止落在实处，交易中就不会手忙脚乱，只是人在有钱的时候，总会做出一些傻事。

令行禁止，是一个人内心深处悠回九转、拿不起放不下时刹那间的顿悟；是一件事情想不明白、想到头痛想到脑袋大想到不再想时忽然的醒悟；是潮起潮落、静守时光、心无杂念的从容与淡定，见图六。

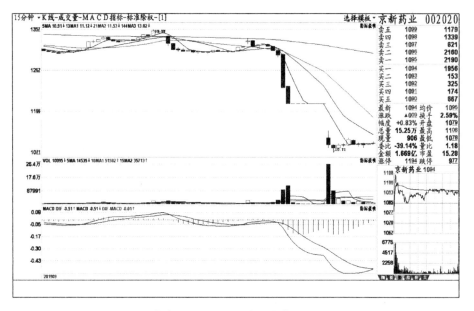

指标线出现死叉的时候要坚决离场（图六）

航母舰载机飞行员的风险系数是航天员的 5 倍，普通飞行员的二三十倍。某国 10 年摔掉 105 架舰载机，其中 85% 的事故发生在着舰时；世界上飞行员数以万计，而现役舰载机飞行员只有 2000 余人……

如果没有玩命的勇气，没有拎着脑袋干事业的劲头，当不成舰载机飞行员。

航母上跑道不及陆基机场跑道的十分之一，且处于运动状态；舰载机降落时，有一套完全区别于一般战斗机的着陆操纵技术。陆基战斗机是油门减速，舰载机却要加大油门，准备挂索，不成功时再次起飞逃逸。因此，必须改掉原来已经形成的习惯动作，从头再来学习"反区操作"。

如果把舰载机着舰比作"刀尖上的舞蹈"，舰载机飞行员无疑是"刀尖上的舞者"。大海如此之大，然而航母却像海面上漂浮的一片树叶，着舰区域就更小了，加上航母不断地纵横摇摆，上下垂荡，海上气流也不稳定，驾驶战机精准地落在阻拦索之间，好比是百步穿杨。

做超级短线的短线高手犹如舰载机飞行员，要么百炼成钢，要么石沉大海。

3. **金刚玻璃**（300093），赚钱不如人时，会心生自卑，失去从容；发生意外时，会心生慌张，失去镇定；痛失金钱时，会失去理智，心生绝望。如果从另一个角度去想，失去从容只会令自己更加不如别人；失去镇定，只能使事情向着相反的方向发展；心生绝望更是于事无补，延缓成功的速度。

形态说明一切，不管是上涨还是下跌，特别是股价质变节点，必须要有形态相伴。所以，识图是交易的基础。有人看到一根阳线两根阴线出现，就当成【一石两鸟】，这是不对的。首先，【一石两鸟】必须出现在上涨途中，是主力采用的震仓手段，它的第一根阴线不应该是【一剑封喉】，第二根阴线也不应该是【落井下石】。其次，位置很重要。有的个股在拉升中已经见过三个高点，已是行情尾声了，有人还把该形态视为【一石两鸟】，只知其一，不知其二，在实战中是要吃亏的。

就像曾经被我们误会的诗词一样给人留下笑柄。例如，"但愿人长久，千里共婵娟"，本来是苏轼写给他弟弟子由的，意思是我们虽隔两地，但都要活得长长久久，可却被一些人在情书中引用。还有《诗经》里的"执子之手，与子偕老"，这是讲战友情的，它是说要打仗了，两个年轻的战士害怕，因为古来征战少有人回，所以出征的战士牵着手互相鼓励，说我们一定会活下来，我们一定会活到头发变白的。有人却把它说成是两人相爱牵手一辈子。再例如《鹊桥仙·纤云弄巧》中的"两情若是长久时，又岂在朝朝暮暮"，它不是讲两人相爱，这是一封分手信。诗人和长沙的歌女自此之后永远分别，我们两个人心中有爱，以后就不要在一起了，因为诗人被调郴州旅舍了。

在即时图上，股价始终在昨收盘之下运行，最后干脆在均价线之下晃悠。下午两点以后，股价实在支撑不住了，头一低，身体就不听使唤了。盘中做过抵抗，无奈兵败如山倒，股价很快被砸在跌停板上，见图七。

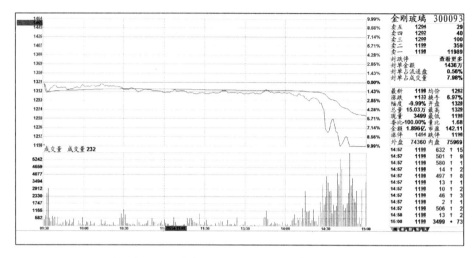

进退有据，必有余庆；进退失据，必有余殃（图七）

买进股票，心里就有了期待，如果股价朝着期待的方向走那当然好，如果没有朝着期待的方向驶去，就应有所行动了。人最大的悲哀是，当股价上行的时候，不知道自己几斤几两；当股价逆行的时候，自己却不知道躲闪。我们应增强危机意识，关注形态变化。

股市里的任何一种运气都不会无缘无故地降临在一个人头上，有些人之所以受到主力的喜欢，除了沟通能力强，还有执行力坚决。主力总是把财富送给与众不同的人。

如果没有股价的复杂多变，如果没有主力的古怪刁钻，就没有惊心动魄、九死一生的股市，就难以筛选和锤炼出短线高手。

短线需要技巧，更需要耐心，性子太急的人不适合这种操作。释加牟尼专注于佛陀之事，孔子专注于仁爱之事，康德专注于道德之事，玩超级短线的应专注于形态的切入点。

在 15 分钟图上可以清晰地看出：先有【一剑封喉】提示离场，接着开始横盘观望，然后是跌穿 144 单位线这根支撑线；主力已经仁至义尽了，但依然驱不散围观的人群，最后干脆来了个【后空翻】，让你体验一把眩晕的感觉，见图八。

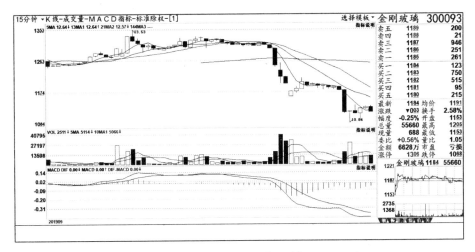

【后空翻】出现后，股价至少还有10%的跌幅（图八）

有实现梦想的执着，也有亏损被套的悲愤。股市风云的动荡，天赐良机的欢欣、一波三折的忐忑、临危受命的悲壮、破釜沉舟的一搏、背后一刀的不甘、泰山压顶的无奈、柳暗花明的惊喜，股市的钩心斗角、折冲樽俎，看不见硝烟又扑朔迷离，媒体的唇枪舌剑和主力的翻云覆雨，从中国股市到世界市场，从庙堂到江湖，一言以蔽之，要什么样的场面有什么样的场面，要什么样的情节有什么样的情节，步步惊心，处处是戏。

股市精彩是精彩，但通往财富的路上为什么人数寥寥？一是谣言四起，吓掉一批；二是消极懒惰，掉队一批；三是心态不好，病倒一批；四是没有目标，迷失一批；五是家人打击，消沉一批；六是朋友嘲笑，退缩一批；七是瞎猜好赌，阵亡一批；八是不爱学习，淘汰一批；九是学了不用，滞留一批；十是自以为是，报废一批。结局：剩者为王。

4. 信立泰（002294），从日线图上看，在【后空翻】出现之前，股价没有任何异动。然而，仅仅过了一个晚上，股价却发生了天翻地覆的变化。

在【后空翻】出现当天，股价低开低走，然后在均价线附近小幅震荡，呈犬牙交错状。你做梦也不会想到，主力会对形影不离的你使坏招，股价先是小步挪移，然后逐渐加速，最后干脆一个【后空翻】把你往死里摔，见图九。

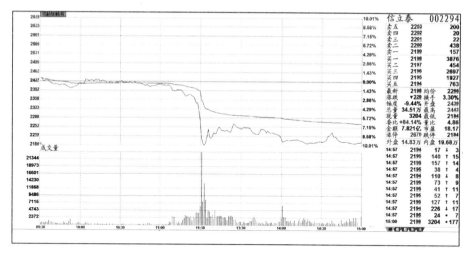

发现【后空翻】，拼着老命也要往外蹿（图九）

　　每个人都有不为人知的酸楚，甚至有被逼到绝路的时候，但所有的坎坷与磨难、苦乐与悲欢，只有亲身经历过的人才会有感悟。散户的世界，崩溃都是无声的，笑容都是强挤的，但只要你是金子，注定会苦尽甘来，能绝处逢生。在你走出困境以后，也无须逢人就说，你的苦日子是如何熬出来的；别人对你受的罪没兴趣，但让他百思不得其解的是，钱怎么都跑到你的口袋里呢？

　　请把目光移到15分钟图上，在【后空翻】出现之前，指标线的死叉和均线的死叉几乎是同步的。只是你不敢相信，或不愿相信。一个小时以后，股价又特别发出【突出重围】的警报，你还是认为主力在虚张声势，并未采取任何行动。主力会想，怎么碰上这么个傻家伙，胆子变得越来越大，最后在击穿144单位线后，索性来了个【后空翻】。

　　然而时间不予配合，【后空翻】刚完成一半，上午收盘的钟声就敲响了。主力意犹未尽，闷闷不乐停了下来。

　　下午开盘后，主力恶狠狠地接着翻，总算把分解动作的【后空翻】完成了，股价只是象征性地在跌停板上蜻蜓点水，然后迅速将股价拉起，给人一种快速回探的错觉，告诉你先别卖，这只是调整而已，随后股价开始压价逼仓，从大口吞并变成小口蚕食。该跌停不跌停，说明主力还有更阴险的招，但同时也给场内的人留下一丝希望。

翌日，股价低开低走，巨大的成交量从天而降，这时候，你想走也走不了，见图十。

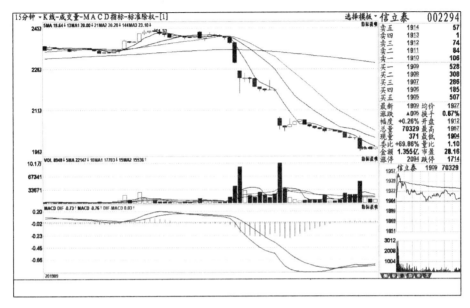

在【突出重围】时出不来，不死也是重伤（图十）

天狂有雨，人狂有灾。钱再多也无须在股市面前当冤大头，即使身怀绝技也不要在主力面前耍大刀。

令行禁止是交易中最完美的从容，也是遵守纪律的完美体现。指令引领人们走上富裕，魔鬼却诱惑人们走向贫穷。

在西藏，有一个叫爱地巴的人，他一生气就跑回家，然后绕着自己的房子和土地跑三圈，后来他的房子越来越大，土地也越来越多。

孙子问他："阿公！你生气时为什么老围着房子和土地跑？"

爱地巴对孙子说："年轻时，一和人吵架、争论生气时我就回家绕着自己的房子和土地跑三圈。边跑边想，自己的房子和土地这么小，哪有时间和精力去跟别人生气呢，一想到这里，气就消了。"

孙子又问："成了富人后，为什么还绕着房子和土地跑呢？"

爱地巴笑着说："我边跑边想，我有这么大的房子和土地，又何必和别人计较呢，这样一想气也就消了。"

从【后空翻】那天起，股价持续收了 6 根阴线，股价从 24.53 元跌至 18.58 元，跌幅 24.26%，见图十一。

天狂有雨，人狂有灾（图十一）

手无寸铁和不切实际的妄想是亏损的根源，只认指令、不管输赢才是获取财富的关键。买与卖不需要无谓的执着，做到进退有据就可以了。屈原追求的"宁为玉碎，不为瓦全"的精神不适合股市，陶渊明坚守的"不为五斗米折腰"也不适合股市。我们只是股市追随者和执行者，这是因我们处的地位所决定的。水滋万物而不与万物相争才是值得我们学习和效仿的。

趋势改变命运，技能改善生活。趋势就是大势，有大势的配合，才有改变命运的可能；技能就是买卖股票的技巧，没有大势的配合，只能弄点小鱼小虾，打一下牙祭而已。

5. **亿嘉和**（603666），股价不会无缘地上涨，也不会无故地下跌。但凡异动的个股，要么基本面发生了变化，要么形态发生了变化。从概率讲，股价的涨跌，形态一般会早于基本面。有的股票没有任何形态，但也会涨跌，这就是股价的特殊性。因为它不符合我们的买入条件，所以即使它涨停和我们也没关系，我们也不眼红。我们遵循的是形态说明一切、位置决定输赢的操作原则。当形态出现时，就看交易系统是否给出明确的交易指令。

在【后空翻】出现之前，股价在日线上给过警示，也许你并没在意，别小瞧那个不规则的【一剑封喉】，它再不起眼，也暗藏杀机。谁敢对它置若罔闻，它立马就给点颜色看看，见图十二。

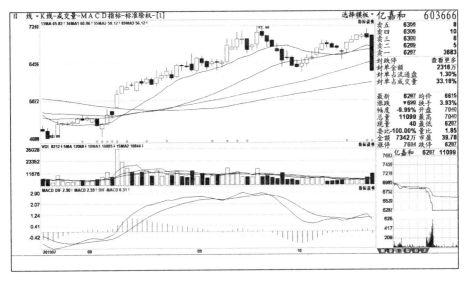

再不起眼的见顶形态，也能把人置于死地（图十二）

西安事变后，张学良被蒋介石羁押，于凤至陪着张学良辗转流亡了4年。本就体弱多病的她被查出了乳腺癌，只能赴美求医，从此与张学良天人两隔。

在美国，为了维持生计，于凤至孤身拼搏。她凭借自己从父亲那里继承的商业头脑，凭借当年东北大学文法科的教育基础，凭借少量张家在美国银行剩余的存款，在华尔街股市一展身手。

没想到上天总眷顾苦难的人，于凤至在大起大落的股市里纵横捭阖，游刃有余，赚得第一桶金，并逐步将股市盈余投资不动产，积累了丰厚的身价。天无绝人之路，这就是专门说给那些"天将降大任于斯人也"的。

翌日，股价高开，然后迅速龟缩在均价线下方，吓得连大气也不敢出。昨天没有出局的，今天就有点危险了。

下午开盘后，股价的脑袋终于扛不住了，在低下来那一刹那，先前的烦恼也变成了现实。随着【后空翻】的出现，股价如暴雨般狂泻，麻木者斗志几乎丧失殆尽，清醒的陷入恐慌和心理崩溃，只有极少的亡命之徒成了漏网之鱼。

股价带着响声砸到了跌停板上，日线上的【一阴破三线】预示着事态的严重性。唯一让持股者感到欣慰的是，成交量似乎没有放出来。不过从另一个层面讲，在跌停板上的成交量不大，说明场外资金买入不够踊跃，预示股价还有新低，见图十三。

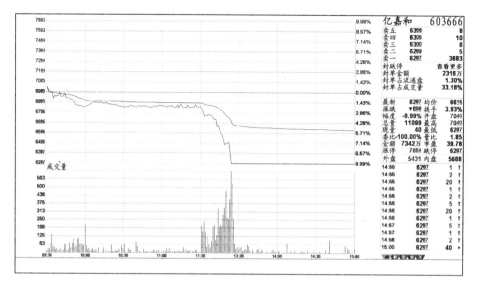

跌停板无量，预示股价还有新低（图十三）

股市里赚钱的机会很多，但抓住这些机会的时候很少。有时看着机会从眼前飘过，就是不敢跟。更可气的是，跟进的都不赚钱，主力仿佛有意和我们过不去，其实不是这样的。所谓的机会就是形态，有的不认识，认识的又不敢碰，特别是在离场信号出现时不抛出，对谁都是一场灾难。

假如你和一个股友聊天，他告诉你，他今年亏了20%，你也实话实说，今年赢了10%，那么好啦，这个股友从此不再与你交往。如果反过来呢？那情景肯定就不一样了，说不定会请你喝个小酒。

或许人性就是如此，当两人都身处同样境地的时候，可以无话不谈，当差距变大的时候，嫉妒带来的隔阂也日渐增多。

从15分钟图上不难发现，指标线死叉，均线死叉，在两个死神中间游走，会有什么结果呢？

随着时间的移动，股价明目张胆地跌破144单位线，然后很憋屈地在它的压制下挣扎了个把小时，开始尿裤子了。

　　第三天，股价高开高走，随着股价的快速拉升，人们的情绪也由昨天的恐惧变成今日的期待，然后因不同的原因而兴奋着。但这根阳线就像一朵飘落的雪花，还没有来得及欣赏就开始融化了。

　　接下来的阴线很快就把刚才的阳线吞噬掉。当股价持续拉出 3 根阴线以后，人的恐惧就像尖叫的电钻一般往心里钻。由于无法预测股价的未来，因此战战兢兢，于是，有人开始越狱了，见图十四。

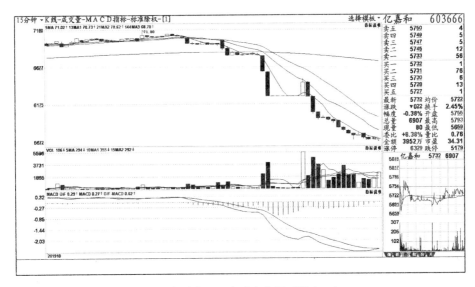

从天堂到地狱只在瞬息之间（图十四）

　　一个"买"字展现了一个人的所有心思，然后又以一个"卖"字结束他的全部行程。

　　在股市所经历的一切都将成为你生命中的一部分，给予你的磨难只要还没有把你压垮，就能蹚出一条路来。让你变得更有价值的，是你的坚持和努力。被伤害之后的委屈只有自己记得，承受过的心理压力更不会有人知道，因为插刀的是主力，拔刀的是自己。缺乏自制力的交易是走向深渊的开始。

　　6. **创力集团**（603012），该股从起涨到见顶，风风雨雨，历尽艰辛，用时一年多，股价就这么不显山不露水地走了过来，从 5.79 元升至 17.65 元，神不知鬼不觉地涨了 200%。当初你怎么看也不敢相信，它会成为跨年度的黑马，甚至你曾买过，也曾经抛出，甚至有些灰心丧气。而那些硬着头皮留下来的，他们在缺陷中完善着自己的操作；一年后，他们对自己的持股进行审视。结果发现，只要学会一种方法，并且能够达到融会贯通，任何时候都是可以赚钱的。

当该股的卓越表现引起人们关注的时候，主力大大方方地展示了一个【一阴破三线】的规定动作，是震慑，也是告知。

这时候，如果哪个重仓出击它，股价肯定在空中双发停车，然后摔着跟头往下掉。这时候的感觉，就是浑身的热血直往头上顶，犹如万米俯冲突然来了个急刹车，然后重重地落在厚厚的海绵垫上。"短暂失忆"恢复后，你会发现股价已经妥妥地落在跌停板上，见图十五。

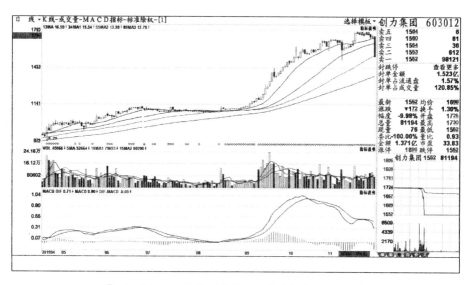

【一阴破三线】是见顶信号，杀伤力极大（图十五）

刚刚开始的时候，高尔夫球运动有个奇怪的现象，几乎所有的高手都喜欢用旧球，特别是那些有划痕的球。原来，有划痕的球比光滑的新球有着更优秀的飞行能力。于是，根据空气动力学原理，科学家设计出了表面有凹点的高尔夫球。这些凹点，让高尔夫球的平稳性比光滑的球更有优势。如果把高尔夫球的凹点比作炒股留下的伤痕，就会觉得炒股受的伤并不可怕，因为有些受伤有利于培养我们健康的心态，从而有利于实现投资成功。

据统计，在中国有记载的兵书约有3000多部，除《孙子兵法》外，还有《吴子》《尉缭子》《司马法》《六韬》《三略》《李卫公问答》等。熟读兵书是古往今来的军事家们成功的法宝和捷径，把兵法中的相关原理运用在做超级短线之中，相信你的思维模式和行为模式都会有一个巨大的变革，相信你的操盘水准很快会达到一个新的境界。

现在，我们把目光再回到即时图上，开盘后股价一直黏着均价线察言观色。这种如影随形的横盘有两种结果：要么演绎成【眼镜蛇】，要么坠落成【后空翻】，两者必居其一。

时针刚刚指向11：00，股价擅自离开均价线，也许是心虚的缘故吧，开始鬼鬼祟祟，后来发现并无人关注它的行踪，胆子就愈发大了起来，脖子用力往后仰，股价立马瘫了下来，然后是硬摔表演，直接把股价砸到跌停板上，并且毫不知耻地直挺挺地躺到收盘，见图十六。

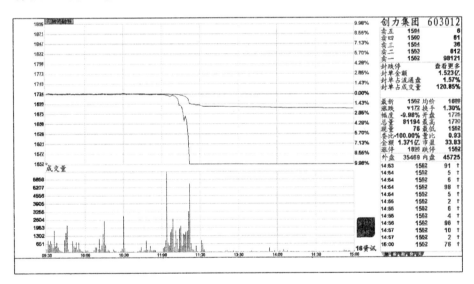

【后空翻】要沉沦，快速逃命不丢人（图十六）

做股票如果老是输，为什么不能停下来清理一下自己的思路，检查一下亏损的原因，然后找到一个切实可行的方法。股市有的是机会，不必计较一城一地的得失。

有人把炒股视为赌博，说明他没有真正了解股市的本质。一是股市受法律的保护，赌博则是法律坚决禁止的。二是股市给人们提供了一个展示个人才华的空间，只要你有真才实学，股市绝对不会埋没你。三是股市是有规律可循的，通过方法和技巧是可以获取利润的，而赌博完全凭运气。一旦染上赌博的恶习，就像登上了一列快速飞驰的火车，自己无法控制，完全听天由命。从概率上讲，即使一个人的运气再好，但如果他长期赌博，很快就会把自己的老本输得精光。

炒股有对错，错了就是错了，要立即纠错，不能硬拖。因为小错也是错，它对人的心理、情绪上有影响，小错多了，也能闹出大乱子。蚊子虽小，如果成群结队，也能把人叮死。

炒股是一种需要勇气的职业，是一条没有退路的道路。在卖出指令面前，哪怕是悬崖也要往下跳。否则，就永远无法知道股市的深浅，那就永远与财富无缘。

罗丹把自己约束在雕塑的世界里，柴可夫斯基则专注于音乐，但他们都得到了创作的自由。你想早日实现衣食无忧吗？请约束自己的行为。

从 15 分钟图上看，【后空翻】在出现之前，股价提前一周给出预报。最早的一次是 11 月 20 日的【狗急跳墙】式的【一枝独秀】，半个时辰后，指标线死叉，这是没有指名道姓的驱离。

11 月 25 日，主力又用【一阴破三线】进行撤离前的彩排。由于主力手中筹码太多，一次性派发不出去，只能竭力维持股价暂时不往下摔，但风险正悄无声息地向我们靠近。然而，麻痹大意的人们正幻想股价再翻一倍，如果这时候你告诉他们股价要崩溃了，他们打死都不信。

11 月 27 日，指标线再次死叉，股价再一次给我们留下一个逃命缺口。

11 月 28 日，股价继续发出【突出重围】的指令，然而人们只顾妄想着赚钱，又把它当成了耳旁风。

11 月 29 日，【一阴破三线】再次驱离，有人依然置若罔闻，我行我素。

于是，悲剧发生了。

12 月 2 日 11：15，主力拿出撒手锏，【后空翻】一亮出，立马倒下一片，等人们回过神的时候，逃命的通道已经被堵死了，见图十七。

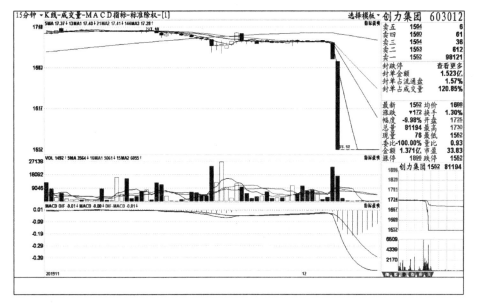

时间是规律的见证者，规律是时间的记录者（图十七）

7. 光正集团（002524），该股经过充分整理以后，前不久还正经八百地走出一波像模像样的行情，股价从 4 元升至 14.75 元，涨幅 269％。但自从出现不规则的【一剑封喉】和【独上高楼】复合卖出形态后，股价每况愈下，虽然中间有过反弹，但也是出于派发的需要。尽管如此，短期还是派发不完，遂采取横盘走势继续叫卖。

一时之间，早已习惯了横盘走势的人们，面对突然下掉的股价，开始惊惧、恐慌、茫然不知所措，但严防死守者不知道，让他们承受如此巨大压力的源头，竟然是那个不起眼的【一阴破三线】。从此，股价彻底踏上黑暗的下降通道，有恃无恐的主力砸起盘来更是毫不含糊。被关在里面的敢怒不敢言，而且从未有过逃命的想法，胆小的宁肯含恨沉沦，也不愿奋起一搏，见图十八。

当见顶形态跟我们说再见时，处于赢利状态也总是恋恋不舍，不舍它带给我们欢乐欣然的日子，不舍那种水乳交融的感觉，但一般会抛，起码会做减仓处置。如果处于亏损状态，多数不会认亏出局，而是死等或补仓。也许他们想过卖出，却又担心股价突然涨起来，后来看着每况愈下的股价，谁能体会他们此时此刻内心的苍凉？"有钱难买回头看，头若回看后悔无。"

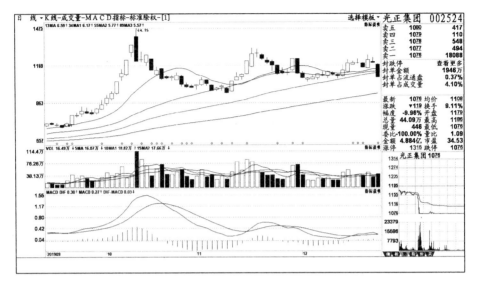

【一阴破三线】是股价质变的节点（图十八）

买点出来，说买就买不犹豫；卖点出来，说卖就卖不后悔。在做超级短线时，就叫买不强求、卖不强留。

有些事，看开了，却总是不能放下；有些事，明白了，却总是无法放弃；有些股，看清了，却总是不忍离去。有时候，明明知道是错了，却一直抱残守缺。说不清的是人，想不通的还是人。所以多数人一半清醒，一半糊涂；少数人偶尔糊涂，大多时候基本能保持清醒。

在潮起潮落的股市，来凑热闹的人始终络绎不绝，而真正的短线高手却是寥若晨星。于是，各种抱怨接踵而来：券商在抱怨，等待上市的公司在抱怨，赔钱的散户在抱怨，兴风作浪的主力也在抱怨！人们似乎更加焦虑，普遍存在的不安全感像传染病一样交叉感染。在股市这个大染缸里，谁又能够出淤泥而不染？在人满为患的股市里，怎样才能找到自己的立锥之地？

我们的痛苦与焦虑，源于股市里的乱象和功利，为了融资，有的企业可以瞒天过海；为了赚钱，有的主力可以颠倒黑白。缺乏诚信的人在缺乏诚信的股市里变得无所畏惧、所向披靡，然而手无寸铁的散户们面对碾轧过来的滚滚铁流却不知躲闪。

股市的发展壮大早已有目共睹，然而混迹在股市里的人们并非个个财大气粗，付出与收获的巨大失衡已经导致股市大厦发生倾斜。在巨大的压力和诱惑之下，究竟还有多少人愿意把自己的理想安放在股市里？

股市有股市的问题，我们有我们的问题。如果你觉得生存堪忧，就反思一下交易是否荒唐。留下的伤口只是草草包扎又匆匆上路，会留下更大的伤疤。停下脚步，把伤口上的浮尘擦去，涂上酒精或消炎的药品，会痛，会很刺激，但只有如此，伤口才会真正的愈合。于是有人感叹：黄金年华虚度过，才知以前铸大错。口袋空空徒奈何，雄心壮志早消磨。

千百年来，许多中国人都怀着一种临时抱佛脚的态度去许愿和还愿，这种文化在时间的长河里奔腾，几千年从不间断。

从 15 分钟图上不难发现，【金蝉脱壳】以后，又连着两个【过河拆桥】，这些都是离场信号（详见四川人民出版社 2017 年 6 月《实战大典》第 3 版）。然后它的 5 日线开始下穿 13 日线，指标线几乎在同一时间段出现死叉，这一切都表明主力去意已决。丢掉幻想，准备撤退。接着【一阴破三线】【突出重围】等形态还是勒令人们出局。可以说，在准备做【后空翻】这个惊险动作之前，股价用一整天做了预演，你不领情，受此惊吓，遭此惩罚不可避免。

时间是一条紧密相近的索道，在通向未来的路上，时间的锁链里总是潜藏着许多默默扩散着的逻辑碎片，见图十九。

赚钱时把自己吹得神乎其神，亏损时把自己贬得一无是处，说明心智还不健全。我们经常遇见这样的人，买股票买到六亲不认，卖股票时头脑迟钝，盯盘盯到阴阳不分，捐钱捐到筋疲力尽，发誓发到自己不信。谁进退失据，谁就与财富没有缘分。

给自己留有余地，得到时不自喜，失去时不抑郁。经过一番上蹿下跳后，股价依旧春风旖旎，明媚如花。

莫名其妙地买，稀里糊涂地卖，会让你的生活变得潦草至极，以及麻木得令人绝望。主力可能是骗子，可形态不会撒谎。买卖之间存在因果关系，一定要弄明白风险在哪，利润点在哪。

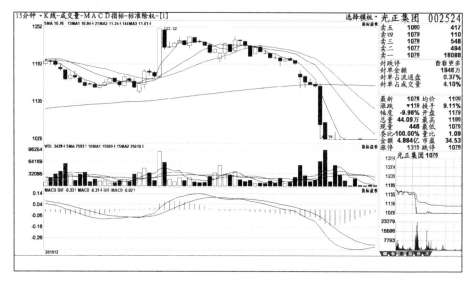

指标线的死叉，注定股价必跌无疑（图十九）

从即时图上看，低开的股价大部分时间在均价线以下行动，彷徨的股价把时光折腾得支离破碎，淡淡的思绪充满期待的忧伤，像秋天孤独的落叶，无情地坠落，希望全无。此时此刻，幸灾乐祸的主力用力往后一仰，居高的股价一泻千里，那些心存侥幸的人被压在了跌停板下，任悲伤汇聚成河，见图二十。

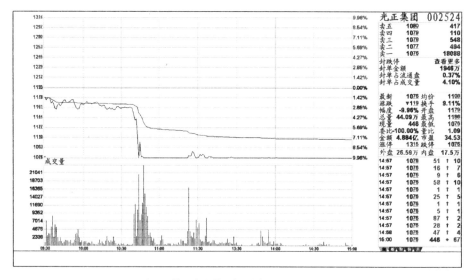

发现【后空翻】，赶紧出逃（图二十）

曾经车水马龙，股价节节攀升，自从【后空翻】出现以后，灾难从天而降，股价摔得千疮百孔，如今已变成一片废墟。

即使你的资金再多，在主力眼里也只是颗棋子，如果再不听招呼，你就会沦落为棋盘。任何时候都不要自以为是，说不定什么时候你就会像水一样被倒进海里。因此当主力发号施令时，应尽快让指令落到实处。

8. 顺利办（000606），每一次的亏损或者被套，都不是主力和你过不去，因为不管是上涨还是下跌，事先都会出现某种形态。拿该股来说，在距离【后空翻】出现的很久之前，日线上出现过【过河拆桥】的离场信号。换言之，这是离场的最后通牒，如果你当时对它置之不理，今天的结局也属理所当然。

不过，从股价的位置看，这时候弄个【后空翻】纯属大题小做，说给市场一种威慑就抬高它了，因为当天大盘下跌4个点，最多是无事乱抽风。主力趁机网罗些小鱼小虾，为以后的上涨多抓些壮丁罢了，见图二十一。

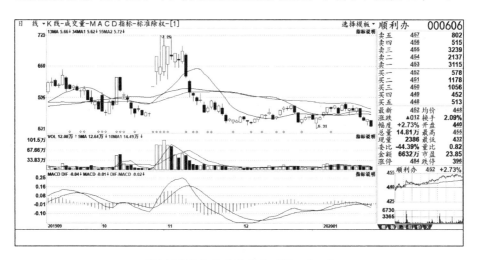

【过河拆桥】是调整信号（图二十一）

一樵夫上山砍柴，不慎跌下山崖，危急之际，他拉住了半山腰处一根横出的树干，人吊在半空，但崖壁光秃且高，他爬不上去，而下面是崖谷。樵夫正不知如何是好，一老僧路过，给了他一个指点，说："放！"

这个故事给我们启示，既然向上的路已经被堵死，半空吊着肯定是等死，放手不一定活，可也不一定死。如果股票被套在高位，与其捂着等

死，不如忍痛一割，虽然蒙受损失，但毕竟有了东山再起的机会。按135
交易系统操作，就是抓住现在，不奢望未来。

从即时图上看，股价低开平走，大部分时间都在均线附近上下蠕动，
恐怕谁也没有想到它会在背后猛插一刀。正因为这些许想不到，才会让你
发懵，然后发疯。

在持股者极不情愿的状态下，股价下了一个台阶，但表面上依然挺
着，这样一来反倒让场内放松了警惕。

下午开盘后，股价突然一个猛摔，先把场内冻结起来，然后又一手漂
移把抄底者按在跌停板上。

无论盘中经历了怎样的提心吊胆，主力依然我行我素，仿佛什么也没
有发生。别看很多人刚入股市时张牙舞爪，个个都是猛张飞，但几个回合
之后，便被主力打趴在地上不吱声了。

一个完整的行情就像一条优美的抛物线，最终都要回到它最初的原
点。因此，当遇到某股涨幅过大、位置偏高的时候，要耐心等待下一个买
进机会，机会的降临事先都会有预兆，见图二十二。

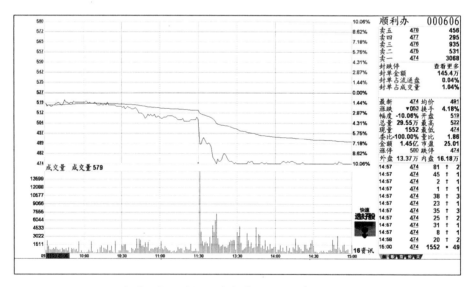

天不怕地不怕，就怕股价翻着跟头往下载（图二十二）

股市里很多事情都比赚钱重要，如果你不能感受亏钱后那种心痛的清
醒，说明你离成功还有很长一段距离。当你感到孤独时，把当时的心迹记

下来，这样反而减轻了痛苦，也会加快你的成长。支撑你走下去的不仅仅是梦想，还有一步一个脚印的跋涉过程。每个人的炒股经历各不相同，能坚持下来的都是好样的。在最黑暗的时候，只能硬扛，没人陪伴。直到有一天你揭竿而起时，你就会发现，打碎牙齿往肚里吞的悲壮是多么的可贵。

如果说，从即时图上不好把握股价的节奏，那么从分时图上就相对容易了。

在 15 分钟图上，股价在 144 单位线上方横了好久，第一次触摸 144 单位线的时候，股价仅仅是蜻蜓点水，很快就反弹上去；第二次跌破 144 单位线的时候，股价只是象征性地挣扎了一下就败下阵来，可有人就是不认输，于是才有【两肋插刀】。其实，当卖出信号发出后，不管输赢，都应与主力道个别，尤其股价跌破守仓底线的时候，应不作任何抵抗，潇洒地转身离去。

只有呛过水，遇到过旋涡和风浪，才能学会游泳；只有吃过亏，遭过深套和煎熬，才能领悟炒股的真谛，见图二十三。

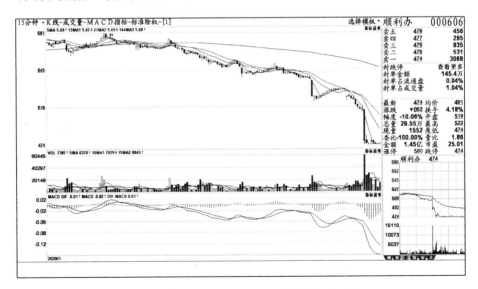

汽笛一声肠已断，从此天涯孤旅（图二十三）

9. **鼎捷软件**（300378），该股曾经辉煌过，就是不久前，股价从 9.5 元升至 26.04 元，涨幅 296%，成为当时市场上一道亮丽风景线。但在【狗急跳墙】的第二天，【落井下石】就大打出手，股价犹如瀑布一泻千里，直到 55 日均线附近才停止下跌的脚步，股价涨起来发疯，跌起来发憷，动作稍有迟缓，生死就由不得你了。

以前的种种惊心动魄，全如过眼云烟。此刻种种壮怀激烈，也与我远隔沧海。但凡【狗急跳墙】的出现，股价必跌无疑，这究竟是巧合，还是某些我们未曾渗透的法则？它如同星辰的运行轨迹一般，冥冥之中驱使着股价在惊人的相似里循环往复。

冻死在【揭竿而起】里，是死得其所；冻死在【红衣侠女】里是求之不得；冻死在【暗度陈仓】里，是纯属意外；而冻死在【狗急跳墙】里，那是罪有应得！

当我们失去青春的激情，淡化了动不动就去拼命的年龄，我们经历的太多不平事告诉我们，怎样去保护自己。我们必须清楚，我们不是上帝，所以谁都扛不起下跌的股价，但我们要远离诸如【狗急跳墙】之类的个股，别让主力低估了我们的逃生能力。

在即时图上我们注意到，股价低开，然后黏着均线上下观望；开盘不到半小时，股价线突然向下一栽，股价的下滑就再也止不住了，直到躺到跌停板上为止，【后空翻】的杀伤力极大，切莫掉以轻心，见图二十四。

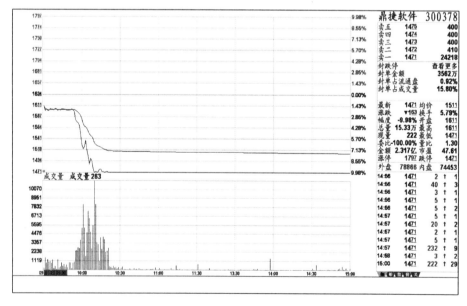

形态扭不过位置，技术斗不过趋势（图二十四）

我们把目光再回到15分钟图上，股价在相对高位反复震荡，绝对不是为了深化行情。但这种走势对于主力的出货非常有帮助，对买进就持股不动的就明显吃亏了。一般说来，对于严重透支的个股，短线高手也不会感兴趣，因为它提供的机会相对较少，越是短线高手，对个股的挑选就越苛刻，见图二十五。

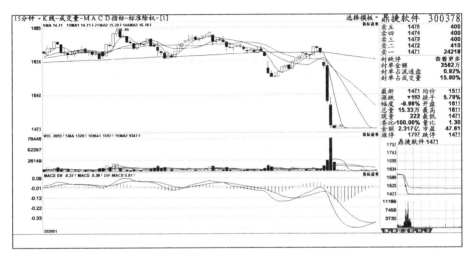

未知永远多于已知，险情总是逐步感知（图二十五）

◉ **卖出时机**

1. 在即时图上，发现股价线往下栽，立即抛出。
2. 确认【后空翻】以后，认亏出局。

◉ **友情提示**

1. 不关注日线上出过见顶形态的个股。
2. 不关注均线系统处于空头排列的个股。
3. 注意形态的具体位置。
4. 逢见顶形态，立即出局。

希望中的自知，清醒中的自觉，
行动中的自律，交易后的自省。

第三章 九天揽月

◉ 形态特征

在 15 分钟图上，股价先有一波拉升，随后不约而同地集结在 144 日线附近，大约用数十根的小阴小阳夯实股价底座，为深化行情奠定基础。突然在某一天，股价快速拔高，升到一定高度开始悬空飞行，直至行情终结，股价不再下探 144 单位线。在飞行途中，它的 5 单位线下穿 21 单位线再上穿 21 单位线，这是在为股价续航，我们把这个在 144 单位线之上的弯弯月亮称之为【九天揽月】，见下图。

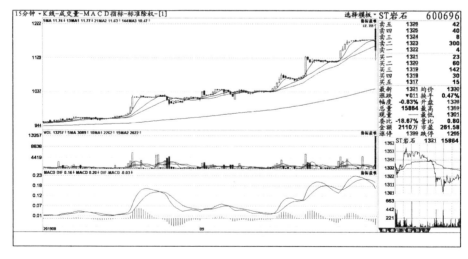

【九天揽月】是超级短线追逐的目标

◉ 经典记忆

1. **正川股份**（603976），弱者群居，强者独处。如果对炒股没兴趣、无激情，技能又谈不上，那就坚持不了太久，为了致富去冒险，只能是劳民伤财。

该股作为次新股还是可圈可点的，上市连拉 10 个涨停板。但令人匪夷所思的是，股价从 48.63 元的上市最高价被一口气打落，甚至破了 14 元的发行价。在股市见过狠的，但没见过这么猛的。涨就是涨，跌就是跌，像这么爱憎分明的还是第一次见。

除权以后，股价从 22.97 元掉到 11.32 元，这一路贴权超过 50%。从图表上的形态可以看出，这家伙不是个善茬，但肯定是个爱江山更爱美人的主。为什么这样说，因为它并没有乐不思蜀。你瞧，它又把股价从 11.32 元拉到 22.24 元，涨幅 96%；然后故伎重演，重新把股价从 22.24 元打到 11.83 元才收手，跌幅超过 47%。你喜欢这样的主力吗？

没有水位差，就不会有水的流动；没有温度差，风就不会流动；没有股价差，主力肯定不动。人和人的差距是永远存在的，正确认识自己就会缩短与主力的差距，主动向主力看齐。

煤和钻石本来同属一种物质，但经过上亿年的时光，由于所受的压力不同，各自的转化方向也不一样；最后分化为两种不同的物品，受压力小的变成了煤，而受压力大的变成了钻石。当命运将你抛进失败的低谷时，也给了你向上攀登的藤条，就看你愿不愿抓住它。压力并非绝对坏事，顶住压力，同样能成为一颗熠熠闪光的钻石。

股价终于跌不动了，主力有恃无恐地用三周时间，在底部区域重新构筑标志性特别明显的【海底捞月】，面对这个【海底捞月】多数人都会犯嘀咕，股价究竟能不能涨起来？只能拭目以待。

对形态你可以怀疑，但不要轻易否定。人与人的思维存在着看不见的细微差别，不同的思维得出的结果也有着惊人的不一致。譬如，究竟先有形态，还是先有指令？正确的解读是：一是看日线上形态的具体位置，二是看分时上有没有准确的切入点。有人处心积虑寻找客观因素，以此证明自己的正确，但规律是不以人的意志为转移的，对失利要经常反思，就不会被股市的涡旋卷入海底，也不会被后浪推到沙滩上。当我们做不成股市的上帝时候，就心甘情愿地做它的天使。

我怕寂寞，却习惯了孤独；我怕疼痛，却把自己弄得遍体鳞伤。因为都是主动去经历，所以今日的落寞才显得那么悲壮和富有诗意。我不知道股价将来是脱颖而出还是石沉大海，但眼下我以自己的孤独来抵抗主力有组织的欺骗！

自从【海底捞月】出现以后，股价一改过去的高调，弯下身子一直沿着 13 日线匍匐前进，而且一横就是 11 个交易日，主力这样不辞辛劳地把持股价，肯定有不可告人的目的，不断抬高的底部也证明了这一点，见图一。

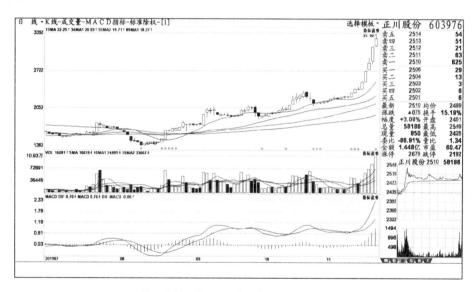

【海底捞月】是行情的起涨点（图一）

时间是个好东西，它验证了对的，见证了错的；懂得了真的，明白了假的。如果还有什么疑问，不妨把它交给时间。股市没有解不开的难题，只有解不开的心结；没有走不过的经历，只有走不出的自己。

越是上攻的股票，越是遮遮掩掩，却总是会在不经意间走光。媒体炮制的消息通常都是烟幕弹，股价忽涨忽跌一般是吓唬胆小的；对善猜的人来说，还有什么比这更有摧毁力？

股市里有一种成熟叫沉默，它与你的股龄长短无关，与你的钱多钱少无关，这种成熟不是写在脸上的表情，而是藏在心里的淡定。有人在大跌面前惊慌失措，价格面前斤斤计较，遇到麻烦手忙脚乱，出现亏损捶胸顿足。有的人不管输赢都从容不迫，不怨天怨地，能根据股价的变化而变化；也有的人屡屡遭受主力的算计，依然保持沉默，面对说不清的是是非非，干脆用行动去化解危机。

从 15 分钟图上看，股价第二次爬上 144 单位线，锁定高度后转换成自动驾驶，速度虽然不快，但一直往前走。就在人们昏昏欲睡的时候，主力悄悄地把【破镜重圆】(详见四川人民出版社 2017 年 10 月《胜者为王》第 4 版)弄得天衣无缝。然后又在不经意间悄悄进行了一次彩排，这个令人不易察觉的【九天揽月】唤醒了沉睡的股价，为以后的飞天奠定了坚实的基础。因为它目前的高度还不够，故不必担心它不辞而别。

股价在波浪中有节奏地跳跃着，就像在荡一个巨大的秋千。股价爬到一定高度，【九天揽月】完成第二次空中对接，让勇敢去决定它的未来吧，只要它还在空中翱翔，就不要急着寻找避风的港湾，见图二。

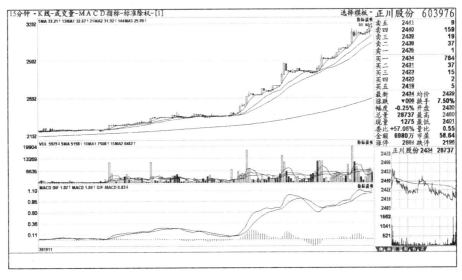

可上【九天揽月】，谈笑凯歌还（图二）

千万次的交易才使得我恍然大悟，原来股价的涨跌原理如此浅显。然而死不开窍的我愣是没悟出来。在股价质变节点出现之前，必然会有妖魔鬼怪来捣乱，暴虐欺凌是它们的游戏，制造灾难是它们的逻辑。

衡量【九天揽月】的 4 个条件：

（1）日线上有相应的形态，分时有明确的切入点。

（2）15 分钟图上，股价先有一小波拉升，然后在 144 单位线附近重兵集结，小阴小阳多多益善。

（3）在空中有一个非常优雅的续航动作，留下一个弯弯的月亮。

（4）始终与 144 单位线保持一定距离，先是自动驾驶，然后呈仰角往云中穿。

在 15 分钟图上，股价的飞行轨迹尽收眼底，思绪自由自在地驰骋于无限的天地之间，犹如沐浴智慧的洗礼，让人感到胆大心细的操盘技艺，能给人以愉悦和慰藉。

就这样凝望着【九天揽月】，却无时无刻不在与主力心灵对话。股价不停地跳动，无时无刻不在催促着你去思索。它以自己的简洁，验证着你的判断；它以自己的内涵，拓宽着你的视野。

2. 创力集团（603012），该股探底刚刚完成，接着就是一个漂亮的华丽转身，然后用一年时间演绎了一段非常经典的慢牛走势，心浮的人已经被气得吐血了，气躁的人早就被主力踢出局。80% 的年回报率已相当可观，但种种迹象表明它的行情似乎还没有完，原因有四：

一是没有明确的见顶信号。在阶段性高点，股价走势太平，我们知道，在股价下掉过程中，打得太平的股价不是底。那么，上涨过程中，打得太平的股价也不是顶。

二是成交量一直没有放出来。主力囤积居奇，一定是为了以后卖个好价钱。

三是指标线背离。股价已处阶段性高点，而指标线却处于见底状态，说明主力在暗中托举。

四是在缩量状态下，均线又完成了【梅开二度】，表明主力还想深化行情。

在阶段性顶部，主力通过横盘、余震等手段消化获利盘，由于成交量不认可而未能得逞，后又忌惮 13 日线下穿 34 日线【分道扬镳】的威慑，再到后来击穿 55 日线的冒险举动，然而这一切恐吓行动都没有动摇持股者的信心。他们始终认为在没有见顶形态和成交量流出的情况下，行情结束的可能性很小。当然，有些人为了照顾主力的面子，主动减持部分筹码，不让自己处于孤立的位置，见图三。

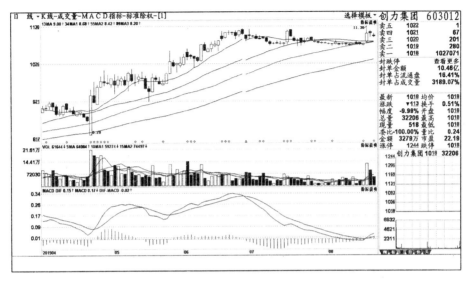

【梅开二度】的出现，是为了深化行情（图三）

在上升途中，股价一波三折，好运与多舛同在，坦途与坎坷并存。在无奈与自信的对立中，我们领略了涨跌的玄机，也对人性的弱点有了透彻的了解。

买不到的股票成了黑马，买得到的股票成了癞驴。原因有两个：一是没有踏准股价的波动节奏，二是没有在股价质变节点上断然出击。正确的切入点，最终会上升为意识和财富；错误的切入点，只能沉沦为情绪和亏损。今天错过的买点明天是追不回来的。

在15分钟图上，股价先前的升幅一目了然。为减轻未来的拉抬阻力，不惜用半月时间消化获利筹码。那些看似支离破碎的股价，并未改变股价的上升趋势。水在黑暗中奔跑，因为它坚信自己总会找到出口，化为喷涌的泉水。那些毫不相干的K线其实在相互传递筹码，凑在一起就是为了酝酿着新的升空计划。如果抛开144单位线去分析，往往会越看越迷糊，越看越恐惧。

紧接着，股价在144单位线附近不厌其烦地小阴小阳反复夯实发射基座，然后出其不意把股价抬到预定高度后，又是一阵漫无边际的神游。

神游的股价突然遇到一股强势气流，它全身颤抖着，头不由自主地往下栽；随着 5 单位线下穿 21 单位线再上穿 21 单位线流程的结束，主力在空中几乎和均线同步完成【九天揽月】的对接。你不是幻想着和嫦娥一起奔月吗？现在机会来了，见图四。

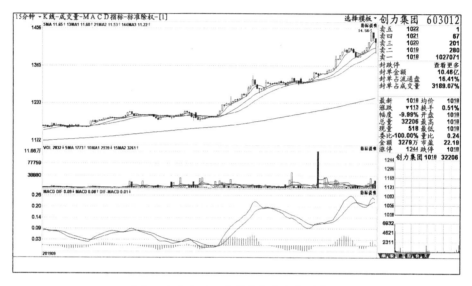

天生一个仙人洞，无限风光在险峰（图四）

对【九天揽月】来说，一旦启动，股价就像没有天花板的钻天雷，但它飞得再高，也有回落的时候。任何一只牛股在落幕之前，都会绞尽脑汁地折腾一番，那种目中无人的霸道在股价行进中表现得淋漓尽致；不过随着见顶形态的出现，它会变得不像以前那么嚣张，股价也会迅速衰落。

主力天天折腾模式创新，绞尽脑汁算计散户，但他们始终没有跳出阳克阴、阴克阳的套路。规律这种东西一旦形成，是很难打破的。人是无法预知未来的，但规律可以穿透时空，正如【九天揽月】夯地基的时候，没有几个人相信它会涨起来，可后来的表现却是不鸣则已、一鸣惊人，凤凰涅槃后，一飞重霄九。这就是规律的力量。

只有那些"技可进乎道，艺可通乎神"的人，才可能长期混迹股市，所谓的工匠精神，就是在把握大量规律的前提下，再追求技术上的精益求精。

3. 日播时尚（603196），该股上市后，股价从 7.08 元升至 21.86 元，涨幅为 209%，然后又从 21.86 元跌到 7.52 元才罢手。如果你不懂识图，即使拿到中签的发行价，到头来还是一场空欢喜。

　　会识图就不一样了，你可以在【拖泥带水】出现的时候把股票卖掉，然后再从【红杏出墙】出现时把股票买回来（详见四川人民出版社 2017 年 6 月《实战大典》第 3 版）。这样既可分享到中签后的幸福，又体验到抄底的快乐，【拖泥带水】是见顶形态，【红杏出墙】是见底形态，它们都是股价质变的节点。

　　接着，股价相继出现【投石问路】【红衣侠女】【走四方】【均线互换】，这些买点代表着股价的市场意义和目前所处的位置，暗示着股价未来的方向。

　　特别是【均线互换】的出现，你可能会对它产生怀疑，因为它先前已经无法无天地潇洒过一回了，难道它真的会旧情复燃，故伎重演？实话实说，我不清楚，我只知道【均线互换】打通了股价的上升通道，至于它能不能涨、什么时间涨，还有待成交量的配合，要看主力的决心以及准确的切入点位的出现。不管你是波段之王，还是做超级短线的佼佼者，都需要通过自己的交易系统用技术手段去解决。有人会问，你讲的是超级短线，为什么总是扯上日线？因为没有日线做基础，任何分时线用着都不踏实，抛弃日线做分时是要折寿的。见图五。

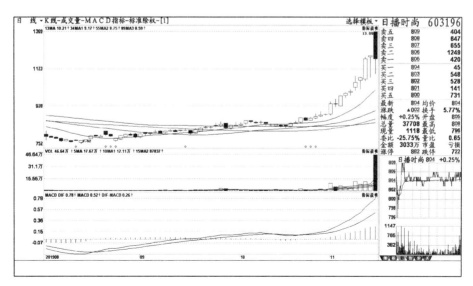

小敬老，大让小，搞乱辈分不得了（图五）

　　证券交易犹如两军对垒，双方你一拳我一脚地较量，不论谁把谁撂倒都不丢人；赢了固然可喜，输了也没什么难为情的，因为大家都是真枪真刀地在博弈。但应记住：交易如尺，要有度；进退有据，别越界。

　　做不到这些，尽管你在个股间跳来跳去，看着挺卖力，其实是四处碰壁。即使拥有自己的交易系统，也要以变对变，脱离主力，任何想法都实现不了。有时候累得疲惫不堪，也不愿投降缴械，即使泪盈满双眼，也会打碎牙往肚里咽。后来发现，炒股就是一个个选择和坚持的叠加，如果我能回到从前，我会对自己说：

　　（1）每个赢家都是从输家过来的，没必要作践自己。

　　（2）只要用心去做，外行也能成为内行，要有等待成功的耐心。

　　（3）没有人能依靠天赋成功，只有努力和坚持才能把自己的能量释放出来。

　　（4）赚钱多少取决于你经历磨难的程度，道路越坎坷，成就就越大。

　　说这些话是想告诉那些渴望成为短线高手的人，你也许正经历着我当年的亏损与屈辱，或重蹈我当年的幻灭与悲苦，但只要你相信自己选择是对的，就不妨咬紧牙关挺一挺，也许这份坚持会迎来云开雾散的那一天。

　　在 15 分钟图上，股价在 144 单位线附近重兵集结，开始共商复兴大计；为避免过早引起市场注意，用小阴小阳把自己弄得蓬头垢面，即使接连彩排了两次【九天揽月】，都顾不上换身衣服洗把脸。当第三个【九天揽月】登场时，股价立马光彩照人。"事不过三"的祖训，主力也晓得，只是心照不宣罢了。

　　"九天揽月"是一个汉语词组，"九天"是古代对天空的一种划分，古人认为天有九重，所以九天是天空的最高处。

　　为了便于区别【九天揽月】和【五阳捉鳖】，我们以 144 单位线立桩分界：但凡在 144 单位线上方飞的，不论高低皆称"天上"；但凡在 144 单位线下方跑的，不分贵贱皆称"地下"。"晴空一鹤排云上，便引诗情到碧霄"说的就是【九天揽月】，九歌九章传唱九州，见图六。

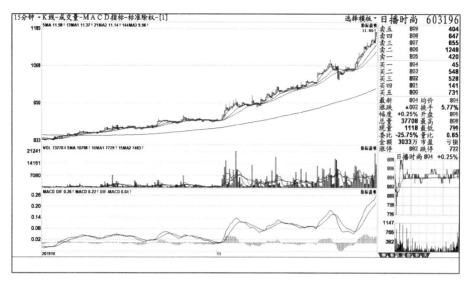

天平山上白云泉，云自无心水自闲（图六）

4. **中航沈飞**（600760），当不规则的【一阳穿三线】发出极具诱惑的买入信号时，市场的跟风盘并不踊跃，且不说它的涨幅不够，它的均线系统也严重错位。实盘中遇到这种情况应以观望为主。

好的形态，要有好的位置；好的位置，须有适当的切入点。不懂趋势，形态就是烟盒中的云彩；不懂位置，形态就是酒杯中的大海。

所有的形态都有自己的早晨，时辰到了会自己醒来；所有的位置都有自己的空间，摆放不准会自己摔下来。

随着【海底捞月】的出现，表明该重点关注它了，见图七。

在涨幅榜上你会发现，眼花缭乱的个股犹如高速行驶的汽车，它们个个都像亡命徒似的你追我赶，但你只能欣赏，不能进场。不听劝阻者，非死即伤。但苍白地看着与自己毫不相干的黑马在眼前晃来晃去，除了心里添堵，也会倍感凄凉。解决这个问题的最有效的方法就是日复一日地坚持复盘。

只有复盘才会知道哪个板块会动，哪只股票会涨。这种年复一年积累的笨功夫，能让你分清哪只股票处在击鼓传花的最后一棒，哪只股票只是处在"小荷才露尖尖角"。你会发现，所有的短线高手，都是持之以恒复盘和忠于指令的人，他们的每一步都走得异常艰难，却又无比坚定。

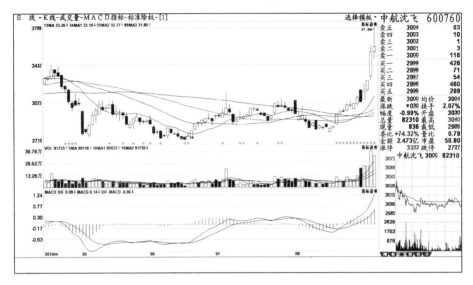

指令规范行为，想象埋下隐患（图七）

　　"荷花定律"告诉我们：池塘里第一天开放的荷花只是一小部分，第二天，它们会以前一天的两倍速度开放，之后的每一天，荷花都会以前一天两倍速度开放。有人说，到第 15 天时荷花开满池塘的一半，其实不是这样的，第 29 天荷花仅仅开满了一半，直到最后一天才会开满另一半，最后一天的开放速度等于前 29 天的总和。

　　股市里为什么那么多人会半途而废，因为他们宁肯打着灯笼找黑马，也不愿忍受寂寞做功课，枯燥无味的复盘看似离成功遥遥无期，实际上每一天都在为成功助力。正可谓：股市遍地是黄金，看你诚心不诚心。

　　复盘无人见，交易有天知。能量要储备，技能需打磨，没赚到钱是你功力不够，而不是股市和你过不去。

　　飞蛾在由蛹变茧时，翅膀萎缩，十分柔软；破茧而出时，必须要经过一番痛苦的挣扎，身体中的体液才能流到翅膀上去，翅膀才能充实有力，才能支持它在空中飞翔。

　　复盘是一种技能训练，它对人的眼力、耐力和抉择力的形成有着极其重要的作用。"千淘万漉虽辛苦，吹尽狂沙始到金"，复盘需要一种近乎愚钝的努力和坚持方能奏效。但人们更愿意去寻找捷径，其实寻找捷径更容易使人迷失方向。毫无主见的人不受抉择之苦，但最后能成气候者必是抉择力极强的人。

研究表明松鼠在不睡觉的时候，98％的时间都用来找食物。炒股赚不赚钱，功夫在盘外，没有长期的复盘训练，临阵磨枪是赚不到钱的。

多数人在复盘时会紧皱眉头，数千只股票猴年马月才能看得完？海选以后还要确定第二天能跟踪的目标，这么大的工作量，还不把人累死？于是很多人坚持不了多久就放弃了，然后重新回到涨幅榜上选目标。其实，许多人不赚钱，不是因为他不聪明，而是在复盘上偷懒才半途而废的。

天道并非一定酬勤，若方法不当，一切都是徒劳的。按部就班复盘，累死累活找出一堆形态，但缺少深入思考和正确选择，最终导致无效劳动。伯特兰·罗素说："许多人宁愿死，也不愿意思考，事实上他们也确定至死都没有思考。"

因此复盘时不能走马观花，而是试着沉下心来深度思考。不企望一步迈进财富天国，但确保走在通向财富王国的路上。

收盘后，能够安静地坐在电脑前，把每一只股票的形态与位置看得清清楚楚，把每一个板块的崛起或衰落都做到心中有数，找出符合形态的个股，看着夕阳一点点沉落，与最后一抹阳光告别，你的内心无比平静，便觉得好幸福。

有趣一定是建立在无趣的基础上，真正的有趣一定是内心的映照，而并非脱颖而出的黑马。有趣一定是你对事业的热爱，而不是那颗单纯赚钱的心。

三天不复盘，交易就添乱。天天把盘复，才会有钱赚。山不辞土石，故能成其高。

从15分钟图上看，股价在144单位线附近集结后并没有立即展开攻击，而是脚踏乾坤、养精蓄锐。但该主力在上攻时同样选择了攻其不备的战术，实盘时如果没跟上，不必勉为其难地追，而是股价拉上来换成自动驾驶时寻个空当进场。

3天后，股价极不认真地进行一次彩排。虽然这个【九天揽月】没有让股价飞起来，却给我们提供了一个进场的机会，但不一定有人敢进。

人总要犯错，否则赚钱的路上将人满为患。但股市总是对的，错的永远是我们，要敢于承认现实。每个人的操盘水准不会在短期内迅速提升，只能在努力的基础上日有所进。

4 天后，【九天揽月】在空中第二次对接成功；接下来，它会载着你遨游太空，见图八。

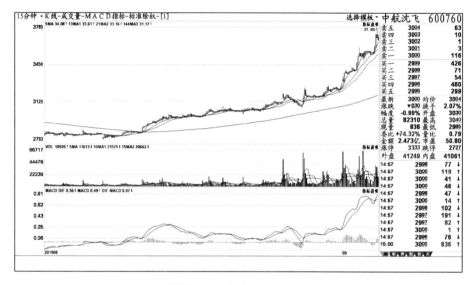

当财富降临时，犹豫就会败北（图八）

疯狂的股价刺激着人的神经、挑拨着人的欲望、扰乱着人心的安定，使人的心理上、精神上起变化。

主力可能在某个时刻欺骗所有人，也可能在所有时刻欺骗某个人，但不可能在所有时刻欺骗所有人。

但凡形态未完成之前的买入都属于抢点，但凡见顶形态出现之后没有及时抛出的都是违规。抢点和违规都极有可能导致亏损。好的短线状态，不是避开黑马的喧嚣，而是心中修篱种菊。

5. **多喜爱**（002761），该股的主力性格极端又非常阴险，【一枝独秀】是见顶形态，视而不见的只会咎由自取。在【一枝独秀】后，连续三个跌停板，场内一片风声鹤唳，瘫痪的股价让市场弥漫着一种难以言说的恐慌。

跌停板打开以后，那些还有口气的跌跌撞撞跑了出来，股价顺势反弹，触摸了一下 55 日线就立即缩了回来，压价逼仓开始了。负隅顽抗者有可能被憋死，负气出走者就是实实在在地亏损了。

人，往往在贪欲中失去方向，在犹豫中失去金钱，在猜疑中失去信心，在计较中失去机会。

但凡能持续获利的，都不是耍小聪明的，而是把握了大量规律性的东西；那些能进退有据的，绝不是靠神机妙算，而是靠对指令的敬畏之心。在高度自律状态下的交易，基本都能与股价质变节点相吻合。

股市有一种天然的淘汰机制，当你不够优秀而且不思进取时，它会毫不手软地把你淘汰出局。遗憾的是多数人不愿承认，直到他们发现口袋被股市掏空时才恍然大悟，但除了抱怨还是没有具体实际行动。

你的时间花在哪儿，你就会成为什么样的人，眼睛盯着涨幅榜，就会成为飞蛾扑火的勇士；把精力用在复盘上，就有望成为主力的同盟军。

股价跌到一定程度就跌不动了，不是它不想跌，而是它怕卖出去的筹码再也捡不回来，所以才有【一锤定音】等见底形态的出现。有些人赢在开始，却输在结局，就是因为违背股市的客观规律。命运不会偏爱谁，如果有，也只钟情那些从死人堆里爬出来依然痴心不改的人。

股市里的股票哪能说买就买，选股是对眼光的一种验证，是对忍耐的一种考验，是对本事的一种检测。股价的涨跌由主力说了算，但买卖的决定权在你手里。因此，不管输赢都应坦然面对。每一匹黑马的出现都会涌现出一批驾驭高手，但也会挤出一大批受伤的人，人们从推崇膜拜到指责谩骂，我们一边见证、一边参与、一边反思，让自己来回穿越历史与现实。假如某一天突然有了顿悟，操作也顺手了，说不定一个短线高手又横空出世了。

当13日线趋于走平，主力又把钻头不顾腚的【红杏出墙】用两天做了分解动作。由此可见，盘中主力是个不按套路出牌的家伙，用心随股走这一招即可把它拿下，见图九。

有时候，你接受一只股票的时候，它不光彩的一面你也得接受。虽然未必认可它的做派，但必须接受它的真实。正是通过一个又一个形态，才让我们看到股价的真实，虽然这个真实有时残酷无比。

有时候，我们经常陷入买与卖的漩涡之中，这种矛盾的心理，不但会坐失良机，也是一种折磨，交易的悲剧就是缠绵不休，经济学上称它为"机会成本"。

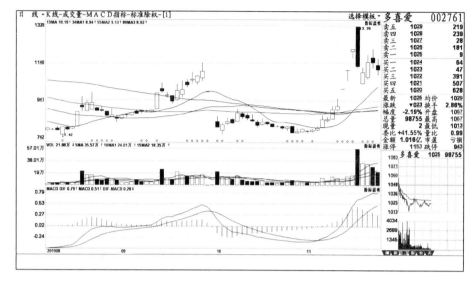

没有【红杏出墙】的出现，股价就没底部可言（图九）

人的情绪不稳定与身体的某些功能失调有关，故此应停止交易。人的情绪是本能，能控制情绪是本领，正如苏轼说："卒然临之而不惊，无故加之而不怒。"

陷阱会伪装成机会，机会也会伪装成陷阱，判断真伪的标准就是形态五要素。形态相似，位置不同，结果就不一样。成功的人不一定比别人优秀，但他善于汲取别人的经验。

修行，不是在深山老林里面壁青灯古佛，而是用心在杂乱无章的 K 线之间发现股价的走向。庄子的"朴素而天下莫能与之争美"这句话，就是对炒股最本质的诠释。

从 15 分钟图上看，那些叫不上名字的小阴小阳，在 144 单位线附近个个忙得汗流浃背。它们有一个共同心愿，夯实发射基座，为未来的成功升空做准备。

指标线和均线的金叉几乎是同时完成的，它预示着股价的质变就在眼前了。

说时迟，那时快，股价迅速脱离地面，进入大气层，接着从直行变成横行，在自驾游的过程中顺势完成【九天揽月】的交会对接，接下来就是见证奇迹的时刻到了，见图十。

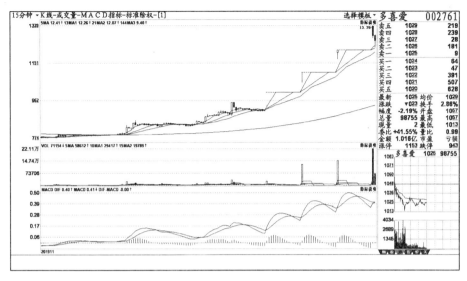

山舞银蛇，欲与天公试比高（图十）

买股票时，我们认为自己什么都知道，套住以后，才知道主力原来这么强悍、狡诈。我们不能总是仰望天空，等待着奇迹的发生。当然不能说你一无所有，也不能说你两手空空，抑扬顿挫的股价正好折射出跌宕起伏的人生。

我们对主力有三种态度：俯视、仰视和平视。俯视者狂，高高在上、盛气凌人，藐视了主力；仰视者弱，对主力诚惶诚恐，顶礼膜拜，藐视了自己；平视者和，不卑不亢，既尊重主力，也尊重自己。

6. **南宁百货**（600712），凡是发生过的，都会留下痕迹。自从【一剑封喉】出现以后，意味着股价的上涨被画上了休止符；若不及时获利了结，就会留下遗憾。从图中可以看出，见顶信号发出以后，股价犹如猛虎下山，见谁咬谁。不管你是哪天进场的，只要能保命就必须往外冲；如果这时候你还一毛不拔，它急起来就会拔得你一毛不剩。我们宁愿因忠于指令而亏得其所，也不能因一点小利而背叛初心。只有经历过多次不盈反亏，方能雾里看花、窥得要点。

【一剑封喉】使上攻的股价头顶上失去了一片晴朗的天，但随着股价跌破55日线，表明股价的脚底又少了一块结实的地。

在见到三个低点后，底部终于出现了。然而不规则的【红杏出墙】由于离55日均线太近而失去了爆发力,但成交量愣是像推土机似的拱着股价往上涨,不知这是主力的诱多陷阱,还是拖刀之计。买卖双方互不相让,量区里很快耸起一排阳柱。一个训练有素的人,会耐心地等待进场指令,而急功近利的人到处拈花惹草,最后的结果只会灰飞烟灭,见图十一。

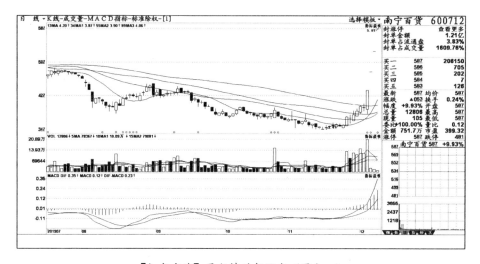

【红杏出墙】是行情的起涨点(图十一)

经常头碰墙,哎哟我的娘,赚钱不容易,何必总逞强。资金亏完万事休,却道天凉好个秋;进退有据看仔细,赌徒心理赶紧丢。

让人迷茫的原因只有一个,那就是本该拼命的年纪却想得太多,做得太少。当人处在一种默默奋斗的状态时,思想就会从琐碎的交易中得到升华。

我们接着看15分钟走势图,当股价爬上144单位线的时候,那筚路蓝缕的艰辛,才换来144单位线附近一周的休整,然后又是一路磕磕绊绊向远方进发。我们发现,在股价正式升空前做过一次路演,由于动作很不规范,所以没有引起路人的关注。

如果这时候买进,股价在一个狭小的平台上小幅波动,别说盈利,连手续费都挣不出来,基本处于无路可退、无险可守的境地。卖出属于空手而归,守仓心里不踏实。这时最容易产生摇摆不定和优柔寡断的情绪。

如果接连几天进不了场,除了和股价有关,还跟自己的小心在意有相当的关系。由此可见,小心在意也是柄双刃剑,用得好能带来利益,用得不好就会伤着自己。

第二个【九天揽月】出现以后，股价不仅没有立即展开攻击，而且开始下沉，所有进场的人都感到措手不及。所谓措手不及，不是没有时间准备，而是有时间的时候没有准备。在操作上不出差错是我们应尽的责任，出了问题我们必须担当承责。

对着行将失败的【九天揽月】，我们应该扪心自问：我们到底图它什么？图它让我们胡思乱想，图它让我们患得患失，图它让我们受尽委屈，图它让我们泪流满面？

股价在【九天揽月】之后，竟然在空中玩起了【一石两鸟】，真的把人惊出一身冷汗，亏点钱没关系，关键是当天买进当天卖不出去，那就多担待吧。

一个人做交易，早就习惯了拥抱自己，静心守志方可至道。那些不切实际的想法只能放在收盘后，如果不是发自内心的喜欢，谁会数年如一日地坚持复盘，谁能支撑有缘相遇、无缘相守的美丽持续发生？

随着小阳线的拉出，心也渐渐平复下来。接着，股价使劲下蹲，然后转身上拉，开足马力，冲出洞口，最后以摧枯拉朽之势冲破云霄，把跟风盘死死地关在涨停板之外。

【九天揽月】是合力的爆发，但它的起飞也需要杠杆，这个杠杆就是5单位线上穿21单位线，但【九天揽月】只是行情的序幕，机会稍纵即逝，奔流不回。随着行情的不断深化，迭起的高潮令人更加惊心动魄，见图十二。

时间都去哪儿了？都在寻找黑马的路上。一年中充满了焦虑与等待，但每每都是无奈。时间就像捧在手里的沙子，悄无声息地溜走了，而资金也心甘情愿地随它而去。在感叹的同时，我们也会顿悟股价的规律，尽管岁月是把无情刀，它改变了人的容颜，但也会充实人的荷包。

明朝的徐渭有一副对联，上联是："乐难顿断，得乐时零碎乐些"，就是说，你要想一段时期内不受苦，也没烦恼，全是高兴，那不可能，所以有高兴的事儿就赶紧高兴。下联是："苦无尽头，到苦处休言苦极"，意思是说，痛苦的人实在是痛苦不堪，而且看不到尽头，然而当你最痛苦的时候，你也千万别觉得自己是世上最受苦的人，因为还有比你更痛苦的人在。

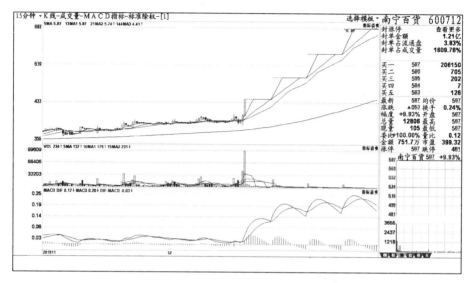

炒股有沉沦的痛苦，也有苏醒的欢欣（图十二）

在逆境中寻找乐趣，哪怕是纯粹受苦，也要把它当作一种锻炼、一种磨炼。我觉得这样的状态才是健康的，能让人更达观。

7. 长城动漫（000835），该股十年前出现【一枝独秀】之后，股价就没有消停过，股价从 24.95 元缩水到 3.11 元，连当初的一个零头都不够，可见股市之残酷。

虽然中间有过解套的机会，也抛过获利的媚眼，如果你会识图擅操作，别看是在下降通道，同样能赚得盆盈钵满，苦就苦了那些誓与该股共存亡的勇士。生命在于运动，股价在于波动。关键在于什么时候动，什么时候不动。

在实战中多大程度上顺应股价的变化，才能踏上股价的节奏？比如，按某种形态卖出股票后，不管它跌得多惨，没有止跌形态出现也绝不进场，反之亦然。既然我们无法控制股价的方向，那就死心塌地地服从命令。

当股价跌无可跌的时候，在底部区域曾出现过几次【日月合璧】，这时候才鼓励人们越狱，显然没有诚意。主力像月亮一样可爱，但它也有不愿示人的一面。盼星星盼月亮，13 日均线高高举起【红杏出墙】。当一个人熬过了所有的苦、习惯了孤独、咽下了酸楚，等待你的就是好运和财富，见图十三。

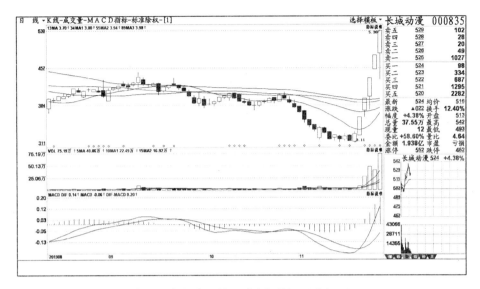

想要的都拥有，得不到的都释怀（图十三）

从 15 分钟图上可以清晰地看到，股价从高位被恶狠狠地赶了下来，活着的全部成了高位截瘫。它在底部区域苟延残喘着，吃力地在地上爬了很久才站上 144 单位线上，然后用谁也没想到的【一阳穿三线】一鸣惊人，然后扬眉吐气，拉出见底以来的第一个涨停板。

第二天，股价又是一飞冲天，主力会武术，谁也拦不住。

第三天，股价依然高开，顺势回落时开小差的不少，对这些目光短浅的人主力并不制止，只是露出两声不易察觉的奸笑，接着就气壮如牛地把股价推上涨停板。

少顷，涨停板被撕开，在骚乱中，主力浑水摸鱼就把【九天揽月】对接好了。还没进场的就别在那愣着了，赶紧抄家伙吧。

先前赖着没走的，主力继续用【浪子回头】驱离，实在打不走的，就和主力在涨停板上欢呼胜利吧。

第四天，股价又是飞扬跋扈地高开，对场外欢呼的人群爱答不理，盛气凌人地径直奔向涨停板。见图十四。

有人总是说，人的命天注定，但是他们忘了自己在何时做出了选择。只有初衷和希望永不改变的人，才能最终克服困难，达到目的。

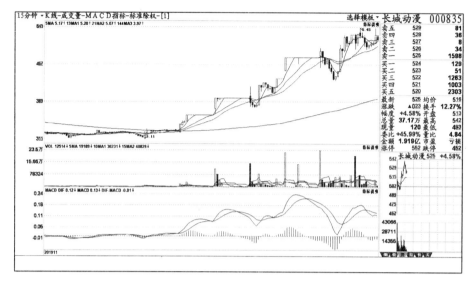

丰厚的利润和严重的亏损之后，一样需要远离人群（图十四）

8. 惠发食品（603536），不管是超级短线，还是波段操作，都应该从个股的整体走势寻找切入点，放弃趋势的寻欢作乐会惹上麻烦的。以该股为例，我们应该达成以下共识：

第一，该股除权以后，走了一波贴权行情，并且一竿子插到底，戳穿了它的发行价。要知道，它是个次新股，上市后连拉 10 个涨停板，股价从 7.63 元暴涨到 25.92 元，升幅 240%，这种潮起潮落方便了大资金操作，但却苦了无知无畏的投资者。比如，你中签 1000 股，但没有在【独上高楼】出现时抛出，原先获得的利润又原封不动地退了回去，情感上也经历了从心花怒放到乐极生悲的全过程，这一次上上下下的享受会让你感悟很多，起码会成长一大截。

第二，过去看见别人买股票，不管赚不赚钱，总是很羡慕，跃跃欲试。但是，自从有了自己的交易系统，就不会那么急，而且还很挑剔，没有指令宁肯在那里旱着。因为形态出现后，所有的人都能以肉眼可见的速度上涨或下沉，果真如此？接着往下看。

股价跌破发行价以后，机会接踵而来，光是波段就有三次：一是从【一锤定音】到【一枝独秀】，股价涨幅 20%；二是从【日月合璧】到不规则的【独上高楼】，股价又涨了 13%；三是从【海底捞月】到【一剑封喉】，股价涨幅 39.96％，但行情依然在继续。

随后，经过 7 个月横盘整理，让该进来的进来，该出去的出去，通过充分的换手，股价又踏上了新的征程，但起涨点还是【海底捞月】，股价从慢慢爬坡到迅速攀升，股价从 10.50 元飙升到 25.10 元，截至变形的【金蝉脱壳】见顶信号出现，股价升幅为 140％，这只是按照 135 战法按部就班地买卖，中间没有融合任何操作技巧，即使这样，股价累计获利已超过 200％。

被套的时候像傻子，有钱的时候像疯子，如果自己找不准定位，股市就会按照它的想法给我们定位。主力善于玩勇敢者的游戏，摆出一副气势汹汹的架势，迫使对方屈服，要格外小心。

形态只是时间上的一个停顿或一时静止，但机会稍纵即逝，其市场意义就在它发生的那一时刻。很多时候蒙蔽我们双眼的不是形态，而是你的漫不经心或者压根儿就没看上。如果对细节把握得好，就不会出现"蜉蝣及夕而死，夏蝉不知春秋"。

没进股市的时候，喜欢李白的雄奇浪漫，喜欢李贺的别出机杼，喜欢李商隐的清丽婉转。但自从进了股市以后，经历的风霜血雨多了，受到的磨难多了，又开始喜欢杜甫那种沉郁顿挫、圆熟老辣，那种充满沧桑感的男人的生命体味，正如古人云："少年切漫轻吟味，五十方能读杜诗。"

泰戈尔写的一段话令人深省：有一个夜晚我烧毁了所有的记忆，从此我的梦就透明了。有一个早晨我扔掉了所有的昨天，从此我的脚步就轻盈了。

矛盾的普遍性和特殊性，主要矛盾和次要矛盾的区别，深刻阐述了对立统一规律。做股票、搞投资，没有点哲学做指导，恐怕会很吃力，起码要吃亏。因为哲学使人聪明，它能提高你观察问题、分析问题和解决问题的能力。

股市里的战争，枪林弹雨，血雨腥风，大战小战天天战，轻伤重伤不下线，把人身上的愚昧无知、自私怯懦荡涤一空，杂质除尽，蜕变成一不怕苦、二不怕死的忠诚战士。见图十五。

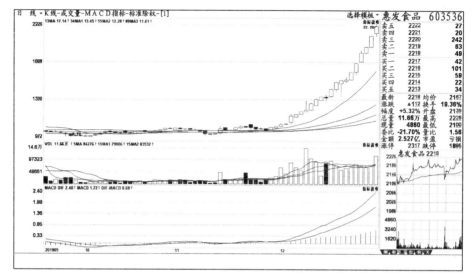

【海底捞月】是股价的起涨点（图十五）

　　股市中人，或高入云天，大河奔流；或烟消云散，折戟沉沙。关键看在云谲波沉、潮起潮落的股市如何给自己定位。股市是一座高山，我们只能仰视，它的凝聚力可以使一盘散沙拧成牢固的绳子，它的爆发力既可以气吞山河，也可以一泻千里。

　　在成为短线高手的道路上是艰辛的，充满着难以想象的挑战，但只要有"雄关漫道真如铁，而今迈步从头越"的自信，抱着对目标至死不渝的认定和百折不回的坚守，最后谁都会凤凰涅槃，成就梦想。

　　从15分钟图上看，股价涨了一波后出现短暂停顿，这种停顿并非抛出先兆，而是超级短线的进场信号，但不能抢点，耐心等待进场信号。

　　上升途中的股价缓缓地停了下来，开始第一次空中加油，【九天揽月】见证了它。爬升了一段后，又开始第二次空中加油，这个【九天揽月】轨迹较为清晰，随后股价沿着5单位线不温不火，然也是后劲十足地爬升起来。见图十六。

　　在交易过程中，有沉沦的痛苦，也有苏醒的欢欣。心随股走，不是毫无主见，而是顺其自然；及时跟变，不是出尔反尔，而是知止后安。所有的得到，都是对努力的奖赏；所有的失去，因为它本来就不属于你。

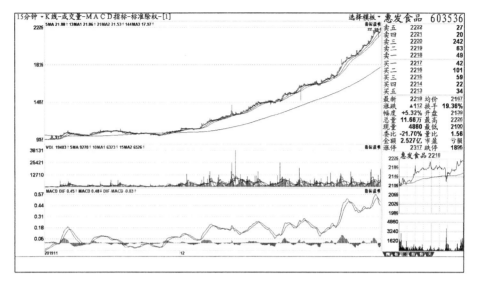

但凡无形出现，皆与财富无缘（图十六）

有些人很幸运，买进就涨，当天就处于获利状态；有些人很幸运，刚进场轿子还没坐稳，就迷迷糊糊被抬到了山顶上；有些人明明很努力，却依然穷困潦倒。为什么？

我承认，有些人天赋异禀，他们买啥啥涨，卖啥啥跌，我佩服得简直五体投地。但自从破译了股市规律以后，就不再羡慕他们了，因为英雄常见也是常人。

你的想法和做法，都会在不经意间被135战法的某种形态一语道破，而能够把你从亏损的深渊里拉出来的只有顿悟的自己。

9. **好想你**（002582），黑马的脱颖而出总在雾里看花时。而我们千挑万选的黑马却常常溺死在自己的股票池里。聪明人和愚蠢人经常转化，当所有聪明人都追逐一只股票的时候，他们已经坠落成愚蠢人，时间让人在聪明和愚蠢之间颠来倒去。只有把自己置于规则之下，才能使操作水准得到正常的释放。

股价在144单位线附近，无论是线上还是线下，它们都在不停地忙碌着，为着以后的腾飞毫无怨言地付出。

股价站上144单位线之后，先是滑行一段时间，然后完成第一个【九天揽月】，继续爬升一定高度后，顺势回落，接着完成第二个【九天揽月】，这个仰角略大，飞行高度和时间都比前一个更上一层楼。然后，股价通过反复挤压，上下震荡，打造出第三个【九天揽月】，主力重新调整航线，在爬升中换了引擎，速度也由过去的拖拉机变成波音 747，就看它何时落地吧。见图十七。

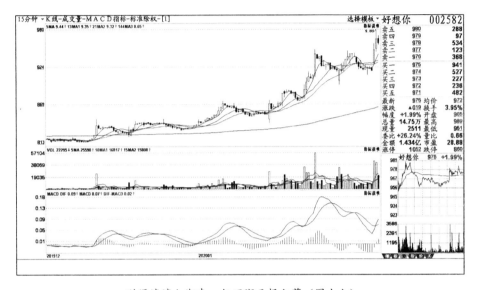

财源滚滚如潮来，但不润无根之草（图十七）

不知道股票的过去，不知道目前的位置，连自己几斤几两也茫然不知。乘危用险，破釜沉舟，只能在特殊情况下偶尔用之，对于长期混迹股市的人来说，断不可竭泽而渔，自丧元气。

我们无奈于股市，股市也无奈于我们。那些不属于我们的股票，绝不去搭讪。我们没有太多奢望，所以等得起。有人说我们清高，可他们不懂我们的清醒。

偶尔获利会带来惊喜，也会带来心态上的浮躁和轻狂，如不对自己的欲望加以节制，就会大难临头。

用尽心机不如心随股走省力，道听途说不如及时跟变奏效。只认指令，不管输赢，就像一股清流，既沁人心脾，又让人痛快。

客观地讲，该股的股性不错，比较光明磊落。涨就是涨，从不藏着掖着；跌就是跌，从不优柔寡断。比如，【红杏出墙】刚出现，股价就乖乖地走到 55 日线附近听候发落，而【红衣侠女】闪亮登场后，动静就大了。

整个股价的风格就变了大样。但赚钱时不要自我陶醉，因为它不是时来运转，而是瓜熟蒂落；遇上【九天揽月】，因为它不是有神仙相助，而是水到渠成。当攻击形态出现时，要用行动证明自己的勇敢；当见顶形态出现时，要用纪律捍卫自己的尊严。见图十八。

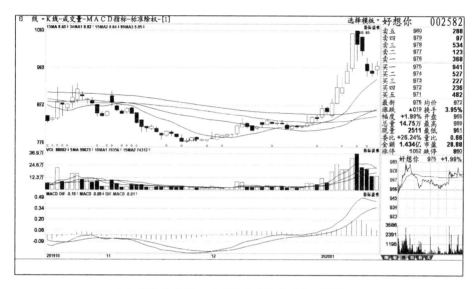

无知不是天生的，而愚蠢都是咎由自取（图十八）

在人生的某个阶段，有时候出于一个小小的意外，就会做出一个决定。

记得 20 年前我在单位当秘书的时候，有一天中午陪外地的客人用餐，为尽地主之谊就陪客人多喝了几杯。于是发现喝酒的三个境界。第一个境界是微醺，一杯酒下肚似醉非醉，这时候灵感闪现，文思泉涌，最适合写诗和画画。第二个境界是酣畅，两杯下肚突然进入一种哲学境界，这时候你会说出很多深刻话语，最合适和朋友在一起高谈阔论。第三个境界是酩酊，三杯下肚就飘飘若仙了，物我两忘，神游天外，这时候最适合回家睡觉或独自打坐玄想。

也巧了，那天下午开党委会，由我负责传达文件，接下来就尴尬了。

拿起文件，眼睛开始在一行行文字间游移，我使劲睁大眼睛用手指着文件读了起来，但嘴不听使唤，一会从第一行跳到第四行，然后又从第四行跳回第二行，从我嘴里发出的声音词不达意。领导们看出了异样，恍惚中我发现他们的眼睛都盯着我，我知道出事了，但不知道有多严重。

这时候，郭书记冲着门口一指，说："外面有人找。"然后，他随着我走出了会议室的门，让我去办公室歇一会儿。

一觉醒来，酒劲消了，就去问书记，是不是开会时我出洋相了。书记说，以后陪客人少喝点酒。我意识到自己闯祸了，后来从其他领导那知道了事情的原委，心里愧疚得不行。但是郭书记并没有指责我，越是这样我越是忐忑，想了许久，于是暗暗做了一个决定：戒酒。

从此以后，我与白酒拜拜了，不管多好的酒，无论别人怎样劝，不喝就是不喝。

◉ **买进时机**

在【九天揽月】出现当天，大胆进场。

◉ **友情提示**

1. 日线有形态，并且与分时有一个很好的衔接。
2. 在 144 日线上方横盘很久。
3. 股价飞行时会出现 N 个【九天揽月】。
4. 形态似飘雪，美丽亦清寒；情深深几许，转身即天涯。

用心复盘能够找出目标，
用心交易能够锁定利润。

第四章 五阳捉鳖

◉ 形态特征

在 15 分钟图上，股价始终在 144 单位线附近养精蓄锐，场内的气得往外冲，场外的吓得不敢进，主力意图实现之后，开始用一组小阳线试探性爬升，接着甩出一根小阴线作为进攻信号，暗示股价短期有获利机会。我们把五阳线之后的这根小阴线，称之为【五阳捉鳖】。见下图。

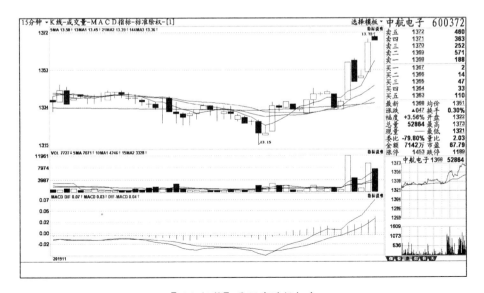

【五阳捉鳖】是短线进场机会

"可上九天揽月，可下五洋捉鳖"，出自毛泽东《水调歌头·重上井冈山》的诗。他从"孩儿立志出乡关"开始，到"粪土当年万户侯"，再到"看万山红遍"，一路走来，经历了太多的艰难困苦，付出了巨大的牺牲。

"久有凌云志，重上井冈山"，这个诗头开得好，从"风雷动，旌旗奋，是人寰"到"三十八年过去，弹指一挥间"，最终他总结"可上九天揽月，可下五洋捉鳖，世上无难事，只要肯攀登"。在毛泽东的字典里从来就没有"怕"字，从"红军不怕远征难"到"数风流人物还看今朝"，那种大无畏的英雄主义精神，至今也是值得我们传承和发扬的。

"五洋"最早出现在清末学者刘曾騄的《演三字经》里，在当时人们眼中，除了今天的亚、非、欧、澳四大陆之外，南北美洲并称美洲，而南极洲当时称为南冰洋。受历史条件所制，当时认为南极洲和北冰洋一样，都是由海水结成的冰山，根本没有想到它是一块完整的大陆。

为什么把这个买点命名为【五阳捉鳖】呢？因为好记，也因为在中国方位中，有东南西北中；在中国五行中，有金木水火土；在中国中医中，有心肝脾肺肾；在中国音乐里，有宫商角徵羽；在中国文化里，有仁义礼智信。记住【五阳捉鳖】这个买点，既了解了中国文化，也觅到了通往财富的路径。

能数年如一日坚持复盘的人不是一个热衷于名利的人，把学习股市当作一种事业，当作一种享受。筛选出来的个股只是符合某种形态特征，并无法准确确定它的回报率，临盘实战有着太多的不确定性，除了心随股走，还要及时跟变。

● 经典记忆

1. **红塔证券**（601236），该股采用压价逼仓的战术一路下行，散落的筹码掉得满地都是，直到【一锤定音】的出现，才封住了股价的下跌空间。随着指标线的金叉穿越，股价悄悄上了一个小台阶，这时，均线系统已形成多头排列，股价有了跃跃欲试的苗头，但要真正涨起来，还需要一根导火索，说曹操、曹操到，【五阳捉鳖】点燃了进场信号。

少顷，【锁定冲天炮】过来帮忙，股价大步流星地向前奔，主力以无可匹敌的实力和压倒性优势独占鳌头，如果此时有人说股价能被拉到天边，也没人会奇怪。

翌日，股价高开高走，逆势上扬，昨日买进去的开始津津乐道，但好景不长，在15分钟图上出现一个四不像的卖出信号，因为说它是【一剑封喉】，它缺了下影线；说它是【独上高楼】，它头上不该冒出上影线；说它是【狗急跳墙】，除了跳空动作外，形态不伦不类。场内的被震惊、焦急、不解和失望缠绕着，不过有一点可以达成共识，不论你把它归入哪种形态，它都是离场信号，如果不及时抛出，股价就会往下滑。无法锁定利润，本质上是对自己无能的愤怒，令行禁止才是获利避险的根本途径。执行力需要对指令的绝对忠诚，你敢糊弄它，它就敢要了你的命。见图一。

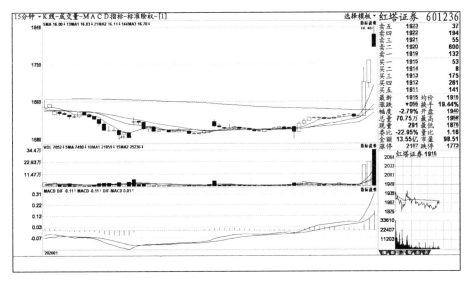

【一剑封喉】【独上高楼】【狗急跳墙】都是离场信号（图一）

在同样的市场环境下，为什么总是无法锁定利润？一个非常重要的原因就是盲目和轻信，而且从不相信自己会亏损。股市无意和谁过不去，你可以调侃它，但不能挑衅它，为什么吃了许多的堑却始终长不出智来？

很多人觉得自己天天盯盘已经很尽力了，事实上，胡思乱想让他们吃了大亏，却总也改不掉这坏毛病。亏损者从来不认为形态就是金钱，就是风险，甚至早买一天或晚卖一天也没什么关系，但买不上他们会抱怨，卖不掉他们会发火。只有能带来价值的形态才能最后决定你的输赢，而价值的高低与形态完美度有关。对亏损者来说，他们总是缺钱，并不怎么关注形态，他们很容易被市场所诱惑，可越是不会思考的人想法就越多。

亏损者由于亏钱，所以只顾眼前的利益而从不考虑趋势，久而久之，心态就失控了。另外，亏损者周围都是亏损者，每天八卦股市的各种信息，交流着所谓炒股绝招，这样有利于开发你的想象力，可你的钱却悄悄地进了别人的口袋，亏损者常把炒股说成是玩玩，而赢家却把炒股当成一份事业去认真对待，所以，两者在时间、空间和性质上是有所区别的。

说完了分时，我们再看它的日线。作为一只次新股，上市以后接连 10 个涨停板，稍事休整，股价继续向上攀升，短期内股价由 3.46 元升至 19.97 元，暴涨 477%，属于严重透支。然而盘中主力随性得很，股价顺势回调不久出现了【红杏出墙】，结果大摇大摆地拉升了 30% 以上，而【均线互换】的完成再次为股价的上升提供了条件，股价用【浪子回头】短暂震仓之后，继续不知天高地厚地向上探索。见图二。

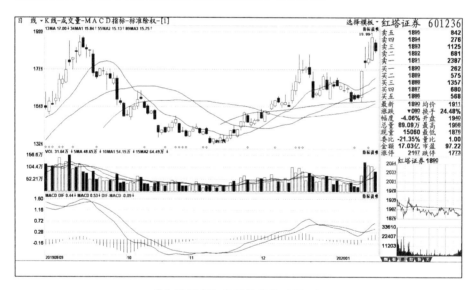

【金蝉脱壳】是调整信号（图二）

有时候，人会走上极端，野蛮疯狂的程度远超想象。钱这东西让人想入非非，最后都被股市整得支离破碎。吃过几次亏以后，就不会因为寂寞而错买股票，也不会因为错买股票而寂寞一生。

股市是公平的，它夺走你的财富，却赐给你经验；它把你打得遍体鳞伤，却教会你【金蝉脱壳】。它让你从随心所欲到顺其自然，从飞蛾扑火到沉着应对，从自以为是到进退有据，从踌躇满志到有所敬畏，从一贫如洗的穷光蛋到身手敏捷的短线高手，人不逼自己一下，就不知道自己的潜能究竟有多大。

2. **柏堡龙**（002776），从梦想到现实并没有多远的距离，方法正确很近，异想天开很远。爱迪生说："我从来不做投机取巧的事情。我的发明除了照相术，也没有一项是由于幸运之神的光顾。一旦我下决心，我知道应该往哪个方向努力，我就会勇往直前，一遍一遍地试验，直到产生最终的结果。"

股价先有一波拉升，顺势回调时打破 144 单位线，然后在 144 单位线下方窄幅整理，仿佛在进行一场乒乓球友谊赛，你推我让，谁也不想主动攻击，不知道这种礼仪往来还能持续多久？根据以往的经验，击穿 144 单位线并创下调整新低的，多数会出现一个上涨调整底，这个调整底之后通常出现五连阳，这个"鳖"就是在这个时候出现的。

发现形态缺陷继而不买入，说明你已经进步了；识破主力意图而不戳穿它，说明你已经成长了，当你的行为和股价的方向一致的时候，说明你已经是个人物了。

谁都知道主力是狐假虎威，没有大盘罩着绝不敢这么嚣张，所以，任何时候都不要把主力的话当耳旁风，更不能带着家伙在它面前舞刀弄枪，惹怒了它，一个巴掌打过去，就会把你所有的希望捣得粉碎。

高手之所以成为高手，就在于别人看不到、看不清事情的本质，找不到解决方法的时候，他能够看到、看清本质，并找出解决问题的办法。

心随股走需要技术，及时跟变需要能力，但更需要与主力思维上的高度吻合。不要指望主力和你站在同样的高度看问题，不要认为自己总是对的。散户之所以出现大面积的亏损，是因为不是每个人都能拥有相同的接受能力和认知能力。

> 几人悟得此中妙，无中生有惹千愁。
> 煞费苦心瞎算计，到头其实是白忙。
> 资金化作青烟去，换来眼泪多几行。
> 他人赚钱何必攀，没有绝技不可贪。

眼花缭乱股中事，进退有据唯平安。

新手荒唐已不再，如今都成下酒菜。

盘后沉思细细嚼，一次交易一片钙。

在15分钟图上，【破镜重圆】的出现带动了股价的上移，而指标线的金叉穿越，促使【海底捞月】的形成以及【红衣侠女】的出现，随后五连阳的出现，股价拉出一根回抽阴线，这个短暂的停顿就是给我们的进场时间，我们把它称之为【五阳捉鳖】。

进场后不久就突然高兴了一会儿，股价直奔涨停，虽然只有短短的几十分钟，但它传递出的信息是：只认指令就有钱赚。撕开的缺口尽管最后也没补上，但毕竟做了一件应该做的事，输赢并不重要。在股市总有你看不惯的事情，但也有看你不顺眼的主力，但只要坚持进退有据，那就问心无愧。

翌日，股价低开，然后又用横盘进行耍赖，发现无人理睬以后，又恬不知耻地把股价拉了上来。

第三天，股价对昨日的三连阳做了回抽确认之后，接着又鼓捣出一个新的三连阳。既然股价能够拉出三根阳线，它也可以回敬你三连阴线，只是我们不知道它的确切时间而已。因此不能光顾着高兴，还要有应对反扑的准备。说时迟那时快，【一枝独秀】发出离场提示，从【五阳捉鳖】到【一枝独秀】，不到三天收获15.72％。见图三。

在做一件事情之前，不要去想这件事情有多难做，或直接认为自己做不成，而是去想完成这件事情的方法，不到山穷水尽绝不轻言放弃。再说，你不去试，怎么知道自己不行；你不努力，怎么知道自己能不能成功？

在股市要么忍、要么狠，就是不能拖。实践表明，跟主力走才会有恃无恐。买得进去，卖不出来，属于技术不过关。输就输给形态，嫁就嫁给阳线。有的股，因为看清了，所以走得更近；有的股，因为看清了，所以离得更远。

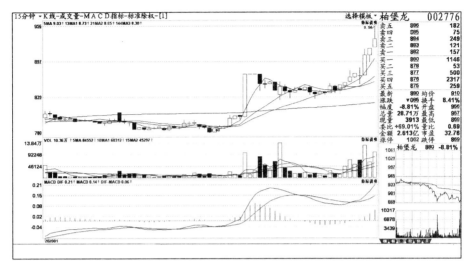

【一枝独秀】是调整信号（图三）

我们把目光再回到日线上，【均线互换】当天报收阴线，但它并未否认已被打开的上升通道。而且第二天的双覆盖阳克阴再次告诉我们，【五阳捉鳖】除了日线上要有形态，并且多数情况出现在阴线之后。

在日线持续拉出三连阳时，【一枝独秀】发出离场提示，准备撤退。超级短线，不管你选择哪个周期，都需要踏准股价的节奏。见图四。

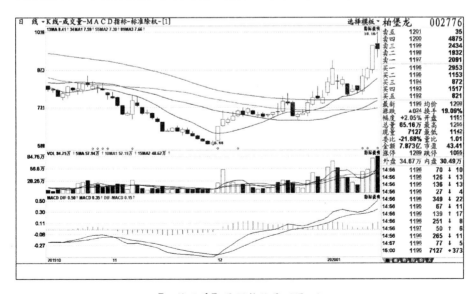

【一枝独秀】是调整信号（图四）

　　有个朋友的孩子死活要跟我学股票，刚开始很认真，每次他询问股票的时候，我都会给出明确的价位，也不知他着了什么魔，总是逆向操作，自己却又无力纠正。他提出要跟着我操作一段时间，看他决心很大，就答应了。

　　在跟着我操作的一个月里，我先帮助他解了套，又让他的账户有了不少盈余，他满怀信心地走了。

　　半年以后，他把利润又退给了股市，再次提出跟着我操作一段时间，我又答应了。

　　只是这次我没有把帮他解套放在首位，而是着重基础训练，从每天复盘、筛选股票到实盘跟踪，再到寻找切入点，每个环节都按实战要求严格把关。

　　有一天，他指着某只股票说，该股已经具备了买入条件，问能不能买入。我瞅了一眼形态说：可以轻仓试探。

　　第二天，股价没有按照预期走，他问我怎么办。我说，破守仓底线就走人。他又问，为什么分时出现买点形态还会失败。我反问他，日线是什么形态。他说就是根假阳线，我看着他：那为什么要买它？他说：分时上有买点。我让他说一下买股票的步骤，他张口就来：日线搜索，周线定位，分时切入。我说，你为了走捷径省略了两步，亏点钱很正常。

　　他立即挥刀开斩，倒是没有犹豫。

　　我提示他可以从自选股里挑一只有形态的买进去，他不假思索，兴冲冲地买了进去。股价开始还撒着欢地往上爬，然而在收盘时，股价却垂头丧气地回到了原位。

　　翌日，股价平开低走，他的脸色变得凝重起来，问我怎么办。当然是卖掉。

　　第四天，我让他继续从股票池里选一只有形态的买入，他犹豫了一下，还是买了进去，股价仿佛有意和他过不去，买进去就不涨了，当天浅套，他很无奈地叹了口气。

　　第五天，股价高开低走，他又问该如何处置。我说，要么携量上攻，要么虚浪拉升，反弹无量又有卖出形态，立马走人。不一会儿，我的话被不幸言中，他有点愤怒，但看看不动声色的我，忍着没发作，然后很不情愿地斩仓出局。有时候，即使按形态进场，主力也会出尔反尔，不断发难，我们除了表现出极大的耐心和宽容，也要坚守持仓的底线。越是表面过于平静，越是存在难以预料的隐患，我们不能因主力失去理智而惊慌失措。

第六天，股价出现双覆盖阳克阴，我告诉他可以跟进了，他再也忍不住了："我不买了，太折腾人了。"

我说你可以不买，但要长点记性：一是股价处于若明若暗的整理阶段，表明你注意了形态，却忽略了位置；二是心随股走，及时跟变不能只停留在知道的层面上，而应落实在行动中。建议你用少量资金进行一段极限训练，接受各种危险的考验，但这需要很强的承受力。很可惜，前两次你都按形态执行，最后一次你有想法了。心态不过关，技术就容易走形。

我的话他好像没有听进去，王顾左右而言他："我就想学你帮我解套时的那种方法，表面上看不出有什么形态，可你的进出点为什么就那么准，好多都是卖出就不涨了，买进就不跌了。我算了一下，我被套的那只股最近一段时间累计涨幅只有百分之十几，而你却在这只股票赚了50％以上的利润，这哪里是炒股，简直就是捞钱呀。"

我的心突然一沉，但仍耐着性子对他讲，135战法的获利模式有两种：一种是"只认指令，不管输赢"，讲究的是进退有据；一种是"心随股走，及时跟变"，说的是见招拆招。如果你喜欢股票，建议你先把第一种获利模式做好，第二种模式完全是经验的积累和临战的盘感，这是超级短线的范畴，你还需要时间。

承受是痛苦的，它压抑了人性本能的快乐，而成功往往是在你承受常人承受不了的痛苦之后，才会有所收获。

3. **创源文化**（300703），什么叫坚忍不拔？在高山的阴坡上，从石缝中长出来的那棵青松。它以坚强的意志、火炬般的热情、持续的韧性不屈地生长着。

设定目标和努力实践，是做好一件事情的前提。南仁东为了建成射电望远镜，努力和坚持了20年。炒股是一项不断挑战极限的运动，需要有一种更加深刻独到的理解。

在15分钟图上，我们注意到，在144单位线附近，股价持续拉出5根小阳线，接着用一根缩量阴线进行确认，面对这个模棱两可的【五阳捉鳖】，我们该怎么办？指标线尚未金叉，加上均线错位，究竟是买还是不买？两个建议供参考：一是轻仓试探；二是等指标线金叉穿越后再伺机切入。

当【均线互换】打开上升通道时，股价又拉出五连阳，而且切入点并不明显，遇到这种情况又该如何处理？还是两个建议：一是放弃；二是耐心等下一个买点出现。有时候，为了等一个短线机会要熬很长时间；有时候等到了机会，但条件不具备，还是要放弃，也许你会愤怒，但这会让你避免付出惨痛代价。见图五。

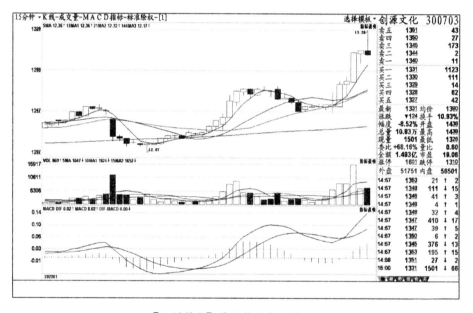

【一剑封喉】是调整信号（图五）

指令的定义只有一个，但执行时的表现却是多种多样。有一次，几个喜欢股票的朋友凑在一起，为了检验他们的学习效果，我说某某股票可以关注了，但最多不能超过 5 手，话音刚落就引来一片键盘声。五分钟后，我示意买进的请举手，多数人都举起了手，我问那个没有举手的为什么不买，他们说：从交易系统上找不到任何买进依据。

那些买进的朋友面面相觑，有的瞪着一双迷惑的眼睛，那眼光分明在说，我们买错了。

这个测试旨在告诉大家，即使 135 战法创始人，如果不执行交易指令同样赚不到钱，盲目出击更是铤而走险。最后我告诉大家，只有那个没有买进的是遵守交易指令的。

只要按照 135 战法的提示适当操作，基本都是大盈小亏，但是买时不能抢点，特别是在卖点出现以后，不管真假都要抛出，卖错也要卖，先把利润锁定再说。事了佛衣去，深藏身与名。否则，关山难越，谁悲失路之人？

聆听是一门学问。一个好的聆听者，能在周围产生一种气场，让人禁不住产生口水泛滥的欲望，可是，又有多少人愿意当聆听者呢？

孤独的人不爱说话，高傲的人也不爱说话。那些集孤独和高傲于一身的人，更是惜言如金。假如善听者遇上惜言者，是善听者耳朵起跤，还是惜言者食言自肥？

我们把目光再回到日线上，该股上市后连拉 8 个涨停板，股价从 19.83 元升到 61.23 元，涨幅 209%，确实很风光，但这种严重透支的新股已经失去参与价值，除非它跌回原点，并且有明确止跌或攻击形态出现，否则，宁肯上网打游戏也不要去招惹它。

股价的快速上涨终于引来【独上高楼】，它的出现标志着股价已进入寿终正寝的倒计时。

在下跌过程中，第一次除权就破了 19.83 元的发行价，第二次除权，股价已变成了 9 元。不排除主力通过除权稀释筹码，同时也会引起某些人购买的冲动。股价低是关注的重要因素，但从几十元跌到几元，要分析股价是自然回落，还是人为缩水。

股价跌到没人理睬的时候，开始震荡攀升，在上涨途中步履蹒跚的股价遭遇【一枝独秀】的拦截，然后踉踉跄跄败下阵来，通过市场的充分换手，股价并没有下跌多少，而且在整理过程中股价形成了【梅开二度】。从某种意义上说，炒股就是在炒耐性，患有多动症的等不来这幸福时光。接着，股价突破整理平台，进入急拉，但也暗示行情已接近尾声，随着【拖泥带水】式的【独上高楼】的出现，股价又迈上回归之路。

只有我们醒着的时候，形态才会出现在我们的眼前，希望我们每个人都做一个逗号，静静地守在形态的脚边。见图六。

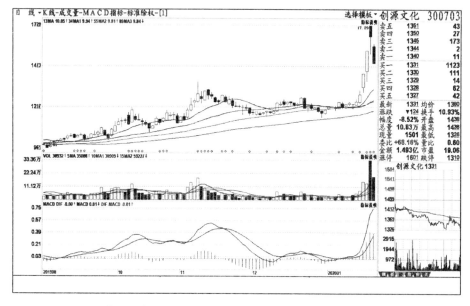

【拖泥带水】式的【独上高楼】是见顶形态（图六）

135战法揭示了股市的运行规律，是我们认识股市的指南，但若要在股市有所收获，还必须和自己的情况结合起来，那些在别人看来是馅饼的，对你而言可能就是陷阱，而别人无法企及或远而避之的，也许正是你的机会。鸭子从来不介意自己飞不高，因为它游泳很在行。找到适合自己的方法，比寻找绝招更靠谱。

股市的融资功能让欲上市的企业家们欣喜若狂。但在股市里打拼的人们却举步维艰，股市里的欺诈和谎言，往往最能震撼人们的心灵，产生强烈的抗争欲。它不容人们装腔作势、故作多情，只能老老实实顺着趋势、跟着节奏，做一个让股市嫉妒的人。

短线高手经常思考的问题：

（1）我能接受失利，但无法接受放弃。

（2）我会抓住一切机会提升自己，迎接股市的各种挑战。

（3）炒股总会有人赢，为什么那个人不能是我？

（4）得到一切，必须付出一切、征服一切。

（5）认错不是认输，是为寻找自己之不足。

（6）如果你害怕失败，那就意味着你已经输了。

（7）有些事情已经降临到头上，除了胜利，别无选择。

4. 金岭矿业（000655），有的成熟，不过是被股市磨去了棱角，变得世故而实际了，那不叫成熟，而是精神的早衰和个性的消亡。真正的成熟，是在熟知规律的前提下的顺势而为。

在 15 分钟图上，股价先有一波拉升，然后顺势回落，所谓顺势就是一点点地往下滑，而不是带量往下砸，因此，股价跌的时候显得很有节制。随着指标线的金叉穿越，均线系统也由错位变成各就各位，基本完成了上攻前的一切准备。量区里的【步步高】表明主力开始加大资金的投入，股价高兴地连拉 5 根小阳线，行将收盘时，【五阳捉鳖】发出进场信号。

我们应纠正一个认识，不是我们成就了主力，而是主力成就了我们。如果没有主力的辛勤努力，谁也没有钱赚，不要总想着你是怎样的艰辛，却忘了主力的长时间的付出。但是，没有得心应手的方法，交易就是一剂鸦片，手上了瘾，就失去了行走的能力；精神上了瘾，人就变成了废物。

疫情期间日本援华物资当中，有两句诗火了，"山川异域，风月同天"。这首诗源自唐朝，当时日本的长屋亲王送给中国 1000 件袈裟，每件袈裟上绣了这样一首诗："山川异域，风月同天，寄诸佛子，共结来缘。"当时的鉴真和尚被日本僧人的诚意感动，不惧生死东渡日本传播佛法。千年后的今天，日本人用这句诗来表达我们当年的友谊。时至今日，我们用"恩深转无语，怀抱其分明"的诗句来答谢。另一批援助物资当中，日方又写下了这样的诗句，"岂曰无衣，与子同裳"。这句诗来自《诗经》，意思是怎么能说没有衣裳呢，来，穿我的。他们寄来的正好是我们当时最缺的防护服，可以说日方把中国诗词的精妙发挥到了极致，直戳人心中最柔软的地方，让人热泪盈眶。作为有着五千年文化的我们同样可以用诗句"投我以木桃，报之以琼瑶"以示谢意。老祖宗留下那么好的东西，我辈弃之如敝屣，他人拾之若珠玉，惭愧不惭愧？当看到落日霞晖、天光水色和群鸟飞渡时，不要总说"这天也忒好看了，还有好大一群鸟"。为什么不能是"落霞与孤鹜齐飞，秋水共长天一色"呢？

当我们的孩子还沉迷于刷短视频的时候，日本孩子在背《论语》《诗经》了。重读《秦风·无衣》，有一种危机感。若干年以后，我们的子孙后代还能吟诵这些传统的优雅诗词吗？

翌日，股价沿着13日线不慌不忙地向上爬，直到收盘也没给出离场提示，那就在里面老老实实地待着。

第三天，股价平开低走，如果不能迅速地把股价拉回去，必须择高出局。但从均线的方向以及指标线的上升角度来看，股价回调后还应有新高，还没等你继续想下去，股价就被拉了上来，只是成交量没有跟上，此刻股价有两种选择：要么急拉，要么回调。最后股价选择了后者，抛出没商量。从【五阳捉鳖】到【金蝉脱壳】，主力连拉17根阳线，尽管每根小阳都显得十分憋屈，但超过8个点的回报，还说得过去。见图七。

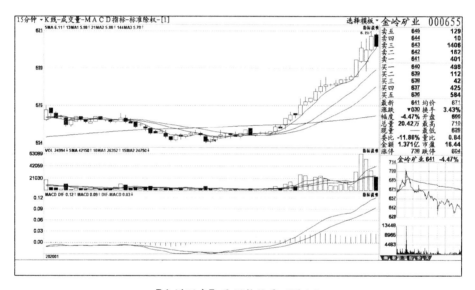

【金蝉脱壳】是调整信号（图七）

在卖点面前，最能见证短线高手的操盘水准。

有人趁机抛出，锁定利润。

有人飞蛾扑火，自取灭亡。

有人惊慌失措。

有人避之不及。

但短线高手都是令行禁止的勇士，他们有一个共同的特征：在危难中挺身而出，在胜利时急流勇退。

有时候，我觉得能在股市赚点小钱，实现衣食无忧，有很强的满足感，这是我热爱股市的一个原因。最初也许有谋生的考虑，但更是骨子里的追求，这是我至高的梦，我不愿亵渎。

人不应该单纯生活在股市里，还应该生活在理想中。人如果没有理想，会将失利的事看得很大，耿耿于怀，但如果有理想，即使亏点小钱不愉快，与自己的抱负相比，也会变得很小。

我没有救世之能，却有一腔赤子热情；我没有高超的绝技，却有一片赤胆忠心。

我们把目光回到日线上，【均线互换】打开上升空间以后，股价只是象征性地往上挪了挪，然后进行技术修复，当股价回落到 13 日线的时候，主力仅仅蜻蜓点水，瞬间就让股价飘了起来，突破前期整理高点时成交量很给力，突破高点后成交量变得左躲右闪，暗示股价行将调整，随后，【一枝独秀】和【晨钟暮鼓】联合发出离场提示，短线操作时应该主动回避。见图八。

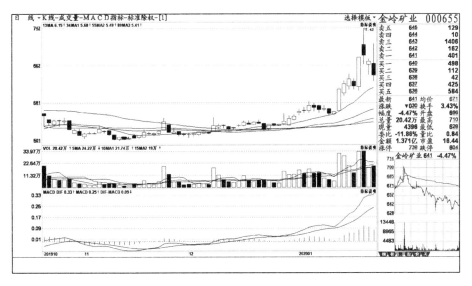

【一枝独秀】【晨钟暮鼓】同属调整信号（图八）

散户总是被网上各种碎片化的自媒体信息牵着走，这些内容参差不齐，很多语言非常情绪化，他们宁肯把时间用在捉风捕影上，也不愿花费时间去学习，所以一直没能形成独立思考能力，也因此总是轻而易举地被煽动和利用。

市场主力是精致的利己主义者，而且从不隐瞒自己的利益和好处，他们每走一步，必计算自己的得失。

短线高手永远都是孤独的，尽管高处不胜寒，但他们早已习以为常，并不指望被理解、被认同。他们的动力来自自律，能按系统给出的提示进行适当交易，心中无私所以富，被人所羡所以贵。

相对而言，散户独立思考能力弱，受周围环境影响太深，内心有一把世俗标尺，遇事就按自己的标准决定取舍，喜欢把股票分成好的和坏的。许多散户都有偏见和傲慢，而且这种偏见会影响他们的判断，这也是没有洞察力的表现。他们知道铤而走险的危害，却总管不住自己。

市场主力不愿意把时间浪费在无关紧要的问题上，习惯于从利弊得失的角度分析问题，善于马上采取措施解决现实问题，一切以结果作为考量标准。

短线高手更相信系统和纪律，他们遵守规则，在约束中施展自己的能力。他们很少去做出格的事，不愿为了一点眼前利益而去冒险。

5. **中微公司**（688012），目前，上市公司的道德水平整体滑坡，市场主力的功利色彩又过于浓重，没有真本事，在四面楚歌、风声鹤唳的股市还真混不下去，如果我们不做出改变，那么股市就改变我们。

在 15 分钟图上，【红杏出墙】刚露头的时候，均线系统还处于空头排列状态，指标线也在死叉下不知所措，随着股价的碎步上移，指标线找准了自己的位置，但均线系统依然错位。这时候【五阳捉鳖】发出了进场信号。能不能跟进？可以。因为这个形态出现在交易的尾段，风险几乎为零，明天即使形态失败，今天也该冒这个险，但买进要适量。

翌日，【一阳穿三线】横刀立马，势如破竹，正因为股价有过在 144 单位线之下苟延残喘的耻辱，所以才有了横穿三线的辉煌。在攻击形态面前挺身而出，即使你捅主力的软肋、分主力的财产，它也只能打碎牙齿往肚里吞。在没有形态的时候，你若随意碰瓷，那就摊上大事了。

主力喘了一口气，再接再厉，继续扩大战果，连拉两个大阳之后【一枝独秀】发出离场提示，做短线不能恋战，这四点一定要记住：对理念的理解，对技能的精通，对规律的把握，对纪律的坚守。

从【五阳捉鳖】到【一枝独秀】，不到半天时间，获利超过 10 个点，这就是超级短线的魅力所在。见图九。

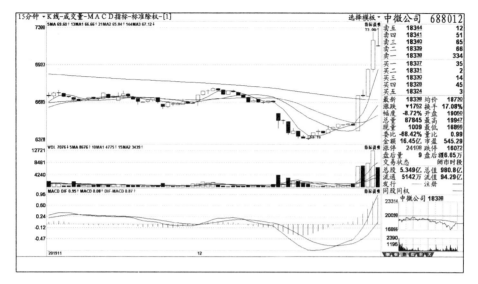

【一枝独秀】是调整信号（图九）

对于短线高手来说，对的东西要敢于坚持，经过实战发现错了也要敢于否定自己，但否定自己比肯定自己要难得多。

错了就要承认并改正。这是小学生都知道的品质，但股市里的成年人，因为虚荣或因为各种各样的复杂心理，往往很难做到，明知错了还讳莫如深，咬牙嘴硬只能害人害己。

只是，出了错又不承认，那何谈改变，何谈进步？一个坦诚接受股市打脸的人才能最终成为一个短线高手。中微公司作为科创板第一批上市的公司，上市当天的涨幅只有179％，和当天涨500％的其他股票相比表现并不突出，也因为它上市当天没有严重透支行情，所以为以后的上涨埋下了伏笔。

我们把目光拉回到日线上，在股价见顶回落的过程中，首先突破了13日均线，其次在13日均线的庇护下迎来了34日均线，最后，在34日均线的加盟下，又迎来它的盟主55日均线。各路人马聚集之后，均线系统已经各就各位，随着盟主的一声令下，【一阳穿三线】挺身而出，冲破三道防线，【均线互换】撬开上升通道后并未迅速上攻，而是大步后退进行技术修复。然后展开了一场扬名之战，股价不但收复了上市当天的高点，而且还创出该股的历史高点，593％的骄人战绩，已经让人们崇拜得五体投地了。见图十。

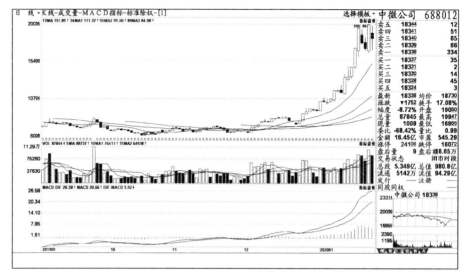

凡是过去，皆为序章（图十）

《礼记·中庸》："今天下，车同轨，书同文，行同伦。"炒股能与主力达到"三同"，就能完全实现心随股走、及时跟变的操盘境界。

"车同轨"，是指上了主力的船，就要一切行动听指挥。

"书同文"，是指思想上要与主力保持高度一致。

"行同伦"，是指行动上坚决做到令行禁止。

阴阳雕刻出来的K线，如此确凿而又变幻不定，时间中有沉默、有孤独，更有深深的寂静。盈过方知艰辛，亏过方知不易。

6. **当升科技**（300073），财富的大门都是虚掩着的，只要你用心去叩，它同样会热情地拥抱你，秘诀就是抓住目标永不放弃。

在15分钟图上，股价经过一波大幅拉升之后，第一次击穿144日线，然后在144单位线的不远处半死不活地横卧了很久。有一天，指标线和均线仿佛事先有约，出现同步金叉，但并没有给出切入点，所以我们只能在旁边继续观望。这时候，股价争先恐后地往上拱并试图触摸144单位线，结果被一根阴线砸了下来。别泄气，仔细瞅瞅，你看这东西像不像【五阳捉鳖】呀？

进场以后，股价慢慢腾腾，仿佛前面埋着地雷似的，就是不敢放开胆子往前走，我们期待的走势没有出现，多少令人有些失望，但按形态进场没有错，这个"鳖"是小了点，但毕竟被捉住了。

翌日，股价高开高走，那种舍我其谁的样子让人羡慕，尤其是携量突破前高点时令人无不为之击掌。但是很可惜，就在股价冲击涨停板的时候，主力突然改变主意了，此时此刻，急是肯定的，但别忘了有无离场提示，这一看不得了，变形的【一枝独秀】就这么直挺挺横在你面前，仿佛你不把筹码放下，它就不放你走似的。

卖出之后，股价出现了我们不愿意看到的情况，它涨停了，纠结的同时也免不了一声叹息，如果你真是这样想的，说明你还没有真正理解"只认指令，不管输赢"的操盘精髓，股价的起伏还在影响你的情绪，注定成不了短线高手。接着往下看，涨停板被打开了，直到收盘也没有封住，从具体走势看，也许主力压根儿就没这样想过，是我们自作多情。当你看到它收盘价还没有你的卖出价格高时，心里是不是感到平衡了？如果是，说明你的操盘水准还有待提高。见图十一。

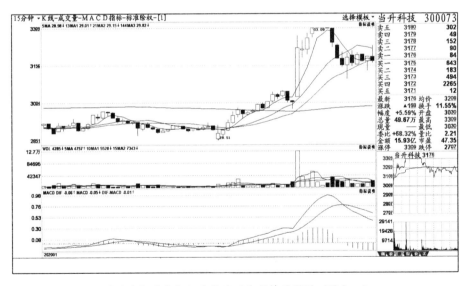

进退有据是超级短线始终不渝坚持的原则（图十一）

养成进退有据的习惯，交易就会形成得之坦然、失之泰然的操作风格。你或许得不到满意的结果，但输赢都心安理得。

喜欢短线的人，他的眼界已经得到了质的飞跃，然而能力却依然在潦倒的现实中挣扎，一塌糊涂，要认清眼界和现实之间的差距。

感激伤害过你的股票，因为它磨炼了你的心态；感激绊倒过你的主力，因为它挖掘了你的潜力。成大事者必有大气，有大气者必有大忍。

但是，山有山的高度，水有水的深度，两者没法比；风有风的自由，云有云的温柔，两者也没法比。人比人气死人，货比货该扔。做适合自己的形态，才是唯一正确的选择。

我们每天都忙着、累着、奔波着，无论多苦，钱总是挣不够；每天都在忍着、让着、怕着，无论多小心主力还是不满意；每天都在听着、看着、感悟着，不论多聪明，亏还是没少吃；每天都如履薄冰、战战兢兢，无论多谨慎，总是遭遇意外。股市赚点钱真的不容易，但有人就是喜欢这种刺激。

我们把目光回到日线，沿着它的行进路线，看股价怎样从丑小鸭变成白天鹅的。【日月合璧】的出现，表明股价的下跌空间已被封闭，想抄底的就可以动手了；【红杏出墙】表明股价的底部已被探明；【投石问路】指明了股价的前进方向；【黑客点击】是行情的起涨点，尽管它跃跃欲试，由于股价离 13 日均线与 55 日均线交叉点有点远，于是股价主动放下身段，收阴线形成【一石两鸟】轻微震仓，然后放量攻击，拉出涨停，如果你不服，那就再来一个涨停。主力就是这么横，只是第二个涨停板给出的【狗急跳墙】不太好，因为它出现在前高点下方，所以这个【狗急跳墙】因为位置不当不成立。所谓不成立，就是股价还有新高，同时说明盘中主力不够老道，在前高点附近拉涨停，正好给别人一个解套机会。12.9％的换手率，说明浮码筹码流走不少，当然主力也在浑水摸鱼中进行了大量换手，接着用【晨钟暮鼓】继续派发，所以引来市场抛压，在两难之际，主力只好用【暗度陈仓】来救急，但这暗度陈仓显得不伦不类，不仅阴线太短，而且跌幅太小，没有起到威慑之效。对 135 战法略知一二的人，这时候不仅不会抛出，反而会加仓，因为主力的意图已经暴露在光天化日之下。后来的【八仙过海】充分证明了，主力聪明反被聪明误，因此，当股价越过前高点以后，开始用【浪子回头】清洗获利盘，但它从另一个角度告诉我们，股价还有新高。简单的震仓以后，股价重新站上 13 日线，只是在大盘的压制下，这个二愣子极不情愿地砸开涨停板，用【一枝独秀】形式表示接受市场的裁决。见图十二。

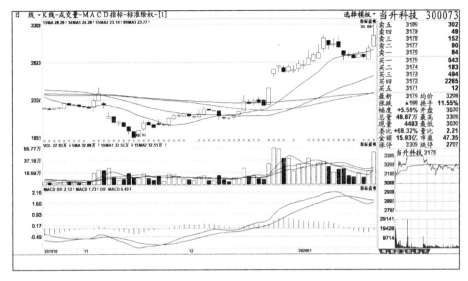

命是努力的进程，运是奋斗的结果（图十二）

7. 亚光科技（300123），炒股三不做：一不做滥竽充数的南郭先生，二不做雪中送炭的东郭先生，三不做光说不练的叶公。

股价击穿 144 单位线不久，【日月合璧】就开始进行修补，然后一鼓作气地逆势上行，在【投石问路】出现的时间段，股价正好报收缩量阴线。至此，【五阳捉鳖】大功告成，可根据情况适量跟进。要适量是因为细节存在着瑕疵，比如 21 单位线尚未走平，指标线没有按事先约定完成金叉穿越，暗示股价还有反复，但上涨的概率丝毫不能低估。直到收盘，股价只是有条不紊地进行着攻击前的准备工作，丝毫没有要拉升的意思。

翌日，随着【均线互换】的完成，股价趁机跳空高开然后携量上攻，这时，【急蹿大步追】也过来推波助澜，这才促成了【五阳捉鳖】的联合行动。

随着股价开始向纵深发展，一举突破前期整理平台后长驱直入，当股价冲击涨停板的时候，主力突然停止攻击，股价伴着嘈杂的脚步纷纷潜逃，当第二个时间段走完，【一枝独秀】正式下达了撤退指令，听从指挥，坚决走人。

为何如此坚决？因为股价突破了一个月前创下的 8.79 元的高点。"创新高必回调"的 135 定律再次显威，它告诉我们，股价调整后还有机会，主力解放别人肯定不是为了套住自己。操作超级短线时应先离场，如果你看好它，可以按其他形态重新进场。见图十三。

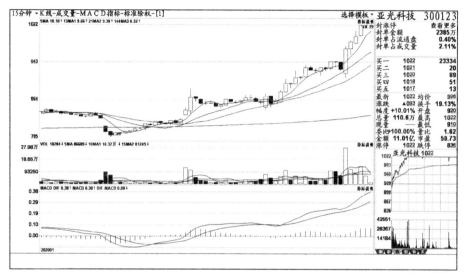

你我皆凡人，无常也有序（图十三）

炒股就是买与卖，但买的时候都是欢天喜地，而卖的时候往往悲悲戚戚。股市有四季，而且季季不同。

每个人心里，都有着一个很大的财富计划，这些计划写着买车换房，可是它们总是被推迟、被搁置，在时间的阁楼上腐烂。《百年孤独》里有这样一段话："生命中曾经有过所有灿烂，终究都需要用寂寞去偿还，人生终将是一场单人的旅行，孤独前是迷茫，孤独后是成长。"

有人说，股市没有什么是一成不变的，面对疯狂的股价更多的是无力和无解。我可以接受股市的天灾，但不能接受人祸。

我觉得，无常，才是股市的常态；有序，才是涨跌的根源。

我们把目光回到日线，当股价的下跌空间被【日月合璧】封住以后，【红杏出墙】乖乖地站上了13日线，原地踏步一周之后开始爬升，随着上涨力度不断扩大，主力也变得膨胀起来，在这样的位置拉出【狗急跳墙】，显然是此地无银三百两，接着登场的【红衣侠女】太夸张了，这种自毁形象的做派，理所当然地遭到【一枝独秀】痛击，巨大的市场抛压使得本来该涨停的股价被弄得功亏一篑。

好在主力没有在错误的路上一直走下去，通过【一石两鸟】大幅震仓，终于使自己的神志恢复正常，股价循规蹈矩沿着13日均线该涨涨、该跌跌，于是【均线互换】自告奋勇出来帮忙，打开上升通道以后，才有了【五阳捉鳖】的传奇。见图十四。

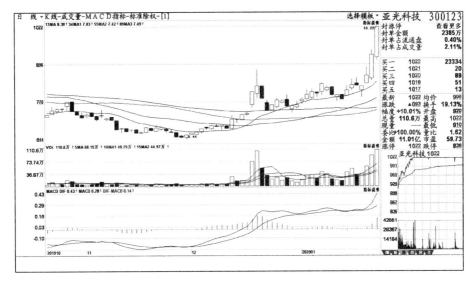

酒饮半酣正好，花开半时偏妍（图十四）

这份名单是否有你认识的人：

傅以渐、王式丹、毕沅、林召堂、王云锦、刘子壮、陈沅、刘福姚、刘春霖。

接着第二份名单：

曹雪芹、胡雪岩、顾炎武、金圣叹、黄宗羲、吴敬梓、蒲松龄、洪秀金、袁世凯。

第一份名单上的人全是清朝科举状元，也许你一个都不认识，第二份名单上的人全是落榜秀才，但我们大部分都耳熟能详。这两份名单说明，学历说明不了什么，经历才是至关重要。

人要有自信，别人能做到的，你也能。但成功的路上充满荆棘，注定逃不过酸甜苦辣、悲欢离合，注定要经历无数风霜和意外，思想上应有所准备。

8. **浙江广厦**（600052），该股击穿 144 单位线之后，有过一次经典的台阶式下跌，这种下跌模式非常坑人，即低开一根阴线后，背后跟着一群小侏儒在它的下影线上方横盘，给人一种正常回调的错觉。第二天重蹈覆辙，有点变化，也毫无新意；第三天如法炮制，只是动作有点过分，盘中一度下跌 7 个点，刻意制造恐慌气氛，不过自从【一锤定音】浮出水面，有人开始笑了，且不说它犯了"事不过三"的天规，而且这个止跌形态分明在说，哪里有压迫，哪里就有反抗。

在指标线金叉穿越的示范效应下，【五阳捉鳖】挺身而出，以其人之道还治其人之身，刚才你对股价爱答不理，现在股价让你高攀不起。我们注意到，股价上第一个台阶用了 5 根小阳线，上第二个台阶用了 4 根小阳线，上第三个台阶用了 3 根小阳线。股价恼羞成怒抛出【金蝉脱壳】，对不起，不跟你玩了。见图十五。

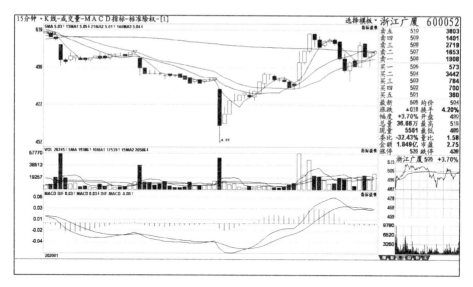

【金蝉脱壳】是调整信号（图十五）

我们把目光回到日线上，该股前不久走过一波很牛的行情，股价从 2.50 元到 6.50 元几乎是一气呵成。27 个交易日，涨幅 144%。主力的拉升目标完成后，为了把筹码兑换成实实在在的现金，无所不用其极，基本套路是：先用一根阴线锁定场内筹码，为了不让你失望，先给你一个甜枣，然后又踹你一脚，再给你一把糖。等你有些麻木了，主力漫不经心向空中抛撒筹码，顿时变成漫天飘落的雪花，慢慢坠落在喜欢它的人身上，当交易变得清淡时，又瞬间推高股价，吸引市场眼球，这种小儿科的把戏在老股民这儿没效果，但在新股民那儿却很受用。

　　像这种派发的个股，我基本都懒得理，之所以还关注它，是因为它放出了【一石两鸟】，因此，这才有【五阳捉鳖】的坊间佳话。见图十六。

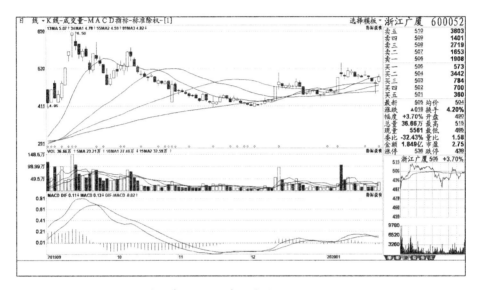

进退有据，一般都不会吃亏（图十六）

　　9. 盈康生命（300143），仰望璀璨星空，未知永远存在。黑马就是茫茫股海里的一道闪电，我们期待有朝一日能与它迎面相遇，然后融进这道闪电，照亮股市人间。

　　在 15 分钟图上，股价先有一波拉升，在回调过程中故意击穿 144 单位线，由于它只在 144 单位线下方不远处窄幅波动，所以威慑力并不大，但头顶上那根 144 单位线像一堵不透风的墙，压得股价喘不过气来。股价在不经意间总有些不安分地从缝隙中探出头来，鬼鬼祟祟地张望一下，然后又迅速地把头缩回去。就这样日复一日地、不厌其烦地在 144 单位线下方苟延残喘了一周时间，肺活量小的还不给憋死？

　　我们注意到，指标线金叉时，【投石问路】已抢先登陆了。当 5 日线尚未穿越 21 单位线的时候，【红衣侠女】也先声夺人，可是在【均线互换】打开上升通道的时候，却怎么也找不到入口，股价壮着胆爬上 144 单位线张望一下，立即被一只飞镖击中。至此，踏破铁鞋无觅处的【五阳捉鳖】图映入眼帘。

翌日，股价低开低走，而且俯冲的速度很吓人，转眼间乾坤颠倒，沧海逆流，股价上演了一幕绝地反击。在成交量的簇拥下，股价腾空而起，像喷泉吐珠，如火树银花。上升途中的瞬息变幻令人叹为观止。

股价开始冲击涨停板，那种横扫千军的气势叫人兴奋，最后还真的成功了，果真如愿以偿。然而花好不常开，涨停板很快被撕开一个缺口，上午行将收盘时几次回补，无功而返，而且【一枝独秀】发出离场提示。见图十七。

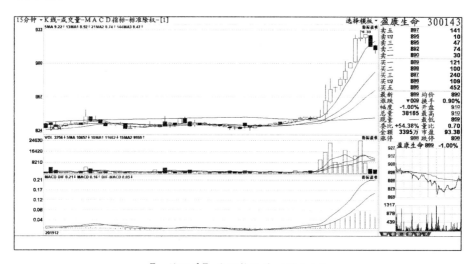

【一枝独秀】是调整信号（图十七）

我们把目光回到日线，最近的这个起涨点叫【海底捞月】，由于主力太过兴奋，股价离结点有点远，于是，【浪子回头】迫使股价向均线靠拢。当【均线互换】刚刚撬开上升通道的时候，真是运气来了不由人，迎面飞来【一石两鸟】，然后，两只鸟儿活蹦乱跳地引领股价飞了起来。看红装素裹，分外妖娆。把握股价规律，先从识图开始。见图十八。

没有付出的收获，没有约束的交易，没有底线的忍耐，没有理念的追捧是逮不住【五阳捉鳖】的。

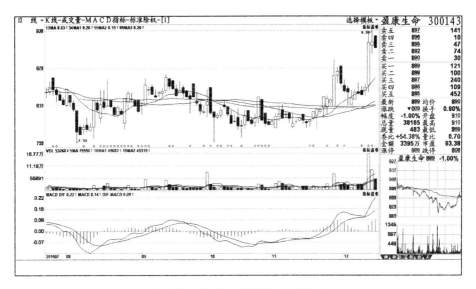

向股市致敬，与股价同行（图十八）

◉ 买入时机

在连续 5 根小阳之后的缩量阴线处适量买入。

◉ 友情提示

1. 【五阳捉鳖】一般出现在 144 单位线之下。

2. 【五阳捉鳖】由 5 根小阳和 1 根小阴构成。

3. 指标线完成金叉穿越。

4. 均线系统处于多头排列。

成大事者必有大气，

有大气者必有大忍。

第五章 两肋插刀

◉ 形态特征

在 15 分钟图上，股价已经有一波拉升（不论大小），然后相继出现卖出形态，表明盘中主力去意已决，当 5 单位线下穿 13 单位线，指标线的白线下穿黄线的时候，是短线避险的最好时机。我们把这两个同步出现的死亡交叉称之为【两肋插刀】。见下图。

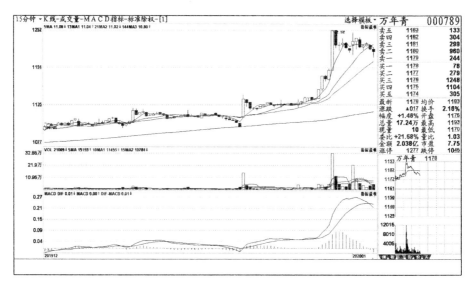

【两肋插刀】是短线避险的最好时机

两肋插刀，表示为朋友承担极大的风险或牺牲，但这并非它的本意，而是被后人误传的结果。

据说，隋唐时期的秦叔宝，也是被后世当成门神的秦琼，当时在衙门当捕快，为人仗义，喜欢结交江湖上的朋友，其中也结交了不少"响马"朋友。

"响马"指以劫取路人财物为生的强盗，古时候把这些人称为"绿林好汉"。有一次，秦叔宝所辖区域有一批送往京城的财物被劫，秦叔宝被派来逮捕"响马"。

经查，秦叔宝得知这批财物是程咬金一伙所为，但程咬金也是秦叔宝的江湖朋友，为放朋友一马，秦叔宝在展开捉捕行动之前暗中通知了程咬金一伙，而且在抓捕过程中在两肋庄故意走岔路。

最终，抓捕行动失败，秦叔宝受到牵连锒铛入狱，几乎丧命。后来，那些"响马"朋友知道后前来营救，秦叔宝也投身绿林，后加入瓦岗寨，最终成为李世民手下赫赫有名的战将。

后来的说书人在讲述这一段历史时，为了吸引听众，就说秦叔宝为了保护朋友而在两肋庄故意走岔了。

因为"岔道"跟"插刀"谐语，后来便流传开来，本来是两肋庄的岔道，结果硬生生变成为朋友两肋插刀了，因为这样听起来更形象、生动。

◉ 经典记忆

1. **艾德生物**（300685），无法做出决策的人，或欲望过大，或功力不足。

在【两肋插刀】出现之前，股价有过一波拉升，而且给出过明确的离场信号【一剑封喉】，此时此刻如果你觉得赚得少，想再等等，还情有可原，因为指标线和均线系统毕竟都处于金叉状态，但是当5单位线下穿13单位线，指标线的白线下穿黄线的时候，就应该丢掉幻想，获利了结，守仓没有错，但要有底线。

当两个死亡金叉携手拥抱【一阴破三线】的时候，说明股价已经到了阶段性高点，再不及时出脱持股，那么你的希望与财富、孤单与疲惫瞬间冻结在这根阴线里，恐怕还要被关好长一阵子。

在 15 分钟图上，我们注意到，【两肋插刀】出现以后，股价先是漫不经心地滑，跌破 144 单位线的时候，很快就被拉了上来，反弹的力道还挺像那么回事，但别忘了，下跌途中的反弹只是麻痹人们的心，并非主力突然改变了主意，真的要深化行情。反弹过程中出现的【金蝉脱壳】，表明这只是个反弹，股价还要向下继续寻找支撑，如果你依然半信半疑，两个死叉应该把你叫醒，虽然朋友为你【两肋插刀】，但后果却要你自己承担。

在执行指令这个问题上，要求我们要绝对忠诚，但多数情况下我们对自己都不能守信，股市凭什么让你赚钱？

【两肋插刀】一旦出现，股价跌幅一般在 7％ 左右，为了锁定利润，也为了自己不再担惊受怕，最好在它还没有出现死叉之前，按形态卖出，【两肋插刀】是卖出信号的一个补充，不是非要等【两肋插刀】出现以后再处置手中的股票。见图一。

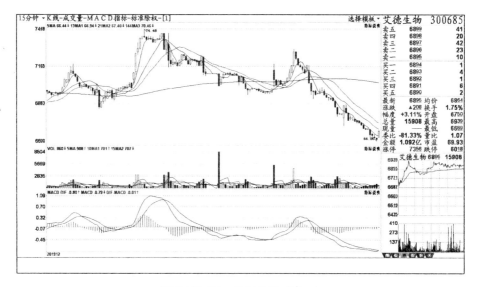

【两肋插刀】，必须得抛（图一）

人人都想当赢家，然而这个"赢"字并不好写，它的背后隐藏着太多的东西，"赢"字由五部分组成：亡、口、月、贝、凡，这五个部分暗示着五种能力。

（1）亡，观察能力。随时把握股市的脉搏，弄清股价质变节点的转折。

（2）口，沟通能力。再有钱也别任性，善于与主力沟通，不要误解主力的意思。

（3）月，要经得起时间的考验。成大事者需要时间的检验和阅历积淀，股价规律的形成绝不是昙花一现。

（4）贝，取财有道。股市遍地是黄金，但没有技能是捡不走的，即使把它抢过去，稍不留神就会掉下来砸伤你的脚。

（5）凡，平常心态。即使是进退有据，但面对指令，也要从最坏处着想、向最好处努力，假如事与愿违，要敢于接受现实。

从这个"赢"字上，可以看出中国汉字是多么的厚重精深，只有付出同等的代价才能够把它写出来。

从日线看，该股的走势也很清晰，主力用【海底捞月】作为它的起涨点，有了50%的涨幅以后，就开始派发，由于它手里的筹码太多，一时半会根本扔不出去，于是要了个花招让股价再创新高，吸引更多跟风盘，但股价一跌就露馅了，这是典型的双头啊！在【分道扬镳】以后，走势也由暗变成了明，很可惜，中招的真不少。只有透过现象才能看清它的本质，才不至于上当受骗。见图二。

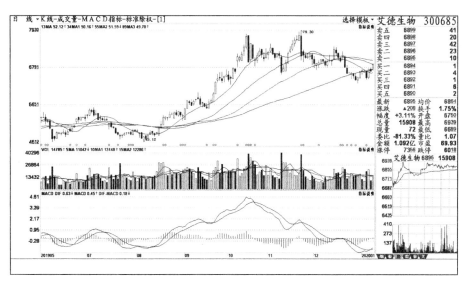

典型的顶背离，买入要谨慎（图二）

炒股是一种看似轻松实则繁重的脑力劳作，从复盘到盯盘，没有充足的精力是根本玩不转的。在成就事业时，精力是非常重要的！

日本作家村上春树天赋异禀，谁都不能否认，但他的长篇、短篇作品加起来有40多部，仅靠天赋是做不到的。

村上决定写小说后，有时候钻进书房闭关就是一年，由于缺乏运动，身体吃不消，精力也很难长久保持在一个高昂的状态。

于是，在他33岁那年，开始每天长跑1小时，而且坚持30多年，长跑不仅让他戒烟成功，还给了他数十年如一日的灵气和头脑，让他能保持每天凌晨4点起床，坚持写作五六个小时。

炒股最痛苦的是一边买卖，一边后悔。有时候，不是能力匹配不上欲望，而是你有能力，但是你不敢拼，更不能持续拼。交易靠的不是三分钟热血，十年登顶靠的是热血难凉。

股市人生应该有所追求，而不能被已有的舒适困住。最值得去做的就是自己能力边界以上的事情，多了受挫，少了没用。

炒股的意义，就是挑战自己的极限，与自己的内心作斗争，不断提高自己的能力边界和上限，这需要强健的体魄做支撑。不要让体力成为你事业上的短板。

在美国密歇根州，有这样一位90岁高龄的老妇人，名叫诺玛，她经历了人生最低潮的一年，这一年她不仅失去了老伴儿，更被医生诊断出子宫癌，她只有几个月生命了。然而，当医生询问她是以手术还是化疗来治疗的时候，诺玛的决定让人感到意外。她对医生说，对于一个90岁的人，她想来趟精彩的旅行，这可能比任何治疗方法都重要。就这样，诺玛踏上了她的生命之旅。她说，这辈子太多的苦恼侵扰过她，以至于把她变成了这个样子，苦恼的目的无非是让她失去快乐。不！她要结束这一切。她现在就要给自己一个快快乐乐的旅程，忘记那些侵扰过她的一切，在最后的时光里拥有快乐，开始一个真正属于自己的开心旅程吧。就这样，诺玛的旅程开始了，她登上了从未体验过的热气球，让自己在空中尖叫；把自己装扮成不同的风格，让看见她的人瞬间一笑；她置身国家二战博物馆，感受战争的惊心动魄；在太空中心展开双臂，遐想着自己在奇幻的太空遨游；她尝试着曾经从来不敢奢望的高热量食物。此刻的她就像孩子般任性，那一饮而尽的蜂蜜啤酒让她觉得，这玩意儿真不赖，值得再来一杯；她大胆地开始第一次公路旅行，长途跋涉的她才懒得去想自己的年龄。她在亚利桑那州欣赏惊艳的美丽河谷，在黄石公园被地质景观的绝美所震撼，在珍妮湖的夜晚感受生命的静谧与安闲。她的开心一个接着一个，她说，对于现在的她来说，这一切让她看到了什么才是最宝贵的，每时每刻都要让时间塞满快乐。就这样，诺玛带着欢笑与喜悦一路旅行，半年的时间过去了，病情竟然逐渐缓解，她甚至忘记了这件事，这趟旅行不仅没有病痛，反而带给诺玛无数快乐的回忆，也让她对生命有了不一样的体悟。她透露自己远离病痛的秘诀，那就是把时光变得幸福，用心地让自己快乐。诺玛的事例引起医学界的关注，美国南佛罗里达大学经过研究发现，人在高兴的时候，心脏会分泌一种叫缩氨酸的荷尔蒙，可以神奇地在 24 小时内杀死95％以上的癌细胞，这救人最后一命的荷尔蒙对其他绝症也有极好的治疗效果。当人的情绪越高昂，心情越愉快，这种克星荷尔蒙就越充沛，越会出现生命奇迹。相反，当人处在痛苦、担忧、抑郁等消极的状态时，心脏几乎完全停止分泌这种激素物质。西医的鼻祖希波克拉底说过，并不是医生治愈了疾病，而是人体自身战胜了疾病，这是上天送给所有绝望生命的，也是送给人类最后的一件礼物。你的快乐价值百万，你的快乐成就了你的命运，没有什么比失去你的快乐更糟糕的事了。不要说人生有那么多挥不去和忘不掉，当你毁掉健康的时候，时间会让你知道，自己失去的是什么。人生会有很多的无奈，更需要你学会开心面对，用心地拥抱生活，快乐至上，那才是更好地善待自己，那才是送给自己生命的礼物。

2. **中鼎股份**（000887），所谓的黑马都是这样隆重而来，悄然而去，强者高歌猛进，弱者启程即灭。不要和股市较真，因为你输不起；不要和股票较真，因为你伤不起。

【两肋插刀】出现之前，股价有过拉升，并且出现在相对高位。当它的 15 分钟图上出现【独上高楼】的时候，我们知道股价的阶段性顶部到了，接下来股价该往回走了，这时最该做的是获利了结，而不是买进或持股待涨。

当分时上第一个时段走完时，5 单位线死叉，指标线也死叉，关键时刻，它们能够达成共识，行动上表现出惊人的一致，表明股价开始折返，要尽快离开这是非之地，否则就会把你送回出发点。

我们注意到，【两肋插刀】之后，股价继续在高位硬挺着，这是在给持股者施放烟幕弹，但管方向的指标线已经倒下了，截至收盘时，均线系统已经变成空头，暴风骤雨随时都可以到来。

翌日，股价低开低走，拽着 5 单位线往下沉，后来，虽然 5 单位线被扯平了，可能会有短线反弹，但整体下跌趋势没有改变，起码止跌形态还没有出现，所以抄底要慢。直到收盘时，跌幅超过 4％。见图三。

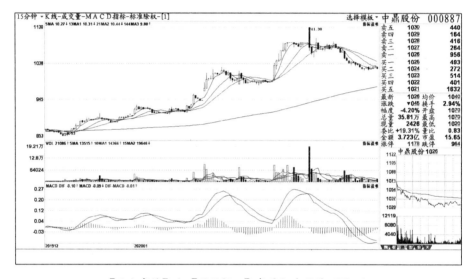

【独上高楼】和【两肋插刀】都是抛出信号（图三）

炒股的人，谁没干过几桩怂事。纵使你心比天高，但没有遇上适合的形态，也只能接受命比纸薄的结果。与股市斗，与主力争，最终都会在各自不幸的命运中苟且一生，落得个"一头白发催将去，万两黄金换不回"的结局。

自己的钱亏就亏了，吃个哑巴亏权当给股市交了学费，然而有人却不这样想，他不但会呐喊，而且还帮人指点江山。最后落个猪八戒照镜子，里外不是人。如果你把炒股当成自己的事业，有三件事不能做：

（1）不推荐股票。有时知道点皮毛，就想在朋友面前显摆显摆，尽管出于善意，有财大家发，但你别忘了他们大都不懂技术。譬如，你看好某某股票让朋友买了，后来你发现形态走坏就顺手卖了，后来一忙把这事也忘了，有一天朋友问起，"你让我买的股票，现在该怎么办"？如果你说自己卖了，他就说你这人不够意思。其实，我知道你不是这种人，只是自己水平所限指导不了别人。

（2）不代人买卖股票。因为好多人炒股都是业余的，没时间盯盘，如果你主动帮他们看盘，他们会毫不犹豫地把账户交给你管理，并且告诉你你看着啥好就买点啥。朋友把账户交给你是对你的信任，也是对你能力的认可。但面对错综复杂的股市，即使你拼尽全力也不一定能让朋友满意，假如你帮他操作 10 次，九盈一亏，但他把赢的九次忘得一干二净，亏的这次却刻骨铭心，而且会逢人就说。这就是 100−1＝0，老话说得好，一斗米养个恩人，一石米养个仇人，有些人习惯了得到，可忘记了感恩，不是每个人都懂得"良心"二字，纵然你有千般好，一个不好，就推翻了你所有的付出，哪怕你掏心掏肺，一次不对，就会罪上加罪，说你狼心狗肺，现实中有些人，帮他百次不记恩，半次不帮就记仇。

（3）不借钱炒股。即使把家里的积蓄亏完了，就认怂退出，也不要借钱炒股，更不要借高利贷炒股，千万不要重蹈我的覆辙。

我原想通过炒股接济并不宽裕的家境，不想却亏损累累，因为不懂技术，先是把家里的积蓄打了水漂；因为不懂规律，又把亲朋好友的钱输了个精光；因为不甘心，就铤而走险，借下高利贷，并离家出走。时间一天天悄然逝去，还债日期却在一天天逼近。我的借贷数额已经超出了我的偿还能力，沉重的债务给了我前所未有的压力。有天深夜，一阵清脆的电话铃声把我从梦中惊醒："我在你家楼下，赶快把钱送下来。"债主半夜三更讨债，打乱了家里生活的平静。白天我担心主力放冷枪，晚上还要提防债主逮着。在无奈的情况下，同学帮我租了一个 8 平方米的小屋。

从一无所知的散户，到出手就赢的高手，需要时间。别看我债台高筑，但我信心十足，给我三年时间，如果不被股市整死，三年后我就是股市里最勇敢的冲浪者。在人生的每一个节点，我都会提出具体目标，然后努力兑现。那么，成为一个合格的交易者需要的内在条件是什么呢？我列了十条：

第一，智商。这是一种衡量人的智力高低的数量指标，也可理解为一个人对知识的掌握程度，反映人的观察力、记忆力、思维力、控制力以及分析问题和解决问题的能力。智商可以通过学习和训练得到提升。

第二，情商。这是管理自己的情绪和与主力沟通的能力。对情绪管理的低能，以及对后果毫无预期的判断，早在操作中埋下了祸根。面对喜怒无常的股市，既要控制好自己的情绪，也要妥善处理与主力的关系，从而过渡到心随股走、及时跟变的投资境界。

第三，抗压。这是一种面对逆境承受压力的能力，或承受失败和挫折的能力。当亏损不可避免时要坦然面对，并迅速脱离危险境地。痛苦是财富，磨难出人才。真正的短线高手没有一个是一帆风顺的，几乎都经历过大起大落，九死一生的沉浮。

第四，人品。这是一个人的道德水平和人格。包括尊重、容忍、诚实、忠诚等，德智体是投资的标配，而且会把德放在首位，德就是人品，人品上无懈可击的人更容易获利成功。主力可以丧失道德，但我们必须忠于指令。那些算计主力、无视指令的人，那些偷鸡摸狗、肆意妄为之人最后都占不到便宜。从某种意义上说，炒股的失败，归根结底就是做人的失败。

第五，胆识。这是一个人的冒险精神和看问题的高度。在【锁定冲天炮】和【急蹿大步追】出现的时候大单伺候，获利的机会就相对多一些，没有胆识又不敢冒险，任何时候都成不了气候。

第六，财商。这是资金管理能力。任何一次成功的操作，都不是一次简单的全仓买入，也不是一次简单的全仓卖出。但超级短线有它自己的操作原则，即根据股价质变节点全进全出，中间没有加仓减仓，所以对进出点的要求更加苛刻。

第七，心态。这是维系心理健康、调适心理压力、保持良好心理状态的控制能力。赚钱不仅仅是技能上的提升，更重要的是心态上的控制。买卖只是一刹那，亏盈就在一瞬间。控制不好心态，就会做出事与愿违的事情来。

第八，意志。这是一个人的意志力，包括坚韧、果断、自制等，做股票是个非常折腾人的行当，"志不强者智不达，言不信者行不果"。没有顽强的意志，遇到困难就会半途而废，意志力决定一个人是否成功以及成功的高度。

第九，顿悟。这是对事物本质的领悟能力，但凡亏损之人，无不具有创造性直觉想象力，他们对股价的规律向来不管不顾，却异想天开地盼着奇迹发生。尽管科学史上有阿基米德在洗澡时获得灵感发现了浮力定律，牛顿从掉下的苹果得到启发发现了万有引力定律，还有凯库勒关于蛇首尾相连的梦而发现苯环结构，但这些不朽的例证解决不了股价的涨跌问题，即使我们继承巴菲特的衣钵几十年持股不动，同样不会成为股市赢家，因为这是中国。只有把握大量规律性的东西，把经典理论和中国股市实际相结合，如果突然有一天你有了这种顿悟，股价质变的节点就再也逃不掉了，一个短线高手就诞生了。

第十，体魄。这是个人的健康意识、健康知识和健康能力。把超级短线做好，需要耗费很大的精力，没有强壮的身体根本坚持不下来，甚至不能完完整整地把盘盯下来，即使赚到了钱，你可能也没有机会享受它了。健康没了，一切都是浮云。

有一天，你赚钱了，一定要有个好身体，才能好好享受人生；有一天，你亏钱了，还得有个好身体，这样才能东山再起。

亏损时是心急如焚还是失望透顶，是悲叹命运不公还是硬着头皮坚持？是学阮籍痛苦而返，还是学刘伶死便埋我？这些招都不可取，只有王维的"行至水穷处，坐看云起时"可行。静下来等等自己的灵魂，也许会出现陆游说的"山穷水复疑无路，柳暗花明又一村"的情景，甚至出现刘禹锡说的"沉舟侧畔千帆过，病树前头万木春"的奇观。

耐心是交易最稀缺的资源，每一个突如其来的幸运，都出现在长久的坚持和等待之后。

第三天，股价高开高走，但成交量不买账。分时上有过进场信号，但由于没有日线的支持，依然不能盲目动手。后来，不规则的【一剑封喉】虽然创了新高，但还是提示人们离场。见图四。

股市浩浩荡荡，梦想皆可期待。有江河之隔，也有高山相阻，但山高自有可行路，水深自有渡船人。

爱投资，就从尊重规律开始；想赚钱，就坚持进退有据。

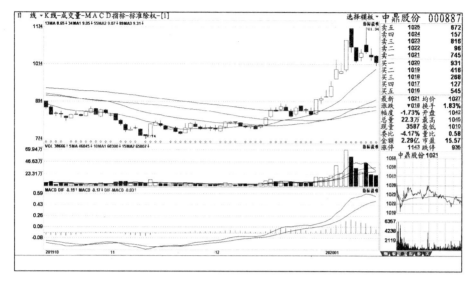

有始料不及的惊喜，就有突如其来的惊吓（图四）

无欲者不争，不争者无嗔，无嗔者少怨，少怨者无忧。善守者不抢，大度者超脱，深远者开阔，自律者自由。对指令的态度折射出的是人的素质，看淡所有的不如意则是一个人的修养。

3. **中海油服**（601808），炒股就是一个选择过程，比如，买哪只不买哪只，买入这只就必须拒绝那只诱惑，而且经常会遇到没有买的这只涨得很好，而买入的那只却走势平平，这时候心里就会出现失衡，但只要严格按指令去做，就没有理由怨天尤人。

喜欢哪个形态就要把它的结构和位置研究透，短线严格按形态进出，盘中不要做差价，跟着主力大踏步进退。人之所以痛苦，就是因为技能和欲望不匹配；人之所以活得太累，就是因为你的想法太脱离实际。

人都想追求简单而纯粹的交易，但却不想成为简单而纯粹的人。只有对股价的运行规律有了足够的把握以后，才能建立属于自己的交易方法，持续稳定的赢利都是靠这套交易系统来提供的，绝对不是什么所谓的绝招。

在 15 分钟图上，股价走着走着突然不走了，而且在高位横起盘来。一般来说，在相当低位横盘是为了驱逐获利盘；在高位横盘就是为了派发。随着 5 单位线的走平，股价第一次给出【过河拆桥】的预警，15 分钟后第二次，然后是第三次，股价之所以没栽下来，是因为有主力在暗中托举，随着【两肋插刀】的出现，主力意图昭然若揭，这时候就别犯傻了，不管你是从哪进场的，现在赶紧扔。后来的走势都看到了。为朋友【两肋插刀】很仗义，但要承担全部后果。见图五。

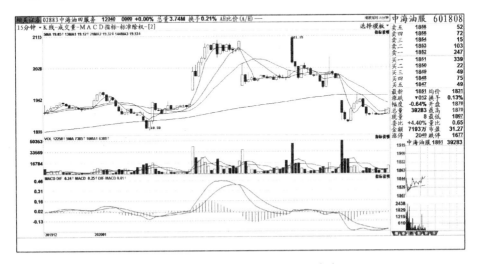

再牛的股，如不及时兑现，赚的就是纸上富贵（图五）

一般情况下，每年的膨胀率为 3% 左右，也就是 15 年购买力下降一半，更重要的是，它动辄发生恶性通货膨胀。第一次世界大战结束，德国战败，在魏玛共和期间，短短两三年时间里，德国马克通货膨胀 8 万倍；1948 年到 1949 年，民国政府行将崩溃，它的法币和金圆券在一年时间里通货膨胀 3 万倍；直到 1991 年苏联解体，苏联卢布一息之间通货膨胀 1.2 万倍，原来 1 卢布换 3 美元，短短几天时间，变成 4000 卢布换 1 美元。我们拿通货膨胀 1 万倍来算计，它是个什么含义，一个千万富翁一夜之间变成不到 1000 块钱的穷光蛋。这就是为什么今天这么多人去股市、期市、汇市、房市投资，因为他们没有安全感。

但是，没有经过任何专业训练就直接涉入金融领域，恐怕也是凶多吉少。你想啊，把你的资金抛撒在这条每分每秒都在不断波动的线上，除了心惊肉跳，接下来就是血本无归了。

春节后的开场曲过于沉痛，崩盘的直接产物就是资金的严重缩水，痛苦与衰败、绝望和崩塌，个股几乎全线跌停，有人连悲伤的时间都没有。

人们已经僵在那里，忘记了逃命，眼神中充满无助，只剩无力。

其实，春节前的前一周已经给出了【过河拆桥】的提示，起初没人在意它，节前最后那根大阴线，人们还以为是为节后的大涨而刻意进行的打压。

我们渺小如尘埃，我们对股市有着本能的乐观，直到大盘封盘时才傻了眼。

股指跳崖留下的巨大缺口，被 135 战法的【绝处逢生】道破了天机，它狼吞虎咽地吞噬着散落的筹码，但人们已经被打晕了，稍微清醒点的，一是不敢逆势而行，二是账户上早已弹尽粮绝。

日线与分时的关系是上下级关系，这个关系任何时候都不能改变。拿该股来说，在【两肋插刀】出现时，日线提前一周就给出了【狗急跳墙】的离场提示（详见四川人民出版社 2017 年 10 月《巅峰对决》第 4 版），盘中主力用了一年时间演绎了一波慢牛走势，股价从 8.15 元升至 21.05 元，涨幅 154.36%。此时此刻，即使再有想法，在【狗急跳墙】后，股价是会跌的。你不信，【金蝉脱壳】出来警告，你还不信，不规则的【独上高楼】又不厌其烦地出来诉说，你还是不信，主力就开始【过河拆桥】不管你了。见图六。

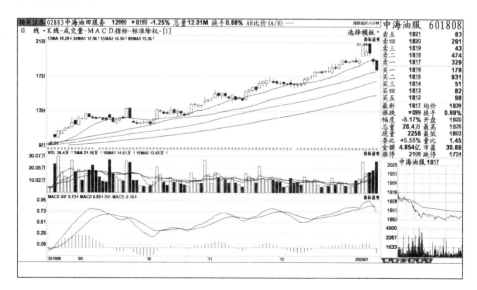

任何见顶形态的光顾，股价都会泪流满面（图六）

股市如搅拌机，埋葬和粉碎人们的发财梦。股市又如孵蛋器，催生出新的短线高手。纵观股民的奋斗史，都伴随着股市惊心动魄的一幕幕。

炒股从亏到盈，从盈到亏，再从亏到盈，这个过程循环往复，以至无穷。在这中间，要经得起股市的风风雨雨，要忍耐无数次的屈辱和折磨，然后在孤独中不断地寻找财富的藏匿点，然后训练动作的协调性，然后再想法把它从股市运出去。

每一次胜利，最令人惊叹的不仅是操作技巧和资金布局，更是当事人顽强战胜失败的决心和寻求胜利之意志。

那些心浮气躁，经常改变主意的人没有这种基因。究竟哪些人才有这种基因呢？一生只做一件事的人。

4. **哈投股份**（600864），【两肋插刀】出现之前，15 分钟图上有过两次离场提示：一是【金蝉脱壳】，一是【过河拆桥】，有人会把一阳两阴当成【一石两鸟】，在第三根 K 线出来之前是对的，但第三根阴线出来后，你是不是觉得它是【浪子回头】呢？那第四、第五根阴线出来又该怎样解释呢？以前之所以亏是因为不知道 K 线的含义；现在之所以锁不定利润，是因为没有严格执行操作纪律。从自己身上找问题，一想就通了，从股市身上找问题，一想就疯了。

【两肋插刀】以后，股价象征性地有过两次小反弹，但反弹永远超不过前面的高点。如果你预判股价今后会涨而死捂的话，低头看看指标线，早已被吓得浑身发抖，再看均线系统，乱得像一团麻，只有股价若明若暗，给持股者以信心，其实这就叫温水煮青蛙，等你有反应的时候已经成为别人的盘中餐了。

发现【两肋插刀】，如果没有在见顶形态上抛出股票，这时候就应该和蔼地跟主力说，剩下的路我就不陪你了，三生有幸遇见你，纵使悲凉也是情。见图七。

让 10 万元资产成长到 1000 万需要多久？巴菲特认为，市场年化率最好时也只有 10％，从 10 万元到 1000 万元需要 49 年！就算投资人相信复利也会放弃，本金少，让资金成长到自己的目标，需要的时间就像永恒。

如果本金 100 万，10％年化报酬率，只需 25 年；本金 300 万，只需要 13 年。

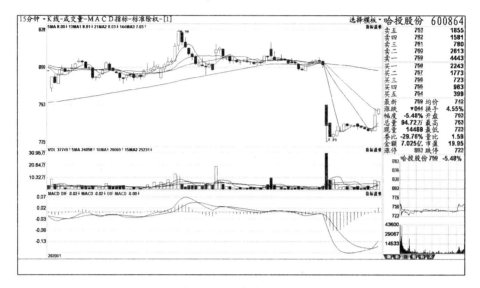

输赢有因果，万事有轮回（图七）

巴菲特强调，想要钱滚钱，需要增加收入，并存更多本金。但他提了两条建议：一是放弃时间帮你把钱变大，改为寻找其他方法拉高报酬率；但不确定有什么方法是有效且未来仍然可以重现。二是努力强化自己的专业以增加收入，想办法开源节流，存下更多本金。

如果了解中国股市的实际情况，又有过硬的操作技术，坚持每周盈利3％，巴菲特的想法不仅能够实现，而且时间上会提前很多。

从日线看，盘中主力不是省油的灯，它从不按套路出牌，对这样的主力该如何对付？惹不起，躲得起。13日线上穿55日线，原本该往上涨一下的，但它的股价离均线的结点十万八千里。形态既不是【红衣侠女】，也不是【黑客点击】，但它愣是逼出来一个【一石两鸟】，接着就是程咬金的三板斧，然后一路高歌，不管主力怎样掩饰意图，阳线【走四方】还是露出了破绽。对这样的个股，只要不理睬它，风险也就回避了。

可惜，跨不过的心态、拼不过的趋势、比不过的坚韧、改不掉的陋习，每个人都曾想过逆天改命，但最后也都只能泯然众人矣。

遵守规则从来不是墨守成规，而只认指令也不是呆傻愚钝，所有的投机取巧钻空子都会付出巨大的代价。股市很残酷，但我们不能因为缺乏正确认识而曲解它。

通过股市的修行和历练，弥补自己的不足，刻意寻找机会是徒劳的，因为机会的出现有它自己的时间。没有心想事成，只有水到渠成。见图八。

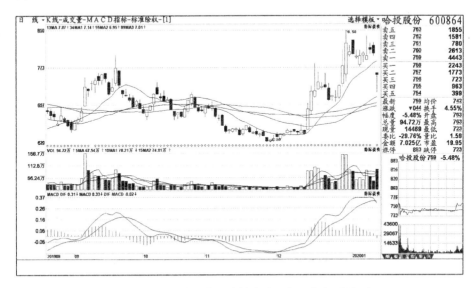

买不上的，与财无缘；猜得透的，都不会卖（图八）

有老外总是嘲笑中国的十二生肖，自从有个高人道破天机之后，老外啧啧称叹，看中国这个高人是怎样让他们长知识的。

有一次，一群中国人参加接待一个由欧洲贵族组成的参访团的活动。这些欧洲人中的大多数跟王族有亲戚关系，非常有学问和修养，待人彬彬有礼，但他们的修养背后隐藏着一种傲慢。参访最后一天聚餐，可能是酒喝多了，这些贵族的言谈举止变得比较率性。席间，一位德国贵族站了起来说："你们中国人，怎么属什么猪啊，狗啊，老鼠啊！不像我们，都是金牛座、狮子座、仙女座……真不知你们祖先怎么想的？"众人听了哈哈大笑，还互相碰杯，先前的优雅完全不见了。按理说，人家在骂你的祖宗了，你即使想不出话反击，起码可以掀桌子啊！但是所有在场的中国人都不吭声，也可能是没有反应过来。

这时有一个中国人站了起来，用平和的语气说："是的，中国人的祖先很实在。我们十二生肖两两相对，六道轮回，体现了我们祖先对我们的期望和要求。"这时，现场气氛慢慢安静了下来，不过，贵族们的脸上还是一副满不在乎的神情。这位中国人说：

"第一组是老鼠和牛。鼠代表智慧，牛代表勤奋。智慧和勤奋一定要紧紧结合在一起。如果光有智慧，不勤奋，那就变成了小聪明；而光是勤奋，不动脑筋，那就变成愚蠢。这两者一定要结合。这是祖先对我们第一组的期望和要求，也是最重要的一组。

"第二组是老虎和兔子。老虎代表勇猛，兔子代表谨慎。勇猛和谨慎一定要紧紧结合在一起才能做到胆大心细。如果勇猛离开了谨慎，就变成了鲁莽，而没了勇猛，就变成了胆怯。这一组也非常重要。当我们表现出谨慎的时候，千万不要以为中国人没有勇敢的一面。"

看着大家陷入沉思，这个中国人继续说："第三组是龙和蛇，龙代表刚猛，蛇代表柔韧。所谓刚者易折，太刚了容易折断，但是如果只有柔的一面就易失去主见，所以刚柔并济是我们的祖训。

"接下来是马和羊，马代表勇往直前，羊代表和顺。如果一个人只顾自己直奔目标，不顾及周围环境，必然会和周围不断磕碰，最后不见得能达到目标。但是，一个人光顾及和顺，他可能连方向都没有了。所以勇往直前的秉性，一定要和和顺紧紧结合在一起，这是祖先对我们的第四组期望。

"再接下来是猴子和鸡。猴子代表灵活，鸡定时打鸣，代表恒定。灵活和恒定一定要紧紧结合在一起。如果你光灵活，没有恒定，再好的政策也得不到收获。一方面具有稳定性，保持整体和谐和秩序，另一方面才能在变通中前进，这才是最根本的要旨。

"最后是狗和猪。狗代表忠诚，猪代表随和。如果一个人太忠诚，不懂得随和，就会排斥他人。反过来，一个人太随和，没有忠诚，这个人就失去原则。无论是对一个民族的忠诚，还是对自己理想的忠诚，一定要与随和紧紧结合在一起，这样才容易保持内心深处的平衡。"

解释完毕，这位中国人说："最后，我很想知道你们的水瓶座、射手座等星座体现了你们祖先对你们的哪些期望和要求？希望赐教。"这些贵族们很长时间都没有说话，全场鸦雀无声。

惭愧的是，这也是我第一次了解十二生肖的意义。这位说话的中国人就是开国总理周恩来。

5. **九鼎投资**（600053），把135战法运用得得心应手以后，不在于你赚了多少钱，而是从此以后你具备了挣钱的能力。但在没有任何准备的情况下匆忙入市，恐怕是凶多吉少，搞得不好会给自己的一生留下抹不去的阴影。

该股先有一波急促拉升，15分钟图上历历在目，从【急蹿大步追】到【狗急跳墙】，干净利落地锁定4个涨停板，时间就是4个交易日，一个字"牛"，两个字"很牛"。但为了这几天的风光，股价整理了将近10个月。该股的与众不同，需要站在一定的高度，用一种独特的眼光看待它的过去与未来。

【两肋插刀】之前，该股曾出现过一个【狗急跳墙】，或许在犹豫中股价又封停了，从此你放松了警惕；【两肋插刀】之后，该股已是风光不再，我们无法预判该股调整后是否还能继续创造辉煌，但【两肋插刀】出现以后依然无动于衷，就先退回超过10个点以上的利润。

有人问，在【两肋插刀】出现前，指标线不是已经死叉了吗？这时候卖掉也算对吧。是的，但无法避免骗线。因为指标线的死叉如果没有和均线的死叉同步，暗示股价还有反复，起码会有反弹。而且短线有短线的规矩，不可与日线同日而语。135战法始终坚持形态是第一位，其他如均线、量线、指标线都是配合形态而使用的，绝对不能本末倒置。见图九。

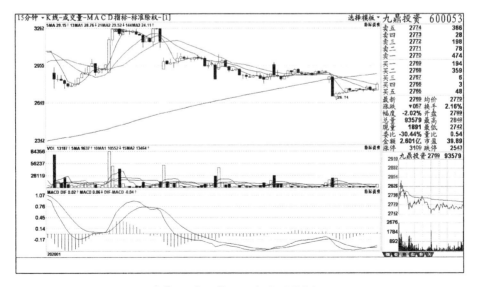

【两肋插刀】不死也毛（图九）

人是世界上最不靠谱的动物，遇到诱惑就犯傻，只有通过纪律的约束，才能减少犯错的概率。人爱上财富不可怕，财富走时没人发现才可怕。

从日线上看，【一枝独秀】出来以后，股价残忍地使用压价逼仓的方式，但有人就是打死也不卖。那些无聊的看客无动于衷地欣赏着主力逼迫持仓者而一言不发？能够那么坦然地看着飞流直下的股价落在不知天高地厚的接盘客身上。

股价从高位时的 33 元一路滑至 19.29 元，只是股价落逃时的样子并不怎么狼狈，最突出的特点就是成交量没有释放出来，主力边打边撤，或许是在酝酿新的计划，但这也是猜猜而已。

股价极有耐心地跌了 10 个月之后，在底部区域突然冒出一个【一阳穿三线】，盘中竟一度封停。最后为什么又撕开了呢？不是市场抛压太重，而是技术上准备不足，三条均线各自为战，相距太远不说，而且还错着位，目前还形不成合力，主力还不想让它涨停。因此这个失败的【一阳穿三线】只能理解成主力的试盘，抛压重就接着往下砸，抛压不重就通过窄幅震荡，让均线系统自行靠拢。

后来，经过 7 个交易日的整理，熬走了一批人，迎来了【投石问路】，为了不过早地引起市场的注意，股价迈着猫步，小心翼翼向 55 日均线靠近。

出其不意，攻其不备，历来是主力在攻击时首选的战术，趁众人迷惑之际迅速甩掉跟风盘，然后把股价往涨停板一拉，你再有钱也买不进来。

主力"一手遮天"之后，股价就开始【狗急跳墙】了，如果按日线操作，这时就应该大大方方地把股票还给主力，感谢主力的辛苦付出。凡是能够锁定利润的，背后都是苦行僧般的自律，它改变的不只是不良的交易习惯，还有对指令的敬畏。

诱人的大阳线令人蠢蠢欲动，却也透出一股血腥味。如何才能变成一个自己炒得愉快、主力也喜欢的人？心随股走，及时跟变。具体说有四点：一是把自己当成主力，这叫无我；二是把主力当成自己，这是慈悲；三是把主力当成别人，这是智慧；四是把自己当成自己，这是自在。

超级短线与波段操作是两码事，超级短线必须以日线为依托。短线在

15 分钟图上的【狗急跳墙】就抛了，但多数人不会走，因为股价最后又封停了。

趁着股价封停这功夫，反正闲着也是闲着，说说我戒烟的往事。

对于有着近 40 年烟龄的我来说，戒烟简直是天方夜谭。假如抽烟有个协会，三天抽一条烟的我肯定能混个"高级职称"。以前在家人的劝说下有过戒烟的念头，但思想上压根儿就没想过真戒，所以两眼一睁，依然是烟不离手。我戒烟纯属一次偶然。

2012 年夏天，在杭州我每天早晨都会沿着西湖跑一圈，下楼后下意识地掏出香烟抽上一支，这已是老习惯了，但不知什么缘故，手没夹住，接着又抽出一支又没夹住，再抽出一支还是夹不住，索性不抽了。

回来的时候，在电梯口发现刚才掉落的香烟。我数了一下，正好三支，当时也没去捡，更没多想，洗了手就到楼上吃早餐，但右手抓不住筷子，其中一根掉地上了，我弯腰捡起来，让服务员重新换了双新的，还是没当一回事。

吃过早饭，朋友建议我到医院检查一下，我听取了他的意见。大夫熟练地用手指在我身上的几个部位敲了几下，很快给出了结论：中风，建议立即住院。

我懵了。

在等待其他几项检查结果的时候，我躲在外面的一个角落抽着闷烟，我怎么也想不明白，怎么就中风了呢？

这时，朋友的爱人拿着检查结果向我走来，她说，我给您个建议，您以后能不能少抽点烟？

我不假思索地说，不抽了。

话一出口就后悔了，但说出去的话如泼出去的水，收不回来了，食言又不是我的性格。抽烟的人都知道，一旦成瘾，戒掉是麻烦的，要改掉多年形成的习惯，真的比登天还难。

男人说的话就应该算数，不抽就是不抽了，要么别说，说了就要做到。如果连这点自制力都没有，还想成什么事？

至今，我没有再碰过一支香烟。在烟草局的朋友开玩笑地说，你这一戒烟，不仅得罪了上海烟厂的老总，而且让我们的航母海试推迟了好几天。

　　然而，第二天股价低开低走，虽然有惊无险，但也吓出一身冷汗。实盘中遇上这种情况，先把心稳住，然后择高出局。不过，股价又出现新的变化，慢慢地拉了回去。截至收盘时，均线重新形成多头排列，指标线也完成金叉穿越，表明股价还有新高，那就冒险再陪它一夜。

　　第三天，【一枝独秀】发出离场信号。带量阳线是宝贝，但它没有出现在适当的位置，灾难就来了。见图十。

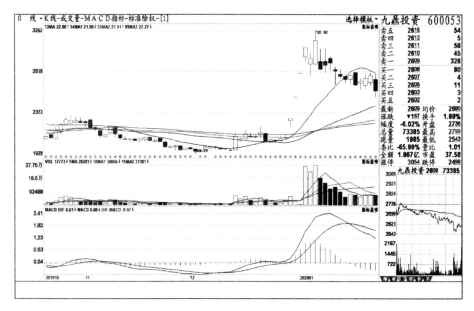

【一枝独秀】是调整形态（图十）

　　中国水墨画，虽然只有一种颜色，但墨色的深浅、浓淡、疏密、枯润，无不充满表现力；泼墨如水，又惜墨如金，收放自如又纵横潇洒，展现出一种意味深长的意境。股市的K线与均线，就是一幅错落有致的水墨画，看懂了它的虚实，也就明白了股价波动的奥妙。

　　中国的书法，或飘若浮云，矫若游龙，气象万千；或雄浑遒劲，天马行空，行云如水，成为中国独有的一门艺术。均线系统就如同中国书法，虽然它只有几根线，却给人一种山舞银蛇的潇洒。

　　复杂的事情简单做，你就是指令的捍卫者；简单的事情重复做，你就是出类拔萃的高手；重复的事情用心做，你就是股市赢家。

6. **中航重机**（600765），股价经过一波拉升后，相继出现【一枝独秀】【笑里藏刀】【过河拆桥】，连续三道出局指令，说明主力调整的决心。作为短线不能一守再守终至溃不成军，有计划撤离和无计划溃败相去甚远。这时候，若漠然视之，主力就不会客气，一招【两肋插刀】让你知道抗命的后果。

从15分钟图上，均线和指标线同步死叉，表明股价已回天无力，短线操作必须见山是山，看水是水，绝不允许有非分之想。即使中了主力的奸计，也要谈笑凯歌还。"只认指令，不管输赢"在短线操作中尤为重要。见图十一。

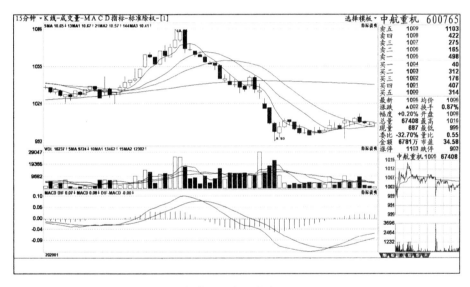

赚钱不容易，亏钱很简单（图十一）

我们仇恨的不是主力的财富，而是它居高临下的嚣张；我们抱怨的不是主力的特权，而是它的耀武扬威的做派。可见，在股市需要修炼的东西还有很多，不能把所有的心思都用在技巧上。

如果我们用主力对待我们的方式来对待它，恐怕它早就跑得无影无踪了，而且主力未必有我们大度，单凭这一点，我们就应该向股市赢家致敬。

规律告诉我们：股市该涨的时候谁也拦不住，该跌的时候谁也托不起。理解位置、关注形态、耐心等待股价质变节点的到来。

从盘中主力的操作手法看，它采取波段滚动，因此，不管是起涨点还是见顶形态都非常明确，是正规的运动战。比如最近这次上涨，日线上给出【日月合璧】，股价就立马不跌了，接着是【红杏出墙】【投石问路】，尽管它的路径有些模糊，但大致轮廓还能看得清楚。所以，在趋势不明朗的时候，不要像无头苍蝇一样到处乱飞，与其在乱局里飞来飞去，还不如找个优雅的环境坐下来品茶。

任何时候，本事都是立足股市的硬通货。因为股市并非阴线和阳线的罗列，既不能把股市看作一座金矿，也不能把股市看作屠宰场。要做好两件事：一是坚持每天复盘是在做正确的事，二是按指令交易是在正确地做事。有时候，我们哭着卖掉股票，但卖掉股票还想哭，为什么？因为你独自吞噬了形态的所有细节，让任性在股市里信马由缰。不过，删除交易过程中任何一个瞬间，都不会成为今天的自己。

主力抛弃你不会说再见，但形态不会扔下你不管。吃点亏算不了什么，但要长记性。见图十二。

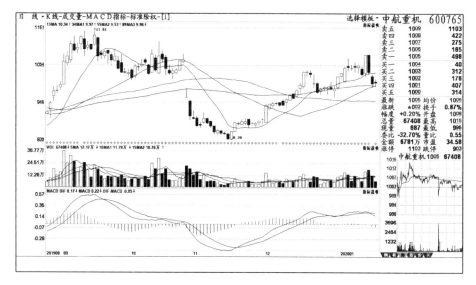

资产变成股票叫转移支付，股票变成资金叫回笼货币（图十二）

进退有据需三年，毁掉财富只三秒。不要急着看结果，熬够天数花蒂落。很多黑马闯入你的视线并非给你带来财富，而是找你化缘，得手后就会跑得无影无踪。

老子说："独与天地精神往来而不敖倪于万物，不谴是非，以与世俗处。"独处是成长过程中不可或缺的阶段，具有独立思考和独立行动的人，才会赢得更多的机会。

高手用在交易上的时间很少，用在思考上的时间较多。当把专业变成信仰的时候，那种高超的操盘直觉震撼至极。不善与主力沟通是能力的问题，不耐独处则是性格上的缺陷。

7. **煌上煌**（002695），短线高手不是在某只特定的股票上获取高额利润，而是在所有具备条件的股票上都能够获利，因为他操作的不是一只具体的股票，而是一个交易系统，短线高手有三个明显特征：在攻击形态面前不怕死，在卖出形态面前不等死，在下降通道中不找死。

关注网络上的信息没有错，但把消息当成买卖依据就大错特错了，因为信息本来就不是用来披露真相的，而在于及时爆料并不断传播，因此，对任何信息必须通过技术手段验证真伪。

在【两肋插刀】之前，15分钟图有过【金蝉脱壳】的离场提示。有人问，【两肋插刀】之前，指标线和均线不是先后出现死叉吗？在它们出现死叉时再抛出对不对？对，但也不全对。说对，是因为指标线的死叉暗示股价会调整；说不全对，是因为指标线和均线的死叉不是同步出现的，暗示股价还有新高，而且日线并未出现相应的见顶形态，因此不能判定这就是股价的阶段性顶部。而【两肋插刀】的出现，表明股价最多有个反弹，多数情况下不会继续上涨。一般情况下，【两肋插刀】会使股价有超过7个点的跌幅，只是这7个多点跌幅并非一步到位。如果你不想参与调整，最好在【两肋插刀】出现的时候先出场。况且，短线也是不允许参与调整的。见图十三。

左边是"衣"，右边是"一口田"，老祖宗造字时，认为有衣穿、有饭吃，就是"福"。现代人普遍实现了温饱，有点闲钱又投到股市，亏点小钱就整日愁眉苦脸，一脸的不快乐。急功近利者有更多的欲望，一时得不到满足，就会痛苦烦恼，甚至嫉妒、仇视股市。

有人不怕面对困难与凶险，怕的是不知怎么去处理；不怕做出割舍与牺牲，怕的是不知道哪里该割舍、哪里该牺牲。这时候，只能选择悲壮。股市从来都是凭实力说话，弱肉强食的丛林法则从未变过。

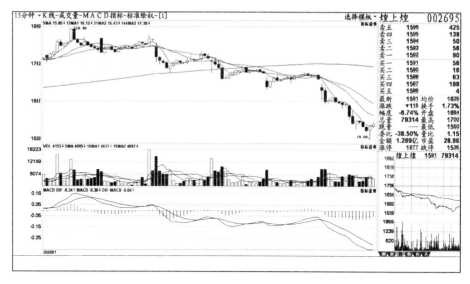

在【两肋插刀】面前，卖错也要卖（图十三）

有时候，我们就像浪迹天涯的孩子，在忽晴忽雨的股市里艰难地跋涉着，有时也会陷入要么旱死、要么涝死的两难境地。总之，不如意之事十之八九，能与他人言无二三。每个人的眼泪不一样，但想哭的念头都是一样的。

我们把目光再回到日线上，老实说，该股的股性还可以，是波段操作的选项，但不适合短线操作，因为它缺乏短期的爆发力。

这种慢牛型走势，表面看盘中主力窝窝囊囊，上行磨磨叽叽，像扶不起的阿斗，下行拖拖拉拉，给人一种特别不爽的感觉，但它采用的是时间换空间的策略，近看犹如一堆毛毛虫远看却是鹤立鸡群的佼佼者，心浮气躁的逮不住这样的股票，专攻短线的肯定也不会选它。因此，每个人应根据自己的风格选择不同的个股，这样才更利于达到目标。

分时上【两肋插刀】出现那一刹那，日线上的【一枝独秀】也做出相应的离场提示，抛弃日线做短线是不明智的。见图十四。

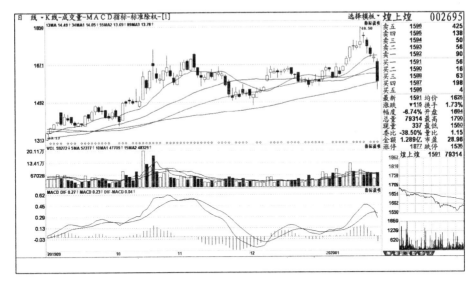

【一枝独秀】是调整信号（图十四）

8. **拉夏贝尔**（603157），劲爆的行情，往往潜伏着不可预知的危机，这时候应高度警惕，一旦发现卖出形态，立即拔腿走人。

在15分钟图上，我们注意到，股价仅仅在144单位线附近来了个蜻蜓点水，便快速飞了起来，但在涨停板上开开合合，表明主力对未来的方向也在摇摆，应格外小心。

下午2时，【两肋插刀】发出明确的离场信号，只是多数人在等股价继续封停。如果指标线或者均线任意出现一个死叉，还可以抱着侥幸心理再等一等，但两个死叉同步到来，表明没有商量的余地了，抛出才是明智的选择。只是股价在最后一个时段又拉了上去，并且重新封停了，心理肯定不平衡。客观地说，离场信号在前，重新封停在后，你还后悔吗？见图十五。

炒股，再难，也别自暴自弃，再亏，也别自欺欺人。难，不可怕，只要骨气还在；亏，不丢人，只要不忘初心。只要做到进退有据，赢就赢得理直气壮，输就输得心服口服。

炒股赚不到钱，就赚知识；赚不到知识，赚经历；赚不到经历，就赚教训；当你把这一切都捡回来了，那就不愁赚不到钱了。这是褚时健的赚钱思路。

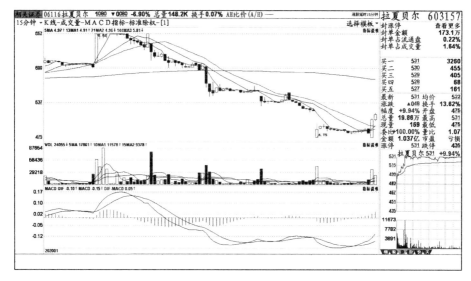

【两肋插刀】，不抛就糟（图十五）

努力是伟大的，它可以使人跨越出身、成见等有形与无形的障碍，实现社会角色的转变。

我们把目光回到日线，该股从上市那天起连拉 10 个涨停板，股价从 8.41 元一路暴涨到 31.42 元，涨幅 274%，经过大幅上涨的该股已经遮不了风雨、挡不住光阴，所以在【一剑封喉】出现后，应立即出场，不然，当股价开始滑坡时，就有被埋的危险。我们注意到，自从见顶形态登场以后，疯狂的主力一路猛砸，不仅跌破了发行价，而且还跌出了 4.09 元的地板价，跌幅达 87%，请注意：该股在下跌过程中没有除过权，是实实在在的硬摔，即使巴菲特持有该股夜里做梦也会被吓醒。任何投资经典必须与中国的实际相结合，技术掌握了才是财富，挂在嘴上就是废纸，机会抓住了就能"鲤鱼跃龙门"，错过了依然是股市的"流浪狗"。

现在的新股一上市连续涨停，把上市公司的财富一下子分光吃净，甚至连孙子辈的那份都给掠夺了，股市不能光靠发行新股吧？在二级市场投资一定要注意保护自己，但凡涨幅过大的新股，两年内都不要去碰，涨幅不大的，也要按形态适当参与。

当股价跌无可跌、卧在底部苟延残喘的时候，也不要靠近它，就在旁边看着，尽管"它是站在海岸遥望海中已经看得见桅杆尖头了的一只航船，它是立于高山之巅远看东方已见光芒四射喷薄欲出的一轮朝日，它是躁动于母腹中的快要成熟了的一个婴儿"，只要没有止跌形态出现，照样按兵不动。这时做股市司马懿最好，司马懿最厉害的不是治国谋略，而是他太能熬了。

一般讲，一只股票跌幅再大，跌得时间再长，如果没有【红杏出墙】春意闹，股价就没有底部可言。知道了这一点，就不会再去盲目抄底了。但凡被利益诱惑而进退失据的，即使偶尔碰上一匹黑马，它也会趁你自鸣得意时逃之夭夭。

我们注意到，【红杏出墙】以后，股价三下五除二就拉了上去，根据【红杏出墙】原理，盘中主力有些失常。因此，在【一剑封喉】出现后，主力快速把股价打回原点，这分明是哪吒闹海啊！

【投石问路】后，股价又一点一点往上挪，然后沿着 13 日线如履薄冰地往上拱，在不规则的【三剑客】震仓后，股价突然出其不意地涨停。

其实，该股的走势早已是内忧外患、变乱纷呈，特别是分时上千疮百孔，已经出现【两肋插刀】了，但日线上还是一副欣欣向荣的景象。见图十六。

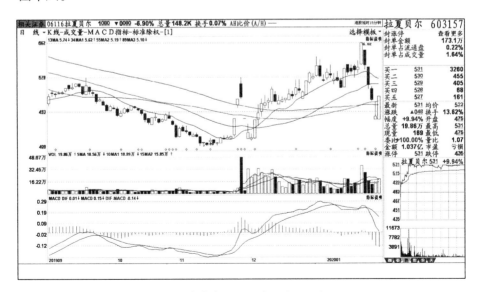

做短线要实事求是，不能火烧（图十六）

安息日这一天最大特点，是不能工作，也几乎没有娱乐活动，唯独有一件事是特许的，那就是读书。犹太民族是一个智慧的民族，人口只占世界的 0.2%，但在过去的 100 多年里诺贝尔奖得主占 23%。

在巴厘岛，每年的新年叫作寂息节，所有人都静静地待在家中不出门、不点灯、不烧火，大家基本都会清食冥想，审视自己这一年的不足与成长。在那里，新年是与自己待在一起的一天。

而我们与自己做一次对谈的时候很少，沉淀下来仔细看看自己的股市人生，审视一下自己过往的种种交易，或者还有很多不良操作和习惯可以改进、改善。

静下来，一个人才能开始进入深度思考。股价的突然下跌并不是偶然事件，这是股市规律给我们敲了一记警钟。当我们每个人都开始意识到这些，内心开始对股市充满敬畏与理解时，灾难才会离我们越来越远。

记得从小学到初中，我几乎都是在打架中度过的，有几个同学经常欺负我，虽然每次都被他们打得满脸带伤，但我始终没有屈服，然而也总是生活在不安定的环境之中。

有一次，我在一个被打成"右派"的老师家里看到一本荷拉修·阿尔杰的《罗布特的奋斗》，书中描绘了一个少年的奋斗故事。那个少年遇到了巨大的不幸，但是他以勇气和道德的力量战胜了这些不幸，我也希望自己有这种勇气和力量。

一天放学后，像往常一样拿着一条布袋去打猪草，在回来的路上，我看到三个熟悉的身影正冲我走来。他们是我的街坊，大的比我高三个年级，中间的比我高两个年级，小的与我同班。昨天我的同班又有恃无恐地挑衅我，被我狠狠地教训了一顿，没想到这么快就他纠集他的两个哥哥来报复我了。见他们人多我想转身就跑，可已经来不及了。

这是一场恶战。他们哥仨一起冲向我，我把猪草丢在地上，使劲挥动双臂进行抵抗，这让恃强凌弱的哥仨大吃一惊。我寻找一个空当，用右手猛击同班的鼻子，左手用力打击他的胃部，同班立即没有了还手之力，哭喊着溜到一边。他的两个哥哥一起围上来对着我拳打脚踢。我设法躲开他的大哥，只管把他的二哥打倒，用膝盖猛击他，而且发疯似的连击他的胃部和下颌。他的大哥个子最高、力气最大，这时，他突然猛击我的头部，我没法站稳，重重地摔在地上。同班的大哥拉着他两个弟弟逃走了。我从地上爬起来，捡起一块石头，使劲向他们投去，三个欺负一个叫什么本事。

我抹了一把脸，发现鼻子流血了，身上也变得青一块紫一块的。但我敢于还手，没有怕他们。

回到家里，父亲见我这副狼狈样，问我怎么回事，我哽咽着说了同班哥仨打我一个，说着说着竟委屈地哭出了声，但父亲一点安慰的意思都没，并命令我不许哭，然后对我说了两点：一是以后打架不许哭，也不能怕；二是不能欺负弱者，但也不能当弱者。

有一次，一个强悍的高个子男生拦在我的面前，颐指气使地命令我替他做事，我断然拒绝后，他恼羞成怒，一把揪住我的领子，劈头盖脸地打起来，嘴里还骂骂咧咧。我开始和他拼命，尽管我被他打得龇牙咧嘴，但始终没有向他乞怜告饶。

旁观的人或者冷眼相看，或者起哄嬉笑，或者一走了之。高个子依然没有对我放手的意思，这时不知谁喊了他一声，我趁高个子扭头的空当用脑袋使劲朝他前胸撞去，高个子猝不及防，被顶个四脚朝天，然后又趁他发晕之际，我骑到他身上，用拳头不停地攻击他，这惊天大逆转把在场的同学都惊呆了，我也不知哪来的勇气和力量，竟然把高个子打得抱头痛哭。我看着他流眼泪，听着他告饶，终于停下了愤怒的拳头，然后心一软，伸手把他从地上拉了起来，从此以后我们成了莫逆之交。

虽然我身单力薄，但始终没有向比自己强大的对手屈服。为了能打赢，我专门拜了一个师父学武术，然后没事就研究如何把对手打败，我从来不主动惹事，但也从来不怕事，这种积极防御的态势使得后来几乎没有人敢和我叫板了。不是因为我有功夫了，而是一旦打起来我就拿出一副拼命的架势去应对。潜在的力量往往在人走投无路的时候被激发出来，一个人敢于把自己的性命置之度外的时候，就没有过不去的火焰山，拼命在成功的路上是不可或缺的。

9. 维宏股份（300508），炒股总有一段泥泞之路需要自己独立走完，并且压根儿就不要指望别人陪伴。

在15分钟图上，我们注意到，从【急蹿大步追】到【一枝独秀】再到

【两肋插刀】，都是在一天完成的。在一个交易日里，一个买点两个卖点的
概率非常低，既然赶上了，就要坦然面对。况且，这也是超级短线应该承
担的风险。

　　假如发现【急蹿大步追】兴高采烈地买进，看着你追我赶的股价往上
蹿，心里一定乐开了花，但【一枝独秀】出现后，浮盈一点点回到原点，心
里有点想不明白，特别尾端出现【两肋插刀】，心情也开始变得浮躁起来。

　　遇上这种情况怎么办？第二天坚决地抛。【两肋插刀】表明主力去意
已决，如果恋恋不舍，超过7个点的跌幅在等着你。

　　这个【急蹿大步追】怎么就失败了呢？主要是这根阳线有点大，而且
是以【一枝独秀】出现的。实盘中发现这种情况应主动回避，如果不慎误
入，又遭遇【两肋插刀】，并非是你点背，而是这钱不该你赚，第二天扔
掉便是，用不着唉声叹气。超级短线不光是风风火火闯九州，也有败走麦
城的时候。见图十七。

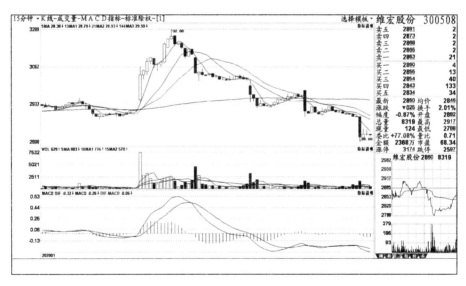

时间可以给人希望，但未必给人机会（图十七）

　　我至今还记得在部队提干后，第一次领工资时的情景。每月52元，加
上补发的两个月工资，总共是156块钱。那是20世纪的70年代末，156
元也是令人振奋的数字，我从来没见过这么多的钱，也不知道该怎样去
花。但我知道，第一个月的工资，是一定要给父母的。这不仅仅是礼仪和

传统，重要的是要表达一颗感恩的心。

我留下当月的生活费和 10 元的零花钱，准备把剩下的 130 元给父母寄去。

第二天是星期天，我请了假，去部队附近的邮局。

冬天的早晨，冻了一夜的泥土还没来得及被阳光拥抱，踩上去很生硬，冷飕飕的寒风一个劲儿地往宽大的袖口和裤管钻，鼻子酸酸的。

我在汇款单的附言栏上写下这样一句话："父亲，想必你能分享我成长的快乐，我每天都梦见大海上的风帆，那负载着希望，那永不降落的风帆就是您。"

多年后，父亲经常提起这件事，他说，接到汇款单那天，我和你娘高兴得一夜没有合眼，不是为了钱的多少，而是为了你的进步。

人是要懂得感恩的。当你领到第一个月工资的时候，无论是给父母钱，还是给父母买礼物，重要的是，你要有一颗感恩的心。

我们把目光回到日线，自从【红杏出墙】出现以后，股价心急火燎地往上蹿，它才不管均线错位不错位，【投石问路】尚未出现，【一枝独秀】就宣布退场了。面对这种个股，要紧急避让，躲得远远的。

我们注意到，从【投石问路】到【均线互换】，股价若明若暗地走了18 个交易日，如果有更好目标可选择，应主动撤离。见图十八。

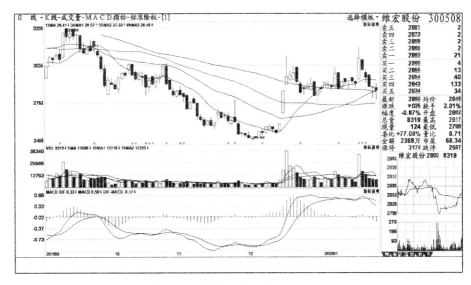

【一枝独秀】是调整信号（图十八）

◉ **卖出时机**

在【两肋插刀】出现当天，择高出局。

◉ **友情提示**

1. 为争取主动，提倡按形态卖出。

2. 【两肋插刀】比形态晚两小时左右出现。

3. 【两肋插刀】出现当天，必须清仓完毕。

形态天然不是财富，
但财富天然是形态。

第六章  锁定冲天炮

◉ 形态特征

在 15 分钟图上，股价率先爬上 144 单位线，经过一段横盘后又故意打穿，然后明目张胆地做空头陷阱，股价有组织地进行诱跌，后来在成交量的引领下，股价重新冲破 144 单位线的压制，并且以带量阳线报收，这是短线获利机会，也是难得的进场时机，我们把这根强势突破 144 单位线的阳线称之为【锁定冲天炮】。见下图。

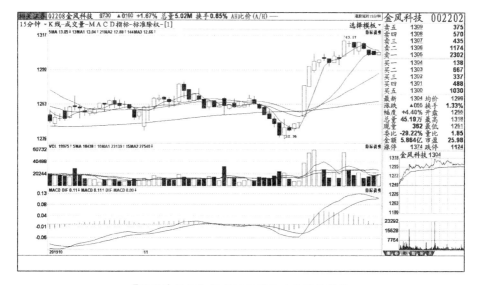

【锁定冲天炮】是超级短线致力追逐的猎物

◉ 经典记忆

1. **北部湾港**（000582），在15分钟图上，股价先是爬上144单位线，然后又故意打穿它，然后变着花样做空头陷阱，股价默默在144单位线的压制下完成了均线系统的多头排列，指标线完成金叉穿越后也不声张地到达预定攻击位置。不过，盘中主力是一个粗中有细之人，在上攻之前，用【浪子回头】进行一次火力侦察，确认没有异常后，指使股价突破144单位线的反压，随着均线系统开始向上发散，盼望已久的【锁定冲天炮】终于拉掉伪装网，立即跟进。

翌日，股价跳空高开，然后一路披荆斩棘，直达前高点附近才开始放慢了脚步，也许是在等后续部队到达，稍事休息后立即展开第二波攻击。

当股价行至前期成交密集区时，金戈铁马，气吞万里如虎。只是用力过猛，把腰闪了，带量的【一枝独秀】不失时机地发出离场信号。见图一。

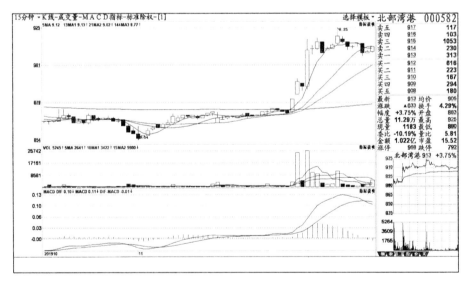

【一枝独秀】是见顶形态，应出场（图一）

我们的资金再多，也没有成本优势与主力对抗。不是说我们怕主力，而是离开主力就赚不到钱。你可以讨厌它、诅咒它，但必须和它处好关系，因为它是一只股票里的老大，掌握着股价涨跌的生杀大权。钱多可以影响主力，却不能左右行情。

遵守规则从来就不是墨守成规，讲究诚信也不是故步自封，一切投机取巧都是自讨苦吃，活得滋润的人都懂得及时跟变。他们在股市都愿意当一个追随者，而不想成为一个决策者，因为决策者蕴含极大的失败风险，追随者惯看秋月春风。

买什么，什么时候买，是很讲究的。只是这个让人纠结的难题，时至今日也没见谁给出令人信服的答案。

股价的运行是有规律的，规律是有形态的，形态是可以认识的。因此，不管买什么必须有切入点，切入点不对，所有的希望都会落空。这个切入点犹如高铁站，是出行的必经之地，在股市我们把它称作股价质变节点。

只涨不跌是妖怪，只跌不涨是缺钙，不涨不跌是怪胎，有涨有跌是常态。面对上蹿下跳的股价要有足够的定力，密切关注它的质变节点，而不是股价的涨跌幅度。一味索取，不懂付出；或一味任性，不知让步，最后都会输得精光。

超级短线除了精准把握它的切入点，同时还要关注它的抛出点。135战法的撤退篇一共有17个离场形态，只要有任何一个出现，都应该果断出局。

一个形态就是一个生命，一条均线就是一道风景。形态不是钱，却比钱更值钱；均线不是金，却比金更稀贵。

你说你喜欢黑马，但是黑马冲你跑过来的时候，你却被吓尿了；你说你喜欢【红衣侠女】，但它冲你频频招手的时候，你却犹豫了；你说你喜欢高抛低吸，但当股价上蹿下跳的时候，你怎么就是踏不准节奏呢？喜欢并不等于擅长，而擅长必定喜欢。这两点你都不占，这钱凭什么给你？

从分时图上可以看出，把股票抛出后，股价又涨了8分钱，虽然我们没有卖到最高，但却卖在了股价质变的节点上。如果在第一个【一枝独秀】不抛出，在第二个【一枝独秀】出现时你也肯定不会走，那么，纪律就形同虚设，灾难随时都会光顾。

短线操作什么情况都可能发生，但只要没出现明确的见顶形态，就任由股价去折腾。只认指令、不管输赢的人，股市没有理由让他空手而归。

但人是受情绪左右的动物，任起性来也是蛮可怕的。

混迹股市，注定要受许多委屈，而且成就越大，遭受的委屈就越多。要使自己的生命获得价值和炫彩，就不能太在乎委屈，不能让它揪紧你的心灵，扰乱你的交易。

看过一个故事：一个年纪大的木匠退休了，老板实在有点舍不得他离开，再三返聘无果后，老板希望木匠在他离开前，再盖一间具有个人风格的房子，木匠答应了。但建的过程中显然不够走心，他用了劣质的材料草草把这间房子盖好了，连他自己都觉得用这样的建筑质量来结束自己的职业生涯实在说不过去。房子落成时，老板来了，顺便检视了一下房子，然后把大门的钥匙交给这个木匠说："这个房子是我送你的退休礼物。"木匠非常惊讶！他要早知道这房子是为自己建造的，一定会用最好的建材、最精湛的技术把它盖好，现在自己却要住在这个粗制滥造的屋子里了。

木匠的做法就像复盘的我们，不是用心去感受各板块的轮动，观察发现攻击形态的股票，而是漫不经心地走马观花，这种信手拈来的股票肯定不会带来效益。

每一只股票在上涨之前都要经历一个临界点，然后由当前状态转变成另一种状态，这就是股价质变节点，如果不了解这个节点的市场意义就可能与财富擦肩而过。股市里勤奋的人很多，但真正让一个人最终成为股市赢家或短线高手的，却是对规律的领悟，在此基础上，投资的理念和交易方法更是不可或缺的因素。

古代打仗，把对方杀下马，你就赢了，做股票则是要把主力扶上马再送一程，你就赚了。我们与主力就是手心捂手心，捂不热就分，别勉强。

面对瞬息万变的股价，只有随着它的节奏不停地摇摆，才会舞出一道亮丽的风景。

我们知道，竹子可以做成笛子，但不是每根竹子都能做成笛子，因为不是每根竹子都经历了严冬酷暑、风霜雨雪，不是每根竹子质地都足够坚硬，于无声处顽强蜕变，于血肉筋骨内丝丝缕缕全部升华。

晾衣竿不服，问笛子："同是一片山上的竹子，你凭什么价值千金，而我却一文不值？"

笛子说："因为你只挨了一刀，而我却经历了千刀万剐，精雕细琢。"

晾衣竿沉默了……

股市是不是也存在这样的问题？不是每个人都具备炒股的条件，也不是每个人都适合做短线，不是每个人都能经得起风霜雪雨和颠沛流离，更不是每个人都能因此变得坚强而柔软。股市犹如大浪淘沙，最后能生存下来的，肯定是那些沉淀下来的具有交易决断能力的人。

"不通一艺莫谈艺，实践实感是真凭"，美学家朱光潜先生这句话，对炒股具有很强的指导意义，它告诉我们，在五花八门的操作方法中，你必须了解乃至掌握其中的一个，才有资格在股市里混。这就是说，别看股市芸芸众生，能说上"通"的很少，大多数处于"识"的地步。

在没有进入股市以前，我从未想过炒股；进入股市以后，从未后悔过当初的选择，也从未想过选择其他职业。我不能把"股民"这个称号让给鄙视我的人，尽管股市让我遍体鳞伤，但伤口长出的却是翅膀。

从日线上看，该股并没有什么特别之处，前期走势杂乱无章，眼下的均线系统依然是空头排列，之所以关注它，就是因为它出现了不规则的【红杏出墙】，而且在【红杏出墙】之前还出现过【日月合璧】，尽管它们都不够规范，但它们的市场意义应该是明确的。因此，在使用分时线时，别忽略了日线的存在。人们总是对难以到手的东西垂涎三尺，而对围着你撒欢的黑马视而不见。见图二。

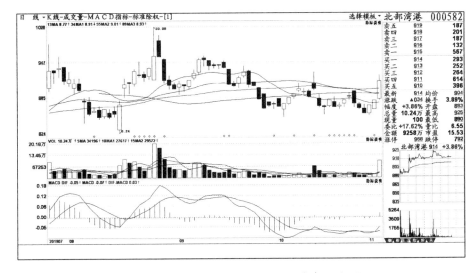

大可以让小，但小不能越权而孤立存在（图二）

2. **博信股份**（600083）（*ST 博信），【红杏出墙】以后，股价一鼓作气冲上 55 日线，而且攻击势头不减，在前期成交密集区附近放缓了脚步，或许是在积蓄新能量吧。

不赌大盘，不猜个股，大盘你赌不起，个股你猜不透。想在股市混，就老老实实学点真东西，别再自欺欺人了。任何时候都要以主力为中心，对不规范的形态要果断放弃。

由于我们经历的东西实在太多，比如，欺骗过你的股票，让你望而却步；辜负过你的股票，让你后悔当初；伤害过你的股票，让你失望透骨。有时我们竟无法做出判断。然而所有这一切，都会让你更快地成长与成熟。

【均线互换】的完成，标志着上升通道已被打开，但股价始终沿着 13 日线，不温不火，极富耐心地走着。然后用【浪子回头】清理浮筹，股价没破 13 日线，说明主力不想回调太深，担心扔出去的筹码捡不回来。但它从另一个侧面告诉我们，股价该有异动了。见图三。

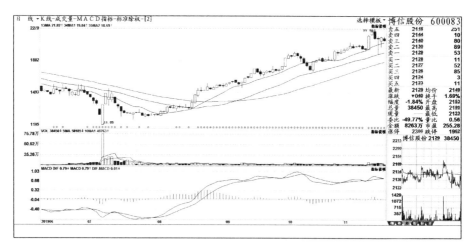

【浪子回头】的市场意义是清理获利筹码（图三）

亏损通常由两种情况造成：一种是别人让你买的，另一种是在涨幅榜上自己主动去买的。提高操作水准一定要在基本功上下功夫，比如复盘，坚持买自己选的股票。

有时候，自己股票池里好几天一点动静也没有，情绪上肯定会受到影响，但我告诉你，你可以去睡觉，但千万不要出来凑热闹。因为这时候的你一进来，就不能完完整整地回去了。没有自信的定力叫孱弱，没有定力的自信叫盲目。

我发现，股市里有一些特别怪的现象，大家不妨对号入入座，有则改之，无则加勉。

（1）都觉得自己很聪明，对捕风捉影乐此不疲。

（2）看见某些股票放量就激动，不管形态与位置，先冲进去再说。

（3）对被套的股票忍气吞声，在买卖的价格上斤斤计较。

（4）能通过各种关系打探消息，不愿在复盘时发现有价值的目标。

（5）抱怨的不是股市的不公平，而是自己不是受益者。

（6）动辄批评政府、斥责主力，却很少反思自己。

（7）亏钱从不在自己身上找原因，只要有人比自己亏得更多，心里立马就平衡了。

（8）不为上涨的股票锦上添花，却为下降通道中的股票雪中送炭。

（9）不愿随强势股一起建功立业，却愿为弱势股默默流泪。

（10）不想在约束中所累，却愿在自由中受罪。

（11）不为提升自己操盘技能而努力，却抱怨主力不听自己的使唤。

（12）不为股票的大涨提前布局，却为眼前的小利铤而走险。

某些形态之所以走不进你的视线，除了大盘没有提供环境，主要是你选的股票有问题。如果长期赚不到钱，自己就要忍受煎熬，抑郁伤痛都会一股脑地沉淀在身体里，日复一日，这种负面情绪也会影响人的健康。话说回来，把只认指令、不管输赢落到实处，对以前所有的不愉快都会免疫。

从 15 分钟图上不难发现，股价长时间横盘而且越横越低，最后干脆稀里哗啦打破 144 单位线，构筑不规则的空头陷阱。但请注意，股价在挖坑的同时，指标线已完成了金叉穿越，而均线系统为早日完成多头排列进行着积极的准备。

翌日，股价高开，然后携量冲破 144 单位线的反压，【锁定冲天炮】的攻击队形已经摆开，它的出现标志着新一轮的攻击即将开始，这是超级短线获利的最佳时机，大步跟进才会有利可图。

由于【锁定冲天炮】时间短、见效快，所以特别喜欢这个买点，实盘中注定会多看它一眼。因为我有足够的耐心等待强大于自己千万倍的冲天炮，但在茫茫股海能够与它萍蓬相遇的只有清醒和勇气。什么叫勇气？勇气就是感觉害怕，但仍然迎难而上，尽管感觉有不适，但仍能勇敢面对。

炒股需要不需要情商？需要。"心随股走，及时跟变"就属于高情商，但情商不高的例子也有，比如，对道听途说的消息坚信不疑的，对涨幅榜上的黑马崇拜得五体投地的，对枯燥的复盘看成是无期徒刑，尽管赌和猜屡遭重创，却从未回心转意的。

接下来，股价突破横盘整理区后长驱直入，也不知道累，直至上午收盘时也没舍得停下脚步。

但下午的表现就不够好了，硬生生磨了两小时洋工，行将收盘时，股价还是有气无力地在原地踏步。该涨停不涨停，十有八九要调整。

第三天，股价小幅高开，然后携量上攻，可惜举而不坚，股价快速冲高又快速回落，【一枝独秀】发出离场信号。见图四。

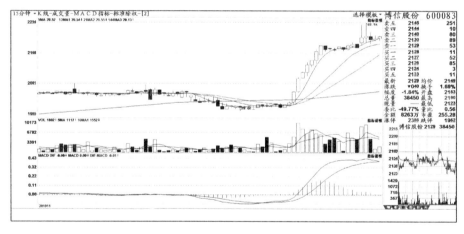

【一枝独秀】是离场信号，躲着点（图四）

超级短线，不是想象中的"扬手是春，落手是花"的轻描淡写，而是一场百米赛跑，要用饱满的热忱、用最快的速度跑完全程。唯有如此，方可实现"扬手是钞，落手是票"的目标。在一扬一落之间，会有很多细节留给自己去反思。

和主力死磕，败的只是传奇。与其逆流而上，不如随波逐流，这是对主力的敬畏、对资金的敬畏，也是对形态和趋势的敬畏。

3. 先进数通（300541），该股除权以后，尽管表现得不是特别出色，但可圈可点的地方也有很多。如果按日线上操作，至少有三次机会。

第一次拉升是从【一锤定音】到【一剑封喉】，这两个形态是一对冤家，它们两个不能见面，刚才还拼得你死我活，停战令一出交战双方尽释前嫌，握手言和。双方博弈的结果也是皆大欢喜：股价推高37%。然后双方各自退兵，在55日线附近休养生息。

实盘交易，面临着许多挑战，有技术上的，也有心理上的，既要考虑股价的位置，又要辨别形态的真假，同时还要提防主力的突然变脸。钱少不是耻辱，服从才是丈夫。无形独善其身，有令坚决执行。

第二次拉升是从【黑客点击】到不规则的【一剑封喉】，双方交战的结果：同样把股价向上推高33%。随后分道扬镳，股价退回到原点。

俗话说，磨刀不误砍柴工，基本功不扎实，赚钱就会很吃力。当初为了记股票代码，背诵圆周率小数点后面的位数达近百位，有时也会到河边背诵唐诗宋词，磨炼自己的毅力，尽管河边人声嘈杂，但很少受到干扰。

只有把水烧到212摄氏度的温度时，才能发出蒸汽，否则推动不了任何东西。认定了炒股这条道，就等于把自己的性命置于悬崖绝壁之上，除了技巧，还需耐力。炒股没有不受伤的，要么烫伤，要么冻伤，只要你能挺过来，你就是赢家。

第三次拉升还是从【黑客点击】出发，中间还不甘寂寞地秀了个【梅开二度】，经过短暂休整，继续向上发起攻击，最后以【拖泥带水】鸣金收兵。见图五。

我们为什么不厌其烦地讲日线的进出点位，因为自从第一波拉升开始时，就想寻个超级短线过把瘾，但一直没有机会。直到【一石两鸟】出现以后，超级短线才成为现实。

我们知道，【一石两鸟】属于震仓范畴，它的市场意义是清理获利盘。你会发现，股价刻意打穿144单位线，在构筑空头陷阱的同时，完成了指标线的金叉穿越，接着把均线系统摆弄得各就各位，然后趁人不备发动突然袭击。只要它是你的自选股，此时此刻你一定会激动万分，因为【锁定冲天炮】是大张旗鼓送钱给你，而不是死缠乱打地找你化缘，所以，在第一时间就应该咬住它，然后迅速把它拿下。

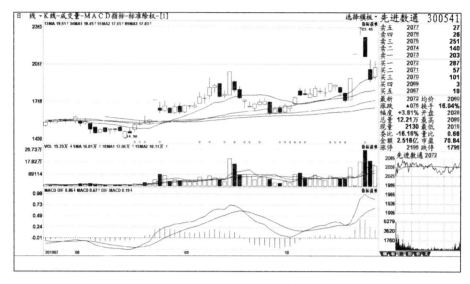

打仗要师出有名，炒股要进退有据（图五）

翌日，股价无量涨停，主力一手遮天，尽管你心花怒放，也知道当天不会打开，但眼睛会一眨不眨地盯到收盘，这是一份兴奋的惦记。

第三天，依然开盘即涨停，但接近收盘的最后一刻钟，涨停板被砸开，虽然很快就把口子堵上了，但留下的下影线让人心理发怵，15分钟图上出现【拖泥带水】的离场信号，而且换手率达21点多，毫无疑问，主力也不怀好意地派发不少筹码，之所以仍以涨停板报收，旨在安抚市场情绪，同时也为明天开盘抢占先机。

对于超级短线，不管股价第二天会不会继续拉涨停，只要当天出现卖点，就宁可信其有，不可信其无。坚决抛出，不能有一点含糊。

当一个人把所有的精力和时间从关注所谓的黑马转向关注股价质变节点的时候，才更有希望成为短线高手。遗憾的是，越是手无缚鸡之力的却越爱招惹是非。

有了自己的交易系统，你会发现，符合条件的股票屈指可数，而且会感到越来越孤独。当你在茫茫股海寻找【锁定冲天炮】的时候，更是孤独，除了认清它的形态，还要对上暗号。因为寻找它大费周章，所以得到它才快乐如斯。见图六。

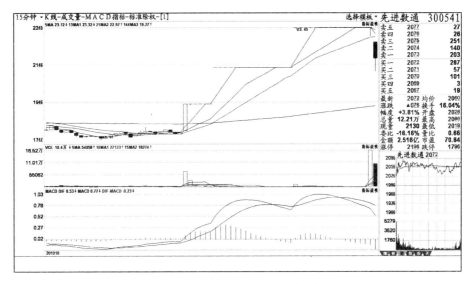

【拖泥带水】是调整信号，别侥幸（图六）

炒股，有时就像一场漫长的马拉松赛，看到一个又一个人超过自己，特别是被甩几条街，孑然一身时，就会产生一种孤独与绝望，这时候要为自己点燃一盏希望之灯，咬紧牙关坚持下去，也许才会迎来柳暗花明又一村。

4. **华北制药**（600812），该股前不久那次火箭式发射曾经成为市场一道亮丽的风景，人们啧啧称赞，大呼过瘾，然而真正挤进场的没有几个，羡慕之后心里空落落的。

股价升到预定位置后开始折返，在折返之前股价在云层里出现失速尾旋，犹如舰载机的模拟实验。当筹码被派发得差不多时，股价突然失重，然后呈自由落体，速度快得几乎让人睁不开眼，击穿55日线后又往下跌去一大截！

从图上看，主力释压时用了三组【浪子回头】，每一个浪子袭来，股价都会跌去一截，当三个浪子过后，股价已跌得面目全非，但同时也蕴藏着新的机会。因为，跌得越惨烈，反弹的力度就越强烈。老祖宗"事不过三"的话搁在那里，前两个浪子都没有把股价托起来，第三个浪子会不会绝处逢生呢？见图七。

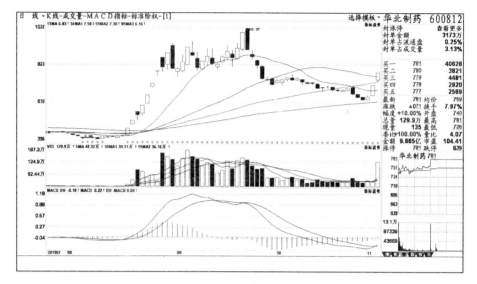

心要静，眼要动，进退有据不任性（图七）

谁刚入市的时候，都会争强好胜，与主力相处缺少理解和宽容，甚至与股市结下了不解的恩怨，直到吃过了几次亏再回头一看，觉得自己幼稚可笑。

禅宗讲，一化一世界，一叶一如来，什么形态能买，什么形态不能买，一定要心中有数。买到错误的点位上硬让股价揭竿而起，它不仅会消融掉你的资金，也会弄丢你蓬勃的激情。看问题可以深刻，但千万不要尖刻。

一个人能否赚钱，并非主要取决他的资金与技巧，而主要取决于他对规律的把握和对交易指令的虔诚。买与卖虽属个人行为，但须以不侵犯主力的尊严为前提。

借势：时势造英雄，读懂趋势，把握趋势才能赢得未来。赚小钱靠技术，赚大钱靠趋势。

借智：聪明的人不断总结自己的经验，智慧的人善于汲取别人的教训。间接的经验和长期的训练同样可以缩短探索成本，加快成功步伐。

借力：造船不如借船，大树下面好乘凉，学会借力，懂得感恩。没有主力罩着，谁认识你是谁啊。

每个形态都是有性格的，寻找和自己性格接近的形态，对那些心里容不下的形态不妨敬而远之。

炒股技巧无穷，唯形态最靠谱；股市变幻莫测，守纪方可立身。

但关注的股票越多，自我损耗越严重。每一只股票都会损耗一点心理能量，每消耗一点心理能量，执行力就会下降一个台阶。衡量一个人的操盘水准，除了他的进出点位的把握能力，重要的是他的定力。

频繁换股说明两个问题：一是切入点不当，买进去不涨；二是定力不够，管不住自己的心。有时不妨回头看看，你卖掉的个股只不过晚涨了几天，就沉不住气了，有时候忠诚比技能更重要。那些频繁换股的人，慌乱中往往会把股价所处的位置忘掉，假如我们把自己交给指令又会怎样呢？早就灿烂辉煌了。

第三个【浪子回头】以后，出现了阳克阴，而且是量价双覆盖。分时上也出现明显变化；指标线和均线都已完成金叉穿越，特别是【均线互换】完成以后，股价开始主动向 144 单位线靠拢。

翌日，股价跳空高开，然后以气吞山河之勇突破 144 单位线的反压，并且越过整理区，期待先前的火箭发射显然不现实，但【锁定冲天炮】还是可以办得到的。只要心口一致，手脚利落的只是获利多少的问题，这就是"冲天炮"告诉你的真理。

股价果然没有令人失望，站在涨停板上不停地冲你招手。

第三天，股价依然跳空高开，延续昨日攻势，眨眼工夫，股价上涨 8 个多点，随后出现【金蝉脱壳】，这是主力在放生啊，看明白了吗？

股价经过短期震荡又封了涨停，后悔吗？后来还上涨了几个点，遗憾吗？说不遗憾显然没说实话，但"只认指令，不管输赢"是超级短线必须遵循的规矩。

超级短线要注意两点：一是知道，二是知足。知道让你看得明白，知足让你赢得平淡。

知道进退有据，说明你已经把握了股价质变的节点；知足说明你知道了快乐的密码，其实，赚多赚少由主力说了算，我们的使命就是一丝不苟地执行指令，如果整天猴急地想抓涨停板，除了失落、失望、失魂，恐怕什么也得不到。见图八。

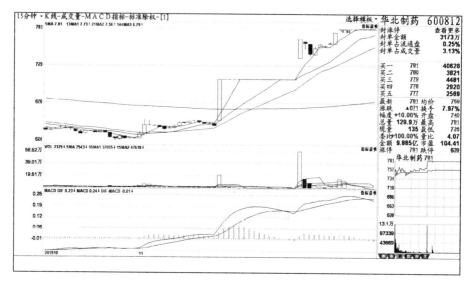

进出点位要知道，赚多赚少要知足（图八）

苏联有个著名话剧《前线》，塑造了卫国战争时期的老将军戈尔洛夫的形象。此人打仗勇敢、战功卓著，但刚愎自用，拒绝新事物，轻视军事科学，不接受现代作战方法，甚至不肯使用无线电指挥部队。对此，毛泽东指出："应该以戈尔洛夫为戒，紧紧同时代一起走。"

戈尔洛夫从一个战功卓著的正面典型沦为反面教材，究其原因，主要是经验主义作祟，夜郎自大，不肯与时俱进。在股市，唯一不变的就是变化，跟不上市场的步伐，跟不紧股价的节奏，迟早会被股市洪流所淘汰。一个人在选股上可以有所偏好，但不能排斥股价的变化。

得到了不该得到的，就一定会失去不该失去的；承受了别人承受不了的，就会享受别人享受不了的。

5. **杭钢股份**（600126），从历史走势看，该股每次除权以后都有着填权的记录，特别是最近的这次除权，第二天便心急火燎、急不可耐、马不停蹄展开轰轰烈烈的填权行动。

股价小幅推高，获利盘开始增多，于是主力就用【浪子回头】温和震仓，一招一式，都有板有眼，无可挑剔。主力在13日线附近来了个蜻蜓点水，股价的上涨立马戛然而止。见图九。

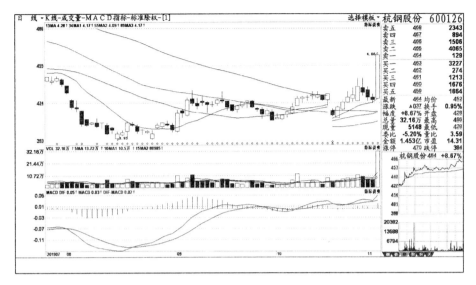

小浪子比大浪子更具爆发力（图九）

嶕嶢者易缺，太任性易招致主力怨恨。交易不要一意孤行，无关趋势的不妨多些忍让，但对指令要丁是丁、卯是卯，不能有丝毫的马虎。君不见，股市多少英雄豪杰云烟过眼，尽是流水落花。

在尊重规律的前提下，可以在一件注定要成功的事情上屡遭挫折，也不允许在注定要失败的事情上侥幸成功。顿悟不一定使人进步神速，却可以使人少走弯路。

从15分钟图上不难看出，主力故意让股价越走越低，最后索性击穿144单位线，这种压价逼仓只能蒙蔽不明真相的人，如果你了解它的市场意义，一定会喜出望外。

随着指标线的金叉穿越，股价不约而同地跳空高开，【锁定冲天炮】从144单位线下方横空出世，看明白怎么回事了吗？主力要发奖金了，赶紧进场抢红包。

由于受现行交易制度的制约，当天买进的，哪怕股价跌停也只能死挺。所以，在交易时要注意两点：一是日线上的形态位置要拿捏好，二是分时上的切入点越靠后越稳当。

翌日，股价毫无斗志地在那里比葫芦画瓢，指标线已经出现黏合状态，再继续调下去，指标线就会死叉，果真如此，就应考虑出局了。

在成交量的配合下，股价突破整理平台，虽然是有惊无险，却也不能大意，只要出现离场信号，可以先斩后奏。

下午开盘不久，图表上很快蹿出【一枝独秀】，说明上攻受阻，两个交易日十几个点的收获，还不知足吗？见图十。

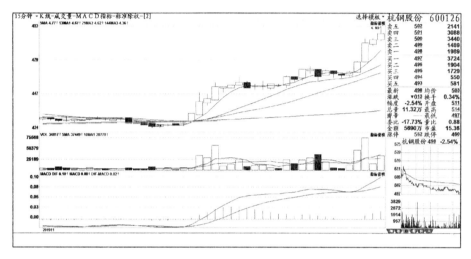

【一枝独秀】不是春，见此形态就走人（图十）

所谓的股市赢家都是时代的产物，巴菲特只能出现在美国而不是中国。赢家取决于两点：一是有没有历史机遇，二是个人的综合素质。

对赢家来说，炒股早已不是谋生的手段，对普通人来说，却是在寻求命运的改变。

成功需要能量的积蓄和热情的延续，每个困境都有它的存在价值，每个障碍都是超过自己的机会。也许你会被股市逼得走投无路，但当你意识到自己的后半生要一直与股市打交道时，就会全身心去拥抱自己的未来。

6. **密尔克卫**（603713），尽管它是只次新股，但实际上参与价值不大。11 元的发行价，一上市就发疯似的涨到 58 元，这种拔苗助长只能使它早早夭折，严重透支的行情把该股一生的辉煌瞬间就释放完了，难怪股民骂个不停。

上市造假，诚信缺失如同瘟疫蔓延，严重破坏了市场的形象和参与者的信心。

然而这一切并未影响到国人的炒股热情，股票依然在频繁易手，今天是你的，明天是他的，但谁也没赚到。

如果不能从根本上解决一级市场的问题，二级市场的刀口舔血将永远无法消除，这也是短线盛行的根源所在。别瞎想了，【一石两鸟】飞过来了。见图十一。

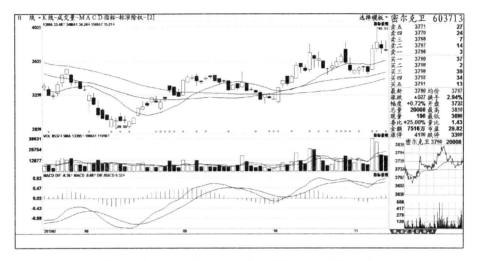

从形态上看得出的叫价格，从位置上看得出的叫价值（图十一）

在 15 分钟图上，股价始终在 144 单位线下窃窃私语，当它无话可说的时候便开始使坏了，通过压价逼仓构筑空头陷阱，并且还茅坑里拉屎暗使劲，指标线悄悄完成了金叉穿越，均线的 5 单位线上穿 13 单位线，股价已经开始【投石问路】了。

翌日，股价从 21 单位线上跳空高开，然后放量戳穿 144 单位线的压制，【锁定冲天炮】开始咆哮，不怕死的跟我冲。

走过南、闯过北，为你付出不后悔，再牛的人你别吹，没有冲天炮往哪飞？

虽然下午的表现不如上午好，但它已经尽力了。我们应该坦然接受现实。

第三天，股价平开低走，但瞬间就被拽了上来。在成交量的配合下，一举突破前期的制高点。但股价始终逃不脱"创新高必回调"的魔咒，而且出现【明修栈道】的离场信号。是该收拾行李，准备下车了。

我们不排除会有坐到终点的人，但【金蝉脱壳】出现后，你还会坚持吗？形态只会给你结果，却不会对你承诺。见图十二。

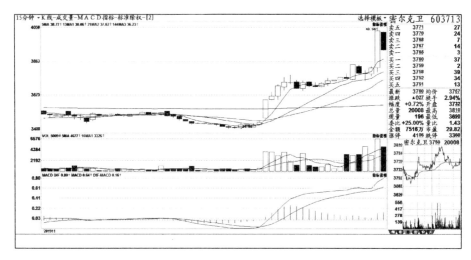

【明修栈道】和【金蝉脱壳】都是离场信号（图十二）

我要和形态握手，不管它是美丽还是丑陋，我都会把它们当成朋友；

我要和位置握手，因为不知天高地厚，没少在它面前栽跟头；

我要和主力握手，虽然我不是疯子，但是我也有呐喊奔跑的时候；

我要和指令握手，不管它是否灵验，它都会把我保佑；

我要和纪律握手，纵然它冷酷无情，却让我在险恶的江湖中行走；

我要和一剑封喉握手，虽然经常被它锁喉，但总能趁它不注意时逃走；

我要和独上高楼握手，虽然我没有沦为它的猎物，但是我也有落难的时候；

我要和冲天炮握手，尽管它不常惠顾我，但我珍惜它的罕见一瞅；

我要和趋势握手，它的金手指向一边，就能使整个股市阔步向前或者河水倒流。

7. **朗迪集团**（603726），在15分钟图上，股价完成探底，然后躲在底部区域悄悄议论着，没有一丁点儿要复仇的意思。

翌日，诡计多端的股价跳空高开，给人们来了个突然袭击，那凶狠劲儿就像一头纯种藏獒，对胆敢阻拦者一律格杀勿论，王者风范重现。

少顷，发疯的股价安静下来，顺势回落后再也找不到刚才张牙舞爪的影子。我们有过这样的遭遇：【锁定冲天炮】突然崛起，随即成了倒下的高山，那根巨大的阳线先把我们抛向高空，然后又被投进深渊。

实战中遇上这种情形，第二天务必择高出局，超级短线绝不恋战。

当这根巨大的长阳开始一点点剥落的时候，心里肯定不是滋味，盯了很久的【锁定冲天炮】，这么快就瓦解了，而且把自己逼到仓皇遁逃的田地，虽不心甘，却也士气大落，那表情像极了"急急如丧家之犬，惶惶如落网之鱼"。见图十三。

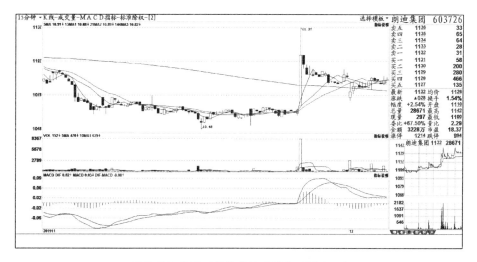

过长的阳线很可能导致连根拔起（图十三）

这个【锁定冲天炮】为什么会失败？原因有四个：

（1）前期整理不够充分，导致短促出击失败。

（2）股价离 144 单位线太远，过长的阳线有拔苗助长之嫌。

（3）涨幅过大，急于求成。要么封停，要么涨 3 个点左右。

（4）出现的时间点不对。【锁定冲天炮】一般在盘中"出其不意，攻其不备"，在早盘开炮的时候不多。

当我们今天有资格嘲笑昨天的自己，说明我们已经进步了；当我们为昨天落叶似的惶恐感到羞愧，表明我们在成长。

一个人热爱投资，就从热爱 K 线开始；一个人热爱股市，就从做好每一笔交易开始。哲学家黑格尔说：假如没有热爱，世界上一切伟大的事业都不会成功。热爱，是干事创业最具活力的"因子"。

8. 陆家嘴（600663），该股除权后有过一小段填权行情，但很快就走下坡路了。大约在 5 个月之后，在底部区域突然出现一个不规则的【绝处逢生】，言外之意，就是告诉人们以后我再也不这样浑浑噩噩下去了。"言必行，行必果"光表决心不行，还要看以后的表现。

从 15 分钟图上，我们看到股价正在底部区域进行热身，什么时间发动攻击，别管是谁都是一概不知。【均线互换】完成以后，股价开始慢慢移动。

下午开盘不久，股价按部就班地依次展开攻击，首先突破 144 日线防线，然后开始向纵深发展，但股价进攻速度越来越慢，明显力不从心，于是开始边打边撤，暂时没有造成溃败局面。当分时走完，这根电线杆似的大阳线有点扛不住了，逃跑的路已被堵死，要杀要剐随它便吧。

这时候才发现：我们不应只看到它诱人的身躯，还应注意到它没有毛发，不能穴居。当初没有买入的现在无须强迫了，这根巨量长阳之后，它将会变得风光不再，且每况愈下。然而人的欲望随着上涨的股价飞腾起来，风险早已丢在了脑后。

面对这根诱人的阳线，但凡识图有误的都会咬钩，而一旦咬钩就死定了。主力这时送来的绝对不是白花花的银子，而是鼓励你踊跃接盘，紧接着就是落井下石锁住你，让你想走也走不了。

有时，大刀阔斧的买进，迎来的却是野蛮的砸盘，面对飞来横祸，所有的一切都顷刻瓦解。你再从容不迫，你再不屑一顾，但当天买进不能当天卖出，哪怕它用跌停来羞辱你，也只能忍气吞声地接受。但有两点要记住：一是任何时候都不允许满仓，二是没有大势配合绝不孤军深入。

翌日，股价低开低走，先是均线死叉，它对股价说，我顶不住了。然后指标线死叉，它也对股价说，我也顶不住了。买进即套，多数属于抢点，应择高出局，不可心存侥幸。造成的亏损虽心如刀绞，但不许优柔寡断。把做超级短线作为一种盈利模式是可以的，但百炼钢化为绕指柔。严格说来，做超级短线需要一种盘感。

一只股票，即使你再喜欢它，也要将它移交下去。不断易手是股票的特性，在你买它之前不知多少人曾经拥有过它，也不清楚它有过怎样的经历。所以，持有股票时要格外小心。

炒股总是充满惊喜和失落，有恰到好处的买进，也有撕心裂肺的卖出，但不管成功与失败，我们总在经历，也在不断地成长。见图十四。

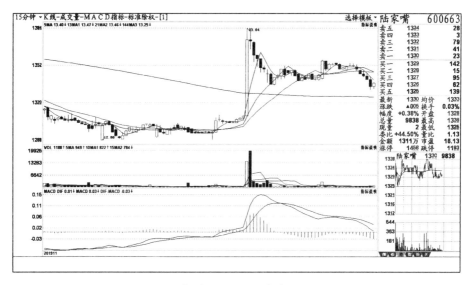

遇上碰炮赶紧撤退，不可恋战（图十四）

交易失利会产生两种行为：放弃和愤怒。放弃那叫没出息，愤怒那是恶心自己。而那些依然我行我素的人，要么成为疯子，要么成为传奇。

炒股要有真本事，不然别说赚不到钱，恐怕连本金也保不住。什么才算真本事呢？就是把对股价质变节点的认知准确地运用到实践中，然后带着些许利润出来。同时给喜欢短线的提两条十分苛刻的要求：有机会当机立断，没机会养精蓄锐。人的本事有大小，忠于指令就好。但本事不是与生俱来，也不是永恒不变的。能不能成为有本事的人取决于你后天的努力。

9. 丰原药业（000153），钱少和无知不是亏损的原因，傲慢才是。

股价先有一波拉升，接着就公布【锁定冲天炮】的制造流程：横盘→击穿 144 单位线→压价逼仓→指标线金叉→均线系统多排→起涨形态。

在 15 分钟图上，我们注意到，股价经过这一系列的准备，开始【三军集结】了，【锁定冲天炮】的序幕即将拉开。

11 时许，成交量温和放大，股价重新站上 144 单位线，【锁定冲天炮】名正言顺地发出进场邀请，然后马不停蹄地直扑涨停板。

翌日，股价高开低走，虽然瞬间被拉回，但【拖泥带水】却发出离场信号。从整体走势看，好戏还在后头，但对眼下的离场信号不能置之不理，这就是短线的短板，鱼和熊掌不可兼得。见图十五。

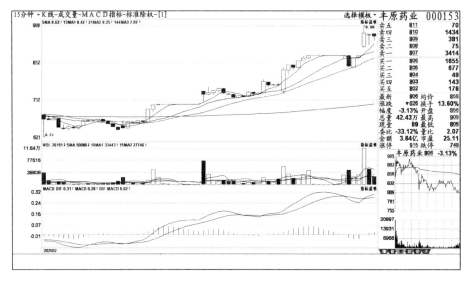

【锁定冲天炮】，短线致富宝（图十五）

市场就是哪里有钱赚就往哪里去，哪里赚得多就往哪里去，有时灾难中也会遇到千载难逢的机会。市场的嗅觉灵敏得很，哪里有利可图人就出现在哪里。

但超级短线有着自己独特的条件，比如，明确的攻击形态、适当的位置，还有精准的识别和快速的反应能力等。人的认识总是先接触现象，通过现象找出原理，总之，要让自己心里有底，没有底是不能贸然行动的。

我们把目光回到日线上，春节后开盘第一天，大盘受"疫情"影响，除医药股在市场上点起星星之火外，大盘几乎跌停，个股纷纷躲在跌停板里不出门。然而丰原药业遭遇突如其来的天灾，没有忘记自己的使命，该股经过痛苦的挣扎与反抗，终于撬开跌停板，义无反顾地冲入"救灾第一线"。

这次股灾来得猝不及防，对所有中国股民的打击是沉痛的，这是自2015年股灾以来的急刹车，但也是为中国股市雄起积蓄力量，它让中国股民有足够的时间沉思和回望。

翌日，大盘【绝处逢生】，市场恐慌一片（详见四川人民出版社 2018年 4 月《下一个百万富翁》第 3 版），该股挺身而出率先封停，为提振市场士气立下汗马功劳。

第三天，股价攻击态势依然不减，只是冲击前高点时，涨停板被撕开一个缺口，几经反扑无果，干脆就在盘中进行战时快速换手，实力不可小觑。

第四天，股价低开低走，瞬间拉回，然后突破前期高点，强势封停。

第五天，股价高开高走，量价齐心，攻势凌厉。就在股价涨到 9 个多点、正要冲击涨停板的时候，股价突然在空中停顿三秒，然后掉头向下，这个动作太熟悉了，以前没少吃它的亏，这是要撤退呀。你稳住，我撤退不行吗？

形态是最好的显影剂，【一剑封喉】出来以后，股价便开始下沉，有多少无辜的生命被扔在了山顶，有多少不盈反亏者被这个形态深深套住，又有多少冲锋陷阵的勇士折戟沉沙，巨大的成交量也没有挽救摇摇欲坠的股价。见图十六。

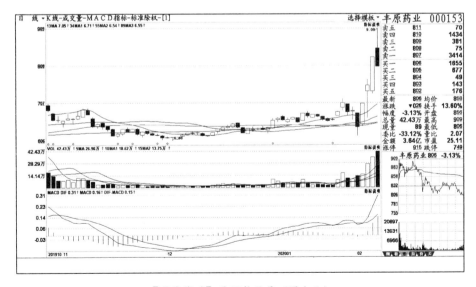

【明修栈道】是调整信号（图十六）

哪有什么短线高手，不过是百炼成钢；哪有什么人生开挂，不过是厚积薄发。你有多少努力，就会有多少机遇。

股市是面放大镜，照出无知之人的真无知、有本事之人的真本事、奸诈之人的真奸诈、愚蠢之人的真愚蠢。

◉ **买进时机**

股价突破 144 单位线时大胆进场。

◉ **友情提示**

1. 要求指标线完成金叉穿越，并且提前到达指定位置。
2. 144 单位线走平，攻击点不得离它太远。
3. 发射时机的随机性很强，日线上能够找出它的影子。

做超级短线需要一种条件反射，
既不能彩排，也没时间思考，凭的全
是经验的累积和临战的盘感。

第七章 轻抚两只鸟

◉ 形态特征

在日线上发现【一石两鸟】以后，立即转入 15 分钟图，只要指标线完
成金叉穿越，分时又有明确的切入点，即可跟进。这样做的好处是：抢占
先机，等日线确认时股价已涨了一大截，在第二根阴线进场又担心股价继
续下掉，所以，寻求分时线切入能争取主动权。我们把日线搜索，分时切
入的操作模式，称之为【轻抚两只鸟】。见下图。

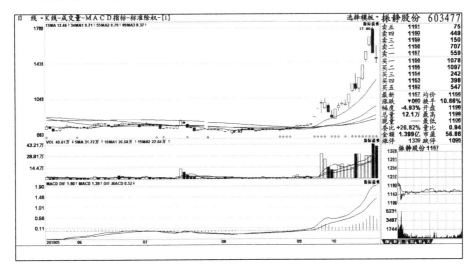

【一石两鸟】是上升途中的震仓

◉ 经典记忆

1. **扬农化工**（600486），短线高手是质量与数量的统一。没有数量的
积累就不可能有质量的突破，没有质量的提升就完不成财富的积累。体面
地买进，那是指令的召唤；优雅地抛出，那才是涨跌规律使然。

"股灾"之前，该股走出了一年慢牛行情，股价从 17.90 元升至 50.40
元，涨幅 182%。"股灾"之后，仅仅 17 个交易日股价就从 50 多元变成 19
元多。再牛的股最后也要大江东去，金乌西坠，何况还有许多无法预测的
情况会不期而至。

跌落至谷底的股价早已风光不再，它离群索居，独自疗伤。一年后，
股价默默完成【海底捞月】的构筑，为驱逐获利盘进行了两个多月的清
洗，通过充分的换手，市场平均持股成本趋于一致。盘中主力是一根筋，
继续使用【海底捞月】作为行情的起涨点。可见，主力对它情有独钟，随
后该股延续过去的慢牛走势，晃晃悠悠、慢慢腾腾地折腾了一年，股价从
30 多元升到 60 多元。不久，股价重新被打回起涨的原点，坚持进退有据，
获利是必然的，若是捉风捕影凑热闹恐怕早已被折腾得筋疲力尽。正当人
们感到回涨无望时，股价又悄悄完成【海底捞月】的构筑，"千招熟不如
一招巧"，主力对这个战术早已驾轻就熟，所以股价运行起来找不出毛病。

只是，这次的【海底捞月】有别于前两次的震荡模式，而是采取单边
上升，股价沿着 13 日均线顽强爬升，不到两个月又从 35.15 元拉升到
71.87 元。为了再创辉煌，主力像训练有素的军人那样全力以赴，如偏执
狂一般坚韧，在无数次的潮起潮落中成就了一个市场搏击者的传奇。

当一个人的行为不受任何约束时，他基本上就被废掉了；一个在股市
完全放飞自我的人，最终都会被摔得粉碎，只有那些只认指令、不管输赢
的人才是真正的股市赢家。

别看散户是弱势群体，但个个都是"将军未挂封侯印，腰下常悬带血
刀"的好战分子，那些不甘寂寞的个股总是不择手段地诱杀他们，铤而走
险是要付出代价的。

【拖泥带水】结束了此次行情，那些质疑它的市场意义的人，只能眼
睁睁看着股价悬崖式下探。

为什么人们宁肯买了套着，也不愿意让资金闲置？一是认为资金周转越快利润就越多；二是不想让资金闲置，但又不知道具体的切入点，全靠蒙撞运气，结果要么被拘留，要么被罚款；三是人性使然，没有金刚钻，还总想揽个瓷器活儿，心浮气躁又管不住自己的手。

米兰·昆德拉说："永远不要认为我们可以逃避，我们的每一步都决定着最后的结局，我们的脚步正走向我们选择的终点。"多数人都是从一只股票开始，又在另一只股票中落幕。而短线高手心里仿佛有一片草地，留给那个寂寞的自己。

只有股市赢家才会借股市风云际会、群雄逐鹿之势，纳雷霆于形态，排山倒海，摧枯拉朽，揭示出股价涨跌的临界点，这个临界点不是人为造出来的，而是劳其心、履其险、砺其志、成其形，然后自成一体。135 战法的超级短线如冰山一角，是虎之须，凤之尾。

经过 7 个多月的充分整理以后，股价再次出现【海底捞月】的攻击形态，联系到它的以前，累计升幅已经很大了，主力重蹈覆辙，难道股价还会创造奇迹？

我们不能去猜，也不要去赌，一切让形态说了算。

【海底捞月】是 135 战法的经典攻击形态之一，它的出现预示着鸿鹄一飞，便有千里之志。【均线互换】完成以后，标志着上升通道再次被打开，只是这一次在它上升之前，主力对盘中筹码进行了有条件的清洗。当股价重新站上 13 日均线以后，原来掖着藏着的能量突然迸发，变得咄咄逼人、招招致命。

在上升途中，主力相继用了两个【一石两鸟】进行震仓，但每一次都有新花样，做超级短线又找不到切入点，让人心里痒痒的。

有时，过于在乎便失去了机会，过于执着会成为一种负担；有时，过于算计便成为一种羁绊，过于迷失便成为一种痛苦。在喜欢的领域做自己擅长的事，更容易获得成功。

成熟不是写在脸上的表情，而是藏在心里的淡定。比如，在涨跌面前不惊慌失措，在买卖的时候不斤斤计较，遇到意外不手忙脚乱，交易失利不捶胸顿足。成熟不在于遇到事情的多少，而在于对待事情的态度。

光阴荏苒，时光如梭。第三个【一石两鸟】脱颖而出，不知这次有没有牵手的机会？见图一。

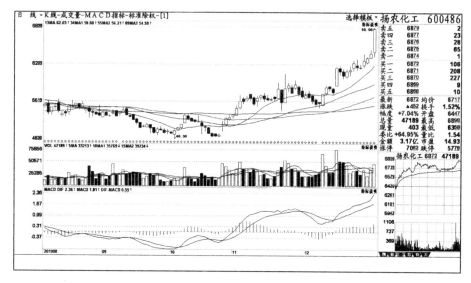

【一石两鸟】属于震仓，但短线也有机会（图一）

愤怒是脱缰的野马，若不加以控制，就会付出代价。清醒的时候，只认指令才不会走样；糊涂的时候，专心致志地读书；郁闷的时候，出去走走；独处的时候，思考总结。人生需要定时按暂停键，尽管这个暂停会使人很不适应，甚至会很惨痛，但每个人不得不经历也不得不面对。

"能受天磨真铁汉，不遭人妒是庸才。"时间不语，却能改变很多东西；岁月无情，却能沉淀很多规律。炒股就是一场天翻地覆换位思考，它磨平了我们的棱角，改变了我们的心态，纠正了我们的错误。

翌日，第一时间段【急蹿大步追】兴高采烈地迎接八面来客，只是它的心不够诚，位置偏高，观望或者伺机进场。行将收盘时，【海底捞月】发出进场提示，但买入要适量。

第三天，股价缩量整理，既没出现卖出信号，也未发出加仓信号，原则上讲，短线不应有加仓或减仓，可以持股待涨，但必须全进全出。

第四天，缩量依旧。

第五天，上午11时，【一枝独秀】发出离场信号，不管你有什么想法，现在必须抛出。虽然也是获利出局，但不够爽，短线就是快刀斩乱麻。见图二。

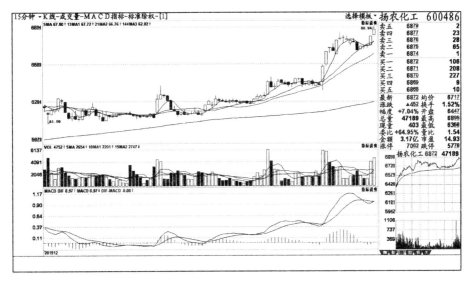

【一枝独秀】是见顶形态，出局（图二）

中国有多少人没坐过飞机？经济学家李迅雷先生根据数据测算：中国人大约10亿人没坐过飞机。是不是比你想的要多？那么没出过国的中国人有多少？

2018年全年，中国出境游1.4亿人次，不少了，但人次必然大于人数，根据2016年11月的数据，中国有效的因私护照1.2亿本，也就是说91%的中国人连出国必备的护照都没有，超过13亿人从来没有踏出国门。

在中国读博士和年入百万这两件事情，有多难呢？从1978年到2017年的40年时间，中国博士招生累计超过115万人，但是毕业获得博士学位的人数最多只有80万人，还有35万人延期或者被淘汰。14亿人只有80万博士，博士学位难度可想而知。

年入百万和博士学位哪个更难呢？2018年如果你一年净收入超过24336元，你就超过了一半的同胞了；如果你月收入达到5000元，你就超过了全国95%的人。根据大数据分析，年收入超过100万的中国人大概是每1万人里只有5人，全中国约70万人。所以，年收入百万比拿博士学位还要难。有人肯定不服，我好几个朋友年入百万，见过的博士、教授甚至院士也不少。华为公司年入百万的人就更多，所以不要被自己生活的小圈子影响了对真实世界的判断，对生活认知的广度决定了你看待问题并且解决问题的角度，能从全局角度解决特殊问题，是短线高手必备的素质。

2. **天通股份**（600330），自从【红杏出墙】站上 13 日线，确认股价见底之后，该股才渐渐苏醒，先是小步密走，但【投石问路】成功以后，上攻速度突然变得大步流星，最后竟然像一发疯似的，谁也无法阻止它。有底气，才有发飙的资本。

当股价行走至前高点时，聪明的主力干脆用涨停板突破前期整理平台，如此一来，场内的不再叫嚣着要冲出堤岸，场外的干着急也进不了场，盘中主力做起盘来显得非常老道。

涨停板的第二天，股价平开高走，昨日没有进场的在集合竞价时就开始夹塞了，原指望再度涨停风光一把，没想到主力不予配合，股价走势正好和自己的想法相反。懂技术者知道股价要调整了，纷纷获利了结，当天进场的可就傻眼了。他们的被套还真不值得同情，因为，从【投石问路】到涨停板，中间有很多机会，为何偏偏在涨停板之后飞蛾扑火呢？传统 K 线上有个说法叫"三阳必卖"，该股连拉了 6 根阳线，而且是一根比一根大，所以，被套住的得长点记性了。

第三天依然是缩量阴线，昨天跟进的见上涨无望，于是认亏出局了。只要对技术略知一二的都不会这时候出局，因为它是标准的【一石两鸟】，其市场含义就是通过震仓实现换手，减轻未来拉抬之阻力。面对【一石两鸟】应该择机跟进才对，起码不应抛出。踏不对股价的节奏，都属于出力不讨好。

中国汉字除了视觉上的审美，还蕴含着深刻智慧，参悟汉字玄机，道尽人生真谛。比如，"停"的意思是暂时停下，这是为了更好地前行。中国古代的驿道，每隔一段距离便有一座亭子，"人"和"亭"靠着，便成了"停"。驿道旁建造小亭子是为了让人们暂时停下疲累的脚步，在"停"中补充体力、蓄积精神，好让后面的路走得更轻松、更快捷。"停"就是为了更好地走，这就是它的人生智慧。

股价向上拉一阵子，就会停下来清理获利盘，这种停顿，是为了以后更好地上涨。这就是【一石两鸟】提示的市场意义。见图三。

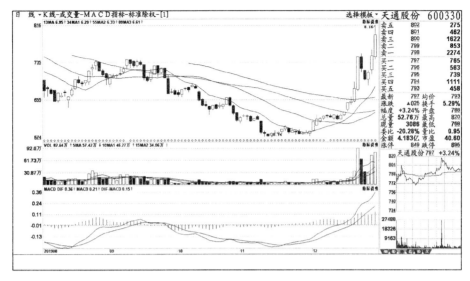

【一石两鸟】属于震仓，伺机进场（图三）

135战法有个心照不宣的交易天规：追随股价的运行方向，不莫名其妙地被逆行的股价辗死。所以，有些事情能做，有些事情不能做。当我们准备介入某只股票时，必须给予其过往走势应有的尊重，而且所有股价质变节点都是量变的结果。种树者必培其根，交易者必养其心。

股价在低位横盘时，建完仓的要忍字当头，哪怕在里面装死，也不要毛手毛脚地乱动，这种看似风平浪静，其实一切都是水到渠成。

股价的涨跌牵扯到方方面面的利益，比如随意动别人的荷包，肯定会遭到疯狂反扑。所以，炒股应该有个规矩，不管买卖都要有个理由。

什么叫交易自觉？一是对股价的运行规律有深刻领悟，二是能按照股价质变的节点进行适当交易，三是自觉做交易规则的守护者。

一个只认指令的人是不会计较后果的，他更在乎执行的过程。他可以不挣钱，但一定会服从指挥，即使实战中做得再顺手，他也不会让欲望把自己给吞没。

王安石20岁时进京赶考，元宵节时路过一地，一大户人家悬灯出题招亲，联曰："走马灯，灯走马，灯熄马停步"，王安石不会答，却记在心中。

到京后谁知主考官所出之联竟是："飞虎旗，旗飞虎，旗卷虎藏身"，王安石提笔就以招亲联作答，得中进士。衣锦还乡时发现那联居然仍未有人对出，王安石便以考题联作答，竟然又得了一个漂亮媳妇。

这个故事告诉我们：要有足够的耐心等待机会的来临。

超级短线讲究准和快，但不能急。准，就是切入点和所处的位置都刚刚好；快，就是快刀斩乱麻，只认指令，不管输赢，始终保持高昂的斗志。超级短线还有一个至关重要的因素：稳，控制情绪、拒绝诱惑，有足够的耐心等待机会的来临。

情绪控制能力，决定一个人的投资高度。控制好自己的情绪，就不会再为自己行为重复买单。不知你想过没有，难为你的不是主力，而是你不安的内心。情绪是把双刃剑，使用得好，它就为你冲锋陷阵死而无憾，用得不好，它会毫不留情地毁掉你的前程。

当掌握一套方法后，坚持进退有据就可以了，从此以后，再也不用纠结那些本不该自己承担的忧虑。卖出信号发出后，持有的股票不要握得太紧，该放手的就不要再挽留。

在大盘处于单边下跌的时候，就静下来看看书，可以喝喝茶、听听音乐，在股市这片神奇的土地上，只有在约束中才能自由地奔跑，只有在指令的保护下才可以安全地穿梭。

无论是日线还是 15 分钟图，都可以清晰地看到股价先有一大波拉升，在缩量整理的过程中，指标线完成金叉穿越，提前进入预定攻击位置。然后，5 单位线上穿 21 单位线，股价正好落在金叉之上，【红衣侠女】显而易见，上攻行情指日可待。也就是说，我们用了两天时间，终于在分时上拿到了入场券。有人说，机会是抢出来的，其实不然，机会都是等出来的。

【轻抚两只鸟】，意思是指仓位要轻，因为日线上的【一石两鸟】需要量和价的双重确认，分时上【轻抚两只鸟】只是给我们一个提前进场的机会，并非帮我们锁定利润。而且由于是轻仓试探，即使形态失败也不会导致大的损失。如果试探成功，还可以按确认的日线加仓。

此后，股价沿着 5 日线波浪式推进，嬉戏打闹够了，【一枝独秀】恰好出来叫停，你可以暂时观望，也可以暂时幻想，但是当【金蝉脱壳】出来清场时，你一定得给它个面子。见图四。

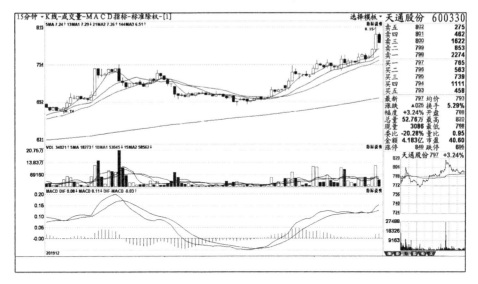

【金蝉脱壳】是离场信号，先执行（图四）

生活中没有必要委屈自己讨好别人，但股市里必须看主力的脸色行事，因为不按主力意图办事，别说赚钱，生存都很困难。

如果形态只是简单地用来展示，也许它的意义没有那么大，但如果形态能够转化成财富或者瞬间让财富化成灰烬，那就应该特别重视它。

有人问毕加索："你的画怎么看不懂啊？"

毕加索说："听过鸟叫吗？"

"听过。"

"好听吗？"

"好听。"

"你听得懂吗？"

对于那些至今还看不明白形态的人，请你停下疾驰的脚步，等一等自己的灵魂。"忙"字由"心"和"亡"两部分组成，意思是人一忙就把心给丢了。忙中出错、忙中出乱，因为忙着忙着就把心给丢了，一个不带心或无心之人，交易又怎能不出错？

焦虑、浮躁、不安、匆忙，最容易丢失一个人的心，静下来，让心回来，买卖才会从容。

静可以沉淀浮躁、过滤浅薄。学会以平静的心观察股市，以纯净的心理解形态。形态使人忘记位置，位置也使人忘记形态。

虚心向主力学习的人，说明你摆正了自己的位置。散户如同蒲公英，看似自由，实则身不由己。抱怨主力，就是折磨自己。

在卖出形态出现以后，不要奢望它明天继续上涨，更不要去赌股价的未来，决定输赢的取决于当下的断然一击。越是你看好的股票，伤你越是重。有些事不是不在意，而是在意了又能怎么样，凡事尽力就好，别太苛求自己。

上到西，下到东，炒股如同采花蜂，采万花，酿成蜜，不懂交易一场空。

春夏秋冬如人生，过夏入秋通寒冬，看破涨跌心想通，进退失据一世穷。

股市本质是个零，追涨杀跌都不行，若想炒股把钱赚，买时有令卖有形。

赚钱的人，总在上升通道中为股价添茶倒水；亏损的人，总在下降通道中劫持股价。一个心静如水的人，听逝去的黑马，不为利牵动灵魂；看落败的股价，不为恨遮住双眸。做纯粹的交易者，简单快乐却不失深沉，不为岁月流逝而黯然神伤，不为财富远去而低吟浅唱。买卖不温不火，交易简单快乐；把握形态细节，散户也能成佛。

一个合格的交易者，可以把所有的困难一饮而尽，埋在心底，永远带着阳光前行，就像不曾受过伤。买入是我干杯、你随意的畅快，卖出是我离开、你坚守的真诚。你有你的路要走，我有我的梦要追，表面看，人人都忙得一塌糊涂，却又各自藏着难言之隐。

其实，在探索的路上，我们一直在付出，也一直在收获；我们一直奔行，也一直失去。但我们不能叹息，也不能悲观抱怨，而是隐忍地把伤口简单地包扎一下，埋在心底，因为我们给别人诉说的秘密转眼就会成为别人的笑柄。悲伤只适合说给自己听，然后把它带到坟墓中去。

混迹股市，总有些难言之隐无处诉说，只能任由悲伤像藤蔓缠绕心房，绕了一圈又一圈。但每一个历经沧桑的人都有过人之处，他们的生命里写满了故事。有的不曾经历大起大落，但心早已千疮百孔，命运注定要迎接更多的伤痛、经历更多的挫败。失利不过是生于贪婪又无力走出恐惧的困境，只有把欲望收起来，才会更快地接近梦想。

3. 国检集团（603060），该股过去蹿得太高，今天却又摔得太低。这是不是哲学上的"否定之否定"规律在股市里的具体表现呢？换言之，再风光的股票也有风水轮流转的时候。

我们之所以不厌其烦地分析股票日线的来龙去脉，就是为了少吃骗线，在做短线的时候更加有的放矢。有时候，日线上发现【一石两鸟】，分时上却找不到切入点，想轻抚它一下，却不给机会。有时候，日线上的形态并不明显，但分时线上发出买进信号，同样不能跟进。规矩就是规矩，没有日线作依托，再好的小鸟也不要去逮。

【轻抚两只鸟】，就是先从日线上找到合适的【一石两鸟】，然后从分时上去接近它。抛弃日线用分时或纯粹用分时，都是非常危险的。

【轻抚两只鸟】，就是轻仓试探的意思，要求下手不能太狠。"轻抚"两个字蕴含着形态有可能失败，如果重仓两鸟，结果把老鸟也击沉了，变成三只、四只怎么办？是补仓还是死抗？都不是，是清仓出局，这是超级短线的规矩，而且短线只能止损，不能自救。

超级短线人人渴望，但要成为真正的短线高手却是非常困难的事情。少数胜出，大多数一地鸡毛。每一个短线高手的诞生，都是以无比勤奋为前提，要么是血，要么是汗，要么是大把大把的时光。

该股除权以后，先是往上抛了一下，接着就使劲往下摔。随着13日均线的走平，可爱的红杏爬上了墙，然后股价循规蹈矩，按部就班地见过三个高点，股价也从17.66元升至25.98元，涨幅70%。这一路走来虽然不是风和日丽，但也不是风雨交加，有过【一石两鸟】飞过，但分时上找不到切入点，所以只能欣赏。短线不是今天买进、明天卖出那么简单，它对进出点位有着更加苛刻的要求。

散户有时候在股市那么隐忍，为什么没有获得主力的认可？一个手无寸钱就敢挑战股市的人，一个不顾家人的劝阻就敢于把家里的所有积蓄全部砸向股市的人，一个敢借高利贷到股市做最后一搏的人，一个随心所欲去挑衅主力的人，是永远成不了短线高手的，因为他已经疯了。

忘记了指令和纪律，一味地与主力争夺利益，那叫有眼不识泰山。任何奢望没有汗水就能轻松收获的企图，其苦果终究要自己品尝。

事不三思终有败，人能百忍则无忧。聪明人不是在每个方面都出类拔萃，而是在众多选项中有智慧的取舍。

泰戈尔说："完全理智的心，恰如一柄全是锋刃的刀，会叫使用它的人手上流血。"《红楼梦》中的王熙凤一生都精于计算，结果"机关算尽太聪明，反误了卿卿性命"；《三国演义》中的杨修过于聪明，自以为智计无双，最终却被自己的一句"食之无用，弃之可惜"葬送了性命。

于是，孔子说中庸，老子说无为，庄子说逍遥，墨子说非攻，如来说忘我。佛说，人不可太尽，事不可太清，凡事太尽，缘分势必早尽。

这些年我奋斗过，也空虚过；得到过，也失去过；岁月滤去了热情的浮躁，增添了理性的沉着。弄懂了过去不知道的东西，也看清了无知的自己。智者所能有限，能者所悟无极。百川归海，都是由动到静；万物齐一，皆有苦辣酸甜。

股价见底后，做过一个上涨调整底，但不够完美，后来的走势无论是均线还是K线都略显凌乱，甚至在55日均线尚未走平的情况下，【一石两鸟】出来了。见图五。

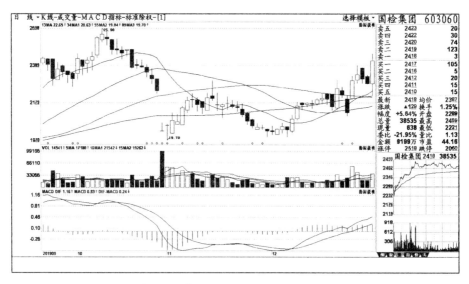

【一石两鸟】是震仓，可关注（图五）

为什么长期混迹股市却不赚钱？因为他缺乏专注力。专注需要消耗毅力，需要有着强大的自律去杜绝诱惑。

什么是专注力？专注力是一个人交易时的心理状态。把整个身心投入到一件事上，继而进入一种完全沉浸式、充实而忘我的境界。

以下三种人是不适合做短线的，有兴趣的不妨对号入座：

（1）由于不赚钱，所以压力越来越大，而这种压力和焦虑，会加快人脑的老化速度，患上"注意力缺损症"。

（2）因为每天会看到大量碎片化信息，所以对某些信息已经养成了盲目轻信的习惯，但凡没有经过专业训练的，我们的脑容量很难深度处理那么多的信息，大大增加了人们分心的机会，专注在某件事上的时间在不断缩短。

（3）在涨幅榜上，多数人进入一种"奶头乐"的状态，进而丧失深度思考和正确的选择能力。

从 15 分钟图上看，回落的股价顺势探了一下 144 单位线，做【伏击支撑位】可在集合竞价时提前埋单，做【轻抚两只鸟】的，应打开分时观察它的动向。

上午 10 时许，指标线和均线同步金叉，面对突然上涨的股价，被套的害怕再跌下来，纷纷望风而逃，盘中主力大大方方接过散落筹码，后来的上攻由于底气十足，纵横如无人之地；场外观望的起初是半信半疑，当决心下定准备跟进之时，股价早已爬上新的台阶，让人有一种施展不开拳脚的感觉，进而困惑起来。

谁知好景不长，下午开盘以后，股价显得一点积极性也没有，而且很不雅地躺到收盘。

翌日，股价高开低走，指标线和均线同步下叉，表明前景暗淡，择高出局，不容再等。

法国的勒庞有本《乌合之众：大众心理研究》的书，大概说的是人在群体之中最容易去个性化，丧失独立思考的能力，从而轻易地被群体裹挟，做出疯狂的行为。

面对无限开阔的网络世界，信息核爆炸，很多人只有情绪，根本不去求证。凡是你想象不到的事情，股市里都可能发生，凡是你希望发生的事情，却绝对不会出现。

我们始终有一种错觉，以为所有的买卖都源自我们自己的内心。其实不是这样的，个人一旦成为群体里的一员，就觉得对自己的所作所为不必承担责任，不受约束的信口开河即使达成共识也替代不了股价质变的节点。而且有一个趋势，交流得越多，自己的智商降低得越快。因为交流会产生两种结果：要么锦上添花，要么落井下石。见图六。

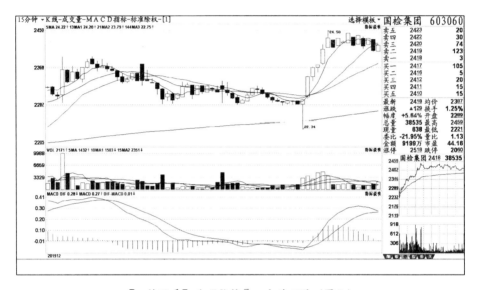

【一枝独秀】是调整信号，主动回避（图六）

炒股就像煮饺子，不在沸水中翻滚就不会熟。时间是皮，经历是馅，酸甜苦辣皆为滋味，毅力和信心正是饺子皮上的褶皱。没有经历做馅，不懂装懂，皮就容易破，所有的经历都是财富。

4. **中微公司**（688012），作为科创板首批上市的股市骄子，上市当天就表现不俗，股价从 29.01 元升到 125 元，涨幅 330%，盘中振幅超过100%，75% 的换手率表明看好它的人还真不少。不过，举着两头冒尖的大阴线鸣锣收兵，多少让人感到有些失望。

为了消除人们的疑惑，股价第二天就止跌企稳，虽说刚出道看不出它本事大小，但一阵忙活之后，反弹幅度超过 20%，尽管还很卖力，但毕竟提前透支了行情，最好的方法就是休养生息，于是该股非常识趣地踏上了寻亲之路。

当股价的跌幅大大超过黄金分割点时，股价依然没有止跌的迹象，人们开始变得恐慌起来，直到【一锤定音】出现才稍微松了一口气，它是

135 战法五个止跌形态之一，因为它的出现，所以下跌空间封闭了。

同样一瓶饮料，便利店卖 2 块钱，五星饭店卖 60 块钱，价值取决于所处的地方。同样，相同的形态出现在不同的位置，其含金量也是不一样的。

经验可以使人少走弯路，但它有个副作用，就是总以为过去的做法适合所有的东西。因此，即使恪守进退有据，也要坚守守仓底线。

沉淀自己，别把自己折腾得太累；尤其主力在低位横盘时，要敢于往它怀里扑。认准的形态，别去想未来。主力经常利用你的期待让你哑巴吃黄连。

在上涨途中满仓是壮举，在下降途中空仓是本事。当我们越想获得更多利益的时候，却常常沉溺于涨涨跌跌之间，假如做完几笔交易能够空仓一段时间，到手的利润就不会再打水漂。

财富是股市里一块最费思量的诱饵，当你没有得到的时候，它让你魂牵梦萦，可一旦得到，又会变得忘乎所以。树叶过河，全靠一股子浪劲。

本事不大，就不要太任性，否则你会遇到很多麻烦；能力不够，欲望就不要太高，否则你会很痛苦。在没有实力之前，任何想法都显得苍白无力。

买卖，无非亏亏盈盈；形态，不过胖胖瘦瘦；位置，只是高高低低。别小看这一字之差，穷富就分出来了。

人这一生，两手空空来，孑然一身走，无论生前多么荣耀，死后也带不走任何东西，正所谓"千秋万岁名，寂寞身后事"。但我告诉你，人活着的时候，没有足够的可支配资金，你的日子会很难过的，所以在你还没有尝到成功滋味时，别老拿知足常乐去掩盖自己的无能。一天一眨眼，一年一秋寒，一生一叹息。

【一阳穿三线】的出现，标志着该股的起死回生，标志着它迎来了自己的第二个春天，如果你遇上这个形态，你会放过这个改变命运的机会吗？

大刀阔斧地买入，固然满足一时的快感，但不一定给你带来财富的增长。在交易过程中，有太多东西被忽略，一旦陷入随意买卖，就很难沉下心做基本功的训练。涨幅榜让我们眼花缭乱，必然造成"高刺激阈值"现象，很多人抵挡不住赚快钱的诱惑，再也不想守候自己千辛万苦选出来的自选股，从此坠落了。

　　人没有自己的理念和方法，很容易受到股市诱惑，原来的行为方式、思维模式、判断能力都会受到不同程度的影响。特别是低成本得来资讯情况下，深度思考也会变得越来越少。

　　布热津斯基说："人们将逐渐失去自主思考和判断的能力，最终会期望媒体为他们进行思考，并做出判断。"当我们连独自思考的能力都没有的时候，又怎么可能在尔虞我诈的股市里明哲保身呢？

　　上升途中的股价抑扬顿挫，显得非常有节奏感，我们没有未卜先知的能力，算不出黑马哪天出栏，也猜不透哪天离去，但形态总在默默地帮助我们，只要你不再自以为是，股市就不会再歧视你。看似错综复杂的股市，悟透了就是四个字："尖""斌""卡""引"。

　　"尖"，能大能小。与主力沟通要有眼力价，进出点位要注意轻重缓急。

　　"斌"，能文能武。文能与庄吟诗对饮，武能随庄出征，死打硬拼。

　　"卡"，能上能下。善攻者动于九天之上，善守者藏于九地之下。

　　"引"，能屈能伸。卖点出现后，抛出要干净彻底。发现攻击形态，要横刀立马，敢于冲锋陷阵。

　　这时候，半山腰上突然惊出【一石两鸟】，意思是，股价还得往上涨，它告诉我们，是否可以悄悄地轻抚一下呢？见图七。

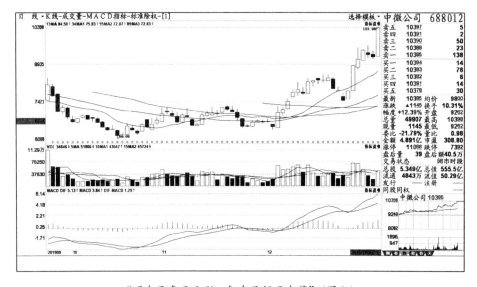

"明者见危于无形，智者见祸于未萌"（图七）

什么叫执行力？执行力就是动手能力。指令一旦发出，遇弯则弯，遇直则直；就像水一样，有时妩媚，有时奔放。

股价的位置高了，我便退去，决不淹没你的高度；形态的位置低了，我便涌来，决不暴露你的缺陷。

越是什么都不懂的人越是喜欢瞎说，越是心知肚明就越是喜欢沉默。炒股只有像水一样低调平和，就可以与庄神通。

初入股市的人，都会因不解而痛苦，因疯狂而沉沦，只有少数会把无法展翅的悲戚，淬炼成对股市轰轰烈烈的追求。

通过复盘才听懂期待，了解形态后才看破藩篱。所谓黑马，其实就是一次平静的相逢。

股市在所有人的欲望前面没有永恒的距离，尽管你很努力，但始终靠不近它。

如果不能超越自我局限，理性看待财富，无法控制的欲望会成为沮丧与痛苦的根源。有时手被股市摁着缩了回去，然而形态却超乎寻常的把财富送了回来。

新年新气象，赚钱不用忙。新年第一天，15 分钟图上发出【轻抚两只鸟】买进信号。指标线与均线金叉几乎是同步穿越，【红衣侠女】也闪亮登场。见图八。

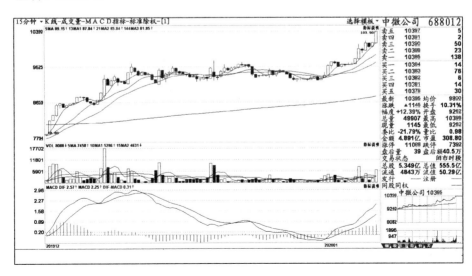

一杯清茶品日月，半壶老酒醉人生（图八）

晚清的翁同龢有副对联挺有意思："每临大事有静气，不信今时无古
贤。"意思是，自古以来的贤圣之人，都是大气之人，越是遇到惊天动地
之事，越能心静如水，沉静应对。万物静观皆自得，人生宁静方致远。浮
躁的股市，心静者胜出。

在财富效应的诱惑下，人的心态浮躁得宛若汤煮，身上充斥着铜臭
气，于是乎，心慌意乱者有之，神不守舍者有之，着急上火者有之，缺少
的就是一种静气。

种地的是穷人，买地的是富人。买股票的是散户，获利的却是主力。

1950 年，朝鲜战争爆发，中国人民志愿军跨过鸭绿江抗美援朝，在朝
鲜战争打到僵持阶段的时候，战争双方要举行和平谈判，毛泽东又亲点李
克农坐镇朝鲜，指挥停战谈判。

朝鲜战争的停战谈判是边谈边打，毛泽东曾经说，彭老总狠狠地打，
李克农在那耐心地谈，打得越好谈判成功越有希望，他们两个相互配合。
当时彭德怀担任志愿军总司令，负责志愿军的军事行动，而李克农则在幕
后，负责指挥停战谈判，他们一武一文，一个打得坚决，毫不手软，一个
谈得耐心且针锋相对，两人相互配合，不仅在战场上不输美国，而且在谈
判桌上也没有让美国占到半点便宜。

但谈判是很艰难的，因为美国人外交经验很多，是谈判高手，有时候
故意给你设置障碍。有一次由美国人主持的谈判就出现了开始会谈后美国
人不发言的尴尬局面，意图给中朝方面制造尴尬的局面，让你暴露出一些
弱点。这时候咱们的谈判代表柴成文，觉得这个情况很难办，他就偷偷退
出会场去请示李克农怎么办。李克农分析了这种情况，就写出了三个字
"坐下去"。这个纸条带到会场悄悄传给中朝方面的谈判代表，这些代表都
很聪明，一看到李克农这个条子上的三个字就知道，你不发言，我不发
言，你跟我耗，我也跟你耗，所以中朝方面的谈判代表也一言不发。这下
闹得对方有点懵了，本来是想看你慌乱的局面，现在看你特别镇定，还特
别有精神，自己倒慌了，也不知道该怎么对付了。这次谈判，一直坐了
132 分钟，恐怕是谈判历史上最有趣的一次谈判，也是最特别的一次谈判
了，连美国谈判代表都说，"哎呀我的上帝，我可受不了了"。

轮到中朝代表主持会议了，李克农针对美方频频休会的做法，出其不

意，双方代表刚刚落座，他就马上宣布休会，只用了 25 秒。拖，是谈判中的技巧；快，也是一种谈判技巧，李克农对这两种方法，运用得出神入化，弄得美国人不知所措。

1953 年，打了三年多的朝鲜战争终于要结束了，这年的 7 月 27 日上午，战争的双方分别授权谈判代表团的南日和哈里逊，在板门店大厅签署了停战协议，与此同时，金日成在平壤的首相府签了字，联军总司令克拉克在汶山的帐篷里签了字。这天晚上 10 点，停战协议生效，在烽火中震颤了三年多的半岛终于归于宁静。

用生命写下的激情与悲怆，至今依然深深震撼着我们的灵魂。尽管遭遇各种不测，但风雨中依然显示中华民族的本色。

5. **恒力实业**（000622），【均线互换】完成以后，标志着股价上升通道又被打开了，然而股价并没有立即上涨，而是用【一石两鸟】进行震仓，玩欲擒故纵的游戏。

别把困难看得太重，没有过不去的坎；苍天饿不死天下的麻雀，咸吃萝卜淡操心的事少干。

有时候，泪水只能一个人品尝，噩梦也只能孤身醒来。你会发现，你永远叫不醒一个装睡的人，因为它不愿醒来直面惨淡的人生。

人生最艰难的时刻永远是未知的，如果它会发生，一定是在我们最意想不到的时候，它总会给我们留下些什么。那绕过去的困难，说不定哪一天又会迎面而来。

这些年走过的路真的很艰辛，但也看了一路风景。不同的视野造就了不同的投资境界。股市给了每个人历练的机会，苦练技巧又能抗住意外冲击，就都会收获一个精彩的人生。

有时候选择比努力重要。方法得当，就不要担心回报，付出是为了扎根，一旦时机成熟，就会登上遥不可及的巅峰。

齐白石画虾，如虾跃纸面；徐悲鸿描马，似万马奔腾。说明他们的功力已经达到了炉火纯青，股市里偶尔获点小利就沾沾自喜，纯属没有自知之明。在高位买进，不是缺心眼，就是憨大胆，仗着兜里有几个钱就飘了。见图九。

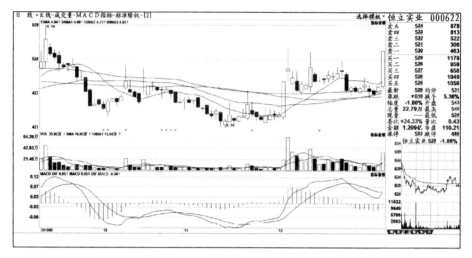

【一石两鸟】是上升途中的震仓（图九）

　　金钱上的富有永远弥补不了精神上的贫穷，物质上的富足远不能与精神上的高贵等同。富可以是一个天文数字，但贵的内涵更深，是金钱永远无法抗衡的丰厚底蕴。人可以一夜暴富，但可贵的气质却需要长期的培养。

　　有的人书读得多了，可以探出其思维规律，循法可学，有的人则不能。有的书看完以后，会有一种淡淡的惆怅，慢慢也就忘了；有的书则不然，它让你感受到灵魂深处的悸动，这种悸动就是潜意识被唤醒却又不能彻底醒来的感觉。

　　在尔虞我诈的股市里，只有纯粹的人才活得轻松。努力做一件事，不是证明给谁看，而是想看看自己到底有多大潜力。

　　在 15 分钟图上，第一时段仿佛有神灵相助，同样显示出【轻抚两只鸟】图形，这种分时与日线的共振现象平时并不多见，它的出现，预示着两只小鸟一定能够振翅高飞。

　　股价稳扎稳打，主力一步一个脚印往上爬，行将收盘时，所有兵力都进入 144 单位线附近潜伏，攻击随时可能展开。

　　每天，我们都在不断地寻找黑马，也不断地淘汰黑马。有时候，黑马走着走着突然就不见了；有时候，刚骑上去，突然一尥蹶子，摔个嘴啃泥。结论：炒股不易，挣钱很难。

翌日，股价缩量上攻，表明大部分筹码已被主力所控制，成交量迅速完成对小浪子的确认，以前观望的、还没有来得及进场的，现在依然有机会。

10时许，一根带量的巨大阳线横空出世，然后山呼海啸般地冲过前期所有高点，直奔涨停。

炒股炒股，勤翻少煮；不翻变糊，总煮变无。拜读了太多的证券书，突然发现不知道该看哪一本了；聆听了太多的股评，突然发现不知道哪一个说的是真的了；欣赏了太多的黑马，突然发现不知道哪一匹是纯种的了；习惯了股市遍地是黄金的环境，弯下腰突然发现不知道该捡哪个了；静下来一想，还是规律靠谱，但"谁知盘中餐，粒粒皆辛苦"。

所有的交易，不过是经历了千万次的感受，不被痛苦触摸的交易、不被煎熬的理念，都不足以悟出炒股的真谛。珍惜每一次交易，它让你多了一次成长的淬炼。

所有的股票都有价值，你愿意拿多少努力去交换呢？拿走过的茫茫黑暗，拿穿过的暴风骤雨，拿含辛茹苦的付出去交换？它会在你筋疲力尽时悄然而至，所以要有熬的打算。

人活着有三个层次。第一个层次是活着，解决生存和温饱，让家人幸福；第二个层次是体面地活着，追求一定的"名利"，让人生体面。第三个层次是诗意地活着，一生都在做有价值的事，让生命变得有意义。有个人活到了第三个层次，若有诗书藏于心，岁月从不败美人。她叫叶嘉莹，是诗词的女儿，她是中国古典文化的传承人，她是中国古典诗词的研究专家，受聘于台湾大学、哈佛大学等多所大学，她是2015—2016年度"影响世界华人大奖终身成就奖"的获得者。她入选"改革开放40周年最具影响力的外国专家"。

她90岁生日时，总理亲自写诗为她祝贺，称赞她心灵纯洁、志向高尚，为传播中国文化做出了重要贡献。《人民日报》评论她：为中国诗词之美，更活成了人们心中的诗，她是喧嚣浮世趟过每个人心间的清溪，她是中国最后一位"穿裙子的先生"。94岁时她将自己的财产1875万元捐赠予南开大学教育基金，设立"迦陵基金"。95岁时她又捐赠1711万元，两次合计3586万元。她一生最大的愿望就是为年轻人开一扇门，将美好的吟诵传承下去。

叶嘉莹 1924 年出生在北平的一个书香世家。她 3 岁识字，6 岁诵读《论语》及唐诗宋词。叶嘉莹的童年没有玩伴，只有诗词，在诗书中成长。日军占据北平，父亲随国民政府南下，杳无音讯，后来母亲又去世。1948 年，她随丈夫迁居台湾，生下一个女儿，丈夫因思想问题入狱，她和幼女一度被拘。作为人母，她必须坚强，她说自己一生没主动追求过什么，面对不公和苦难，只有尽力承担，"把我丢到哪里，我就在那个地方尽我的力量，做我应该做的事情"。

1966 年她被台湾大学派赴美国讲学，1969 年叶嘉莹携全家迁居加拿大温哥华，被不列颠哥伦比亚大学聘为终身教授。为了更好地教学，42 岁的叶嘉莹每天熬夜恶补英语，常常查字典，练口语到凌晨两三点。她 52 岁那年，大女儿跟女婿在一次出游时出了车祸，两人同时不在了，年逾半百的叶嘉莹痛失爱女。经历一轮轮苦难，叶嘉莹突然悟到，她要让自己从"小我"的家中走出来，要回国教书，把"余热都交给国家，交付给诗词"，要把"古代诗人的心魂、理想传达给下一代"。1977 年，中国恢复高考，她终于回到了阔别已久的祖国。叶嘉莹白天讲诗，晚上讲词，学生听到不肯下课，直到熄灯号响起。香港中文大学、台湾大学、哈佛大学、哥伦比亚大学、剑桥大学、日本九州大学、新疆大学、南开大学都曾留下了她的足迹。

如今，叶嘉莹先生依然坚持讲课，有人给她递椅子，她拒绝了，"我从 21 岁教中学开始就是站着讲课"，她被公认为在海外传授中国古典文学时间最长、弟子最多、成就最高、影响最大的华裔女学者。

2017 年 4 月，叶嘉莹先生在搀扶下颤颤巍巍地登上《朗读者》的舞台，为传播"真正的吟诵"身体力行，继续为弘扬中国优秀传统文化发光发热。"我这个莲花总会凋落，可是我要把莲子留下来"，就是这样一位先生，半生的离乱，悲苦的一生，仍有颗赤子之心，没有喧嚣，不争不抢，默默付出，这才是这个时代最该有的"明星"，她把日子过成了一首诗，或悲悯，或苍凉，或隽永，她自己就是对诗的最好注解，纵不言语，她站在那里，也已十分美好了。

6. **中文传媒**（600373），该股经过充分整理以后，13 日均线终于由跌趋平，并且相继出现【红杏出墙】【投石问路】【蚂蚁上树】等形态，说明九死一生的股价终于又活过来了。苏醒后的股价不负众望,很快就站上55日均线。对于那些浑水摸鱼进来的浮码,主力用了一招【一石两鸟】,迫使他们提早获利了结,尽管效果不明显,但也不敢再往下打了,因为主力担心砸出去的筹码收不回来。

主力与散户一个在明,一个在暗,一个是野蛮人,一个是自由人,但谁也不服谁。人总希望短线快速获利,多数人从未赢得交易的胜利,但凑热闹从不缺席。

目前这个【一石两鸟】,严格讲不能称为【一石两鸟】,因为它的第二根阴线是个假阴线,并且它的高点比昨天的高点高,低点也比昨天的低点高,收盘价竟然比昨天的收盘价还高出4分钱,是个货真价实的阳线。那么,对这种不规范的【一石两鸟】是放弃,还是继续关注呢?关注为好。尽管它不规范,但市场意义已暴露无遗。规范的形态不一定涨幅大,只是安全系数高。不规范的形态不一定就不涨,但需要切入点的确认。

日线上的【一石两鸟】出现以后,分时线立马做出反应,这种共振现象可遇而不可求,既然赶上了就别空着手回去,顺势【轻抚两只鸟】,也是一桩幸事。

但很可惜,这两只鸟并未展翅高飞,而是沿着5日线顽强攀升,行将收盘时也没给我们带来什么惊喜,但也没有传递出令人不安的信息。持股待涨才是唯一的选择。所谓短线,不是今天买进、明天卖出,而是按指令卖出。如果它正涨着,因为担心股价突然下跌就急急忙忙卖出是错误的,如果第二天形态失败,必须择高认亏出局。

下午开盘以后的第一时段,【一枝独秀】发出离场信号,尽管5%的利润着实拿不出手,但葛朗台式的主力就这么干了,有意见可以保留,但现在必须撤。短线从不参与调整,它的操作模式,就像吃带鱼掐头去尾,论段数。

杭州灵隐寺中有这样一副对联:"人生哪能多如意,万事只求半称心。"操作时只要不剑走偏锋,赢利只是多少的问题。股市不会把它的财富全给一个人,那种总是希望买到最低、卖到最高的,不过是一厢情愿,反观那些"掐头去尾"的操作,倒是获利多多。任何时候都不要和主力比聪明,和股市比智慧。见图十。

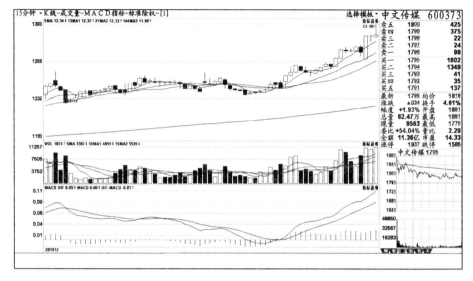

【一枝独秀】是调整信号，不可掉以轻心（图十）

抛出之后，股价经过缩量整理，重拾升势，是不是有点后悔？说不后悔是假的，但我们操作的是【轻抚两只鸟】，而不是资金布局上的"分段计息"。

当股价行至前期整埋平台时，股价再次出现【一枝独秀】，线上线下立即出现鸡飞狗跳，但以乱为主，回神一瞅股价并没有下跌多少，主力就是有这种能力，既可以把股市弄得像菜市场一样热闹，又可以把股价盖成摩天大楼让人高攀不起。

空仓的永远在骚动，被套的却异常冷静。发财的欲望一旦被燃起来，飞蛾扑火谁也拦不住，明知道是九死一生，但还是义无反顾地奋力一搏。这种无知无畏会持续相当长的一个阶段，有的突然顿悟，转身寻找股价质变的节点；有的弹尽粮绝时才会反思，总之，股市如大浪淘沙，留下的全是精华。

第二个【一石两鸟】飞来的时候，分时上压根儿就没有给我们进场的机会，只能看它自由自在地飞。

第三个【一石两鸟】出现以后，主力好不容易才给出进场的指令，激动已经没有，对准准目标断然一击日思夜想的【轻抚两只鸟】，终于被逮住了。见图十一。

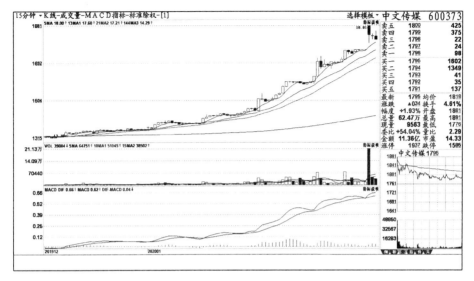

【轻抚两只鸟】，仓位要轻（图十一）

叔本华说："人们在这个世界上要么独处，要么选择庸俗，除此以外，再也没有更多的选择了。"独处本身就是一片诗意的土壤，在独处中把交易弄得错落有致的人是幸福的。在缺少监督的情况下依然坚持进退有据的人是伟大的。幸福是一种态度和感悟，买卖有对错，收了盘就是岁月静好。它是风雨中的淡然、生活中的沉淀。

不规则的形态由于过于夸张，所以很容易引起人们想入非非。判断力、经验、进取心和个性，才是取得成功的条件。约束个人的纪律一旦消失，人就会变得肆意妄为。

清末重臣李鸿章写过一副对联：

上联：享清福不在为官，只要囊有钱，仓有米，腹有诗书便是山中宰相。

下联：祈寿年无须服药，但愿身无病，人无忧，心安理得可为地上神仙。

横批：新年快乐。

很多事，不是你想就能做到的；很多东西，不是你要就能得到的。只有经历过沧桑后，才会有荣辱不惊的坦然。

一个人的交易资本是忠诚。"子欲为事，先为人圣。"喜欢股市，始于规律，陷于才华，忠于指令。经事品股，经人比心。

获小利，别人会嫉妒你；赚大钱，别人会羡慕你。人害怕的不是辛苦，而是能力的巨大落差。

炒股三不做：一是走捷径的事不做。该读的书要读，该知道的知识要掌握，该复的盘坚决不偷懒。少走弯路就等于找到了捷径。

二是有损主力的事不做。主力砸盘时绝不主动接单，主力拉升时坚决不砸盘，自作聪明的结果是"以害人始，以害己终"。

三是贪便宜的事不做。不算计主力，不高估自己。拿到自己应得的那一份就够了，奢望必然导致灭亡。炒股是一场自我修行，必须不断超越自我，才能逐步提升操作水准。

从 15 分钟图上，两只小鸟越飞越高，仿佛有用不完的劲，它飞呀飞，一直飞到【独上高楼】，望尽天涯路。凑巧的是，日线上也出现了【独上高楼】。这是巧合吗？不，这就是多周期共振。见图十二。

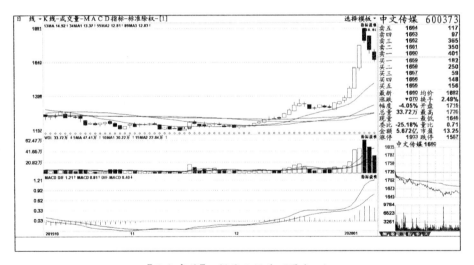

【独上高楼】，望尽天涯路（图十二）

7. 安源煤业（600397），投资的本质就是逐利，但必须要有舍有得。

在 15 分钟图上，我们注意到，下午 2 时许，主力精心勾画的【轻抚两只鸟】与日线上的【一石两鸟】遥相呼应，因为心口一致，所以才产生共振。行将收盘时，鸟也没飞起来，多少让人有点失望。

翌日，股价高开高走，然后趁热打铁，一举突破前高点，眨眼工夫，涨停板即被主力收入囊中，这就叫实力！见图十三。

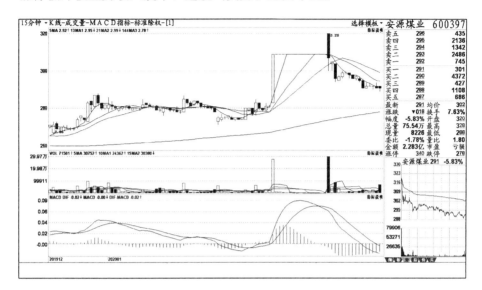

股价的上涨，事先都会给出形态（图十三）

不论岁月如何匆匆，不论世事如何纷纭，热衷股市的人总是不愿后退，总有人坚守着底线。这是怎样的一种坚持？股市赢家让人们相信，再遥远的长路也将走完，再艰难的也将穿越股市的潮汐，奔流到海，一往无前。

从该股的日线看，股价经过长期下跌，不规则的【日月合璧】又把同样不规则的【红杏出墙】引了出来，它们心照不宣，联袂完成一项不可能完成的任务，四枚火箭一枚比一枚射得高，最后一枚【狗急跳墙】给出离场暗示，接着【一剑封喉】宣布发射任务圆满成功。踏准了节奏，获利就这么简单。

见顶形态出现以后，主力用【落井下石】锁定套牢盘，股价的巨大落差无形中减轻了市场的抛压，待市场情绪稳定后，主力通过小幅震荡完成市场的充分换手，为以后的拉抬奠定了基础。

成交量日趋减少，表明该走的都走了，不想走的打死也不会动。于是，在【浪子回头】确认以后，股价重拾升势。然而精明的主力并没有忘记在前高点附近用【一石两鸟】震仓，同时，也给那些善于逮鸟的人一个进场的机会。关注它的动向，寻找切入点，功夫不负有心人，日线上的【一石两鸟】终于孵化出它们的下一代。

第三天，股价高开低走，不规则的【一剑封喉】发出离场信号。见图十四。

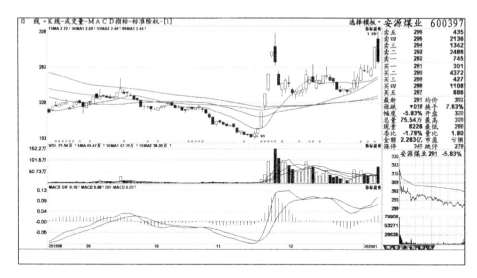

【一剑封喉】是见顶信号，回避（图十四）

混迹股市这些年，我们习惯了与世沉浮，习惯了身上的尘埃，习惯了在大涨大跌面前默默无语。因为，在心灵的深处，有一种深深的失落，它让人麻木，让人不再向往明天，不愿再提起梦想。当然，对于装睡的人，怎样的呐喊都是沉寂，对于不愿退出的双脚，所有的道路都是禁区。

但我们也承认，股市正在培养着一大批"只认指令，不管输赢"的追随者。这些人有毅力、懂付出、会配合、善周旋，这种人一旦掌握了股价的运行规律，他们就会如鱼得水。从总体上看，股市既有普通的投资者的失格，也有所谓市场主力的失格，无论哪一种失格都让人心智混乱，所以，我们的行为才会经常出格。在当今的股市里为什么这么容易出现雷人操作，因为大家都是失格的。因此，股市遭受了生态环境、心态环境，还有世态环境的空前污染。从本质上讲，大家都是鲁迅笔下的闰土，一种人麻木、愚昧，一种人精明自私、愚蠢。所以，为了不致自己沉沦，我们任何时候都不应该在股市横冲直撞，我们要去了解规律，寻找差距，不能让自己活成了闰土。比如说，那种精明自私的人，他不知道自己在股市里充当的是个什么角色。还有麻木的人，他不知道自己在股市里的尊严和地位。马克思的女儿燕妮曾问历史学家维特克："你能用最简明的语言，把人的历史浓缩在一本小册子里吗？"维特克说："不必，只要用四句德国谚语就够了：第一，上帝让谁灭亡，必先让他膨胀；第二，时间筛子，最终淘去一切沉渣；第三，蜜蜂盗花，结果却使花开茂盛；第四，暗透了，更能看得见星光。"

8. **弘亚数控**（002833），在【轻抚两只鸟】出现之前，指标线和均线都提前做好了起飞的准备。只是苦于日线没有形态，才不敢孤军深入。当日线上给出【一石两鸟】以后，过去的暗示也变成明目张胆地表白。

翌日，15分钟图上，每条均线按照自己位置不断地向前延伸。11时许，股市吞掉相依的阴线，【轻抚两只鸟】像两朵羞答答的玫瑰静静地走来，奇妙的是，直到收盘也未引起人们的察觉。

第三天，股价先抑后扬，尽管涨幅不大，但也没有给出出局的暗示。

第四天，又是一个小慢牛走势，着急是正常的。短线需要爆发力，一二三走人。但碰上一个吃软饭的，而且也找不出它的其他过错，只能由着它的性子来，如果不是做短线，这种慢牛走势还是蛮招人喜欢的，因为"分段计息"的利润相当的可观。

第五天，【一枝独秀】发出明确的出局信号，明智的选择，就是跳出界外。见图十五。

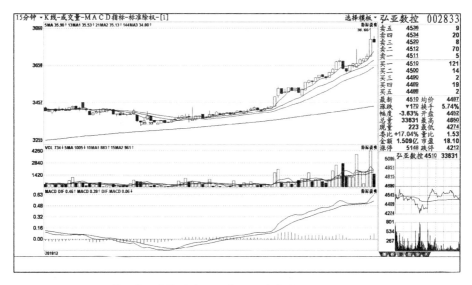

【一枝独秀】是阶段性高点，多多关注（图十五）

卖掉股票，告别的不仅仅是弘亚数控，还有自己最宝贵的一段时光，如果这段时光能够和上行的股价以及主力的利益紧密联系在一起，那就是无怨无悔的一段陪伴，那就是值得骄傲和珍藏的一段时光。

在人生的每个阶段，隐忍的本身包含着令人惊叹的求生欲和发展欲。但在原则问题上绝对不能含糊，没有生存也就没有发展。

现在我们回放一下该股的日线。从日线上我们看到，股价经过一波惊心动魄的下跌，股价从 50.15 元跌至 30.09 元，经过四个月的整理，出现一个上涨调整底。然后【蚂蚁上树】有条不紊地把股价重新送上 55 日均线，接着【一石两鸟】震仓后，迎来了【九九艳阳天】，主力每走一步都会给出提示，你看不懂那就是你的问题了。当股价越涨越高，成为市场的一道风景的时候，它的奇迹就面临着结束。见顶形态就是主力的决心，嘈杂的成交量折射出线上线下的分歧，股市不只是股票。见图十六。

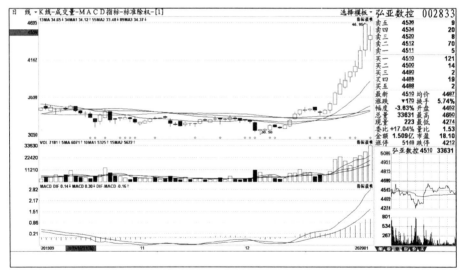

万物风中起，千情眼中生（图十六）

书卷多情似故人，晨昏忧乐每相亲。眼前直下三千字，胸次全无一点尘。总有悦心的书陪伴，是一生的幸事。书可以引领一个人走向更大的智慧，人的气质源于天生，唯有读书方能使其改变。

可以在浩瀚的《四库全书》海洋里激浪扬帆；也可以在亘古的《史记》幽林中闲逸漫步。从《十诫诗》中能看到仓央嘉措那纯真爱情的传奇；从《兰亭集序》里依稀闻到王羲之那流芳百世的墨香……

这些书，足以陶冶人的情操，历练人的性情，厚实人的底蕴，纯粹人的精神，完美人的灵魂。

读书的人不会感到孤独，倒是那些寻热闹的人常常会觉得孤单。在独酌的时候，书会与你同饮；在孤寂时，书会静坐在你的对面。

在最难的时候，那种绝望让人看不到一丝希望的时候，书却可以拯救你。从春花读到秋月，从夜雪初霁读到朝辉甫上，在春秋默默交替里，在岁月寂然运行中……

9.　**柏楚电子**（688188），当日线上的【一石两鸟】出来晒太阳时，应该从分时上隐蔽接近它。我们注意到，15 分钟图上立即做出响应。指标线和均线在一个时间段里先后完成金叉穿越，说明【轻抚两只鸟】大有希望，随着时针的跳动，【一阳穿三线】率先发起攻击，同时宣布该形态已经成立。

【均线互换】完成以后，股价前合后仰，踉踉跄跄，一点"拼命三郎"的影子也没有，正在人们失望之际，股价却一反常态地连拉 3 根阳线，然后给出一个【节外生枝】的调整信号，但在 T+1 交易规则下，哪怕一会儿股价跌停，你也必须坦然面对。

翌日，股价高开高走，而且连拉 5 根阳线，昨日掉下去的利润今日又全给补了回来。但有一个现象值得注意，股价越涨越高，成交量越来越少，至少说明两点：一是大部筹码仍被主力所控；二是股价有调整需求了。

在上升途中，主力不让我们"下地狱"已是最大的宽恕了，之所以这样并非良心发现，只是腾不出手而已，假如我们满脑子不切实际的幻想，风险就会逐渐靠近我们。

五连阳之后，【金蝉脱壳】发出离场信号，明知道行情未了，但短线给出非走不可的指令。从买进到卖出，我们坚持了进退有据的要求，既赚到了钱，也展现了自我坚守。你会发现，交易犹如喝茶，任股价再沸腾，心也要是静的。见图十七。

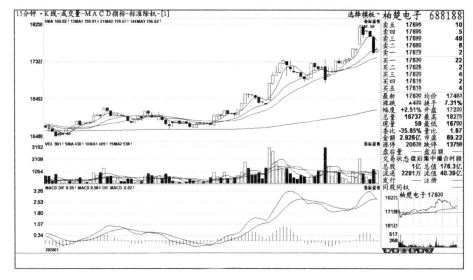

【金蝉脱壳】是调整信号，应回避（图十七）

喜欢耍小聪明的人，不愿意下笨功夫。比如复盘，没有恒心的人就找不到有价值的股票。爱耍小聪明的人，容易把春光看作秋风，用自造的凄凉来折磨自己。

牛耕田一辈子，没有一块田是牛的。股票再好也不能常相依，因为我们是股市的搬运工，而不是上市公司的大股东。

波士顿马拉松全长 42.195 公里，前 32 公里的下坡路，是世界上设计最杰出的跑道之一。然而在第 32 公里处，出现了全程的第一个上坡路，叫"心碎坡"。心碎坡的位置正是波士顿马拉松赛道设计的高明之处，也是让跑完全程者们感到骄傲的地方。

心碎坡是这场比赛中最寂寞的路段，也是大多数人放弃的原因。在起跑的时候，你无法想象有那么多人为了争夺领头羊的位置，推推搡搡，甚至耍花招，在起跑线上，你可以看到有人在祈祷、沉思、拉伸，但是起跑线并不造就任何赢家。它和炒股有异曲同工之妙。

抛出了股票，锁定了利润。我们把目光再回到日线上。该股作为第二批上市的科创板，面市当天，股价由 68.58 元升至 278 元，幅度为 305％，然而第二天股价像踩空了踏板，呈自由落体下跌，44 个交易日股价从 278 元跌到 116.03 元，跌幅 58.3％。也就是说，即使你是打新中签的人，如果没在【一枝独秀】出现那天抛出去，利润就会被划去一大截。

站在山顶朝下看，人间正道是沧桑。特别是卖出形态出现以后，股价就会出现疾风暴雨、电闪雷劈，如不及时躲闪，除了淋个落汤鸡，弄不好还会被闪电击中，丢了性命。

后来，股价跌得没劲了，就在底部区域做了个双底，然后搅乱一池春水，手挼红杏蕊。【红衣侠女】出现时，由于股价远离它的节点，于是主力就用【暗度陈仓】进行技术修补，【均线互换】不失时机打开上升通道，股价蜂拥而上，行至前高点附近，通过【走四方】进行换手，然后进行试探性攻击。不过，狡诈的主力总是疑心场内的浮动筹码还没清理完毕，于是用【一石两鸟】再次震仓，同时也给我们提供了进场的机会。后来的走势大家都看到了。超级短线见山是山，见水是水，不参与调整。见图十八。

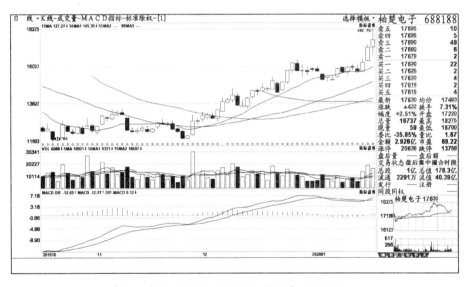

有的人真的不怕死，但却不知道该咋活（图十八）

天性，有时候是个好东西，需要放纵；有时候又是个坏东西，需要抑制。在股市太放纵自己，就会成为一个放荡鬼。浪漫可以点燃生活，但不能用来交易。

很多事，你唯有经历，才会慢慢成熟；懂得了进退有据的重要，就能体会到执行的艰难。股市人生，就是体味过悲欢离合的淡然然后释怀的过程。

◉ 买入时机

　　指标线和均线同步金叉的状态下，出现阳克阴即可进场。

◉ 友情提示

　　1. 先从日线上发现形态，这是前提。

　　2. 然后切换到分时，进行观察。

　　3.【轻抚两只鸟】多数出现在 144 单位线之上。

発现规律是件不容易的事,
利用规律是件不简单的事。

第八章  伏击支撑位

◉ 形态特征

在日线的均线系统处于多头排列的前提下,15分钟图上,股价在144单位线上先有一波拉升,但升幅不大,为发动后续攻势,股价故意下探144单位线,或直接从144单位线上低开高走,这种龙吸水动作,暗示短线会有获利机会。我们把这根下探144单位线的阴线或阳线称之为【伏击支撑位】,见下图。

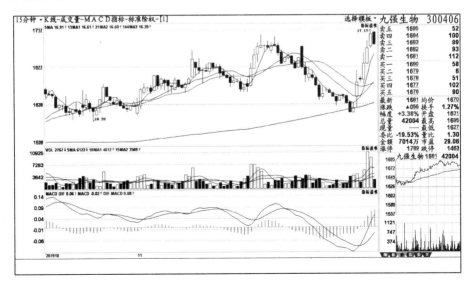

【伏击支撑位】是短线获利技巧

◉ 经典记忆

1. **北特科技**（603009），我们以日线上不规则的【梅开二度】和【一石两鸟】为依托，然后才从分时线上去设伏。没有日线做基础，任何分时都不能滥用。进退失据，怎能体会到股价的跌宕起伏？实践表明，在没有自己的方法之前，炒股不是一种享乐，而是一桩十分沉重的工作。

【伏击支撑位】只是短线获利技巧，并非主要的赢利模式。偶尔使用尚可，经常使用则顾此失彼了。

使用【伏击支撑位】，要按144单位线给出的提示进行预埋单。不管伏击是否成功，中途皆不允许撤单。

从15分钟图上看，股价先有一小波拉升，然后进入横盘状态。

两天以后，股价终于忍无可忍了，游至河边开始龙吸水，然后一鼓作气把股价送到下一个出站口，表明【伏击支撑位】获得巨大成功。见图一。

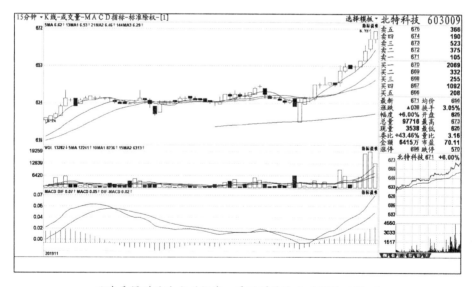

眼睛看得到的地方叫视线，看不到的地方叫视野（图一）

【伏击支撑位】犹如在悬崖开车，既要测试144单位线的支撑力度，也要探知股价悬空多高才不至于坠入谷底。【伏击支撑位】旨在测试市场的抛压与跟风情况，探明股价的攻击力度和风险系数。

实战中为什么总是出错？因为我们自己真的没有想象的那样好，特别是交易失利的时候，总在抱怨，很少从自己身上找原因。

2. **炬华科技**（300360），股价在 13 日线上方横了好几天，第一次龙吸水因为没有把身子俯下去，所以即使伏击它也很难成功。

从 15 分钟图上看，股价高开低走，当这个时段走完，【一阴破三线】凶神恶煞地出现在人们面前，伴随指标线的死叉，股价极不情愿的，十分委屈地做着下腰动作，试图向 144 单位线靠近。如果有【伏击支撑位】的打算，这时候就按 144 单位线给出的价格挂单，但在价格上一定要把 144 单位线的上升斜率考虑进去。能不能伏击成功，还要看主力是不是配合。

下午两点以后，股价接连两次触碰 144 单位线，由于股价一点点逼近，所以就失去了爆发力。加上指标线没有完成金叉穿越，均线系统也处于空头排列，因此直到收盘，股价也没有完成攻击准备。

翌日，养精蓄锐的主力，一开盘就显得心急火燎的，转眼放了个【急蹿大步追】的大招，但由于前期的准备不够充分，股价如同穿越崇山峻岭，时而风吹雨打、困顿难行，时而雨过天晴、鸟语花香。

当指标线再次金叉穿越，进入预定攻击位置的时候，股价亦完成对【一石两鸟】的包围，正准备对它发起围歼的时候，股市敲响了鸣锣收金的钟声。

第三天，股价小幅跳空高开，然后温和放量突破前期整理高点后扬长而去。

有时候，我们宁肯坐在那里闭目养神，也不愿妄断股价的后期走势，因为股票的好坏早已立在图表上接受你的挑选，况且进出点位又是那样清晰可见，此时此刻，阳线一根比一根大，红柱一根比一根高，涨势格外喜人，但主力依然汗流浃背地忙活着，只是股价的攀爬有点力不从心了，尽管它在咬牙坚持，可是疲态已显，【一剑封喉】发出离场提示，立即出局。

该卖的时候不挽留，该捂的时候不撒手。我不是冷血，也不是慢热，只是对指令有一种本能的畏惧感：它说到做到，违令者真斩。"明者见危于无形，智者见祸于未萌。"见图二。

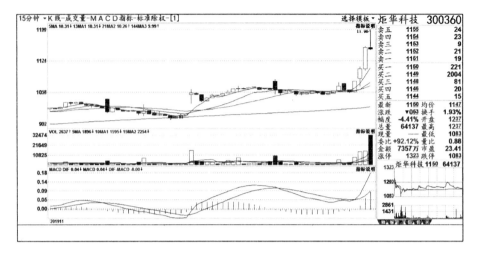

【一剑封喉】是见顶信号，躲躲吧（图二）

3. **宇瞳光学**（300790），在指标线处于死叉状态的时候，所有的拉升都是精心设计的圈套。因为，真正的上涨需要具备三个条件：

一是通过压价逼仓，把不该赚钱的驱逐出局；二是指标线完成金叉穿越，它是股价上涨的基本条件；三是均线系统的各就各位为股价的上涨奠定了基础。

从 15 分钟图上不难看出，在指标线处于死叉状态下，股价为了今后拉升，积极向 144 单位线靠拢，这时候如果想【伏击支撑位】，就按 144 单位线提示的价格预埋单，能否伏击成功谁也没把握，先把单埋上，然后再见分晓。

上午行将收盘时，股价漫不经心地下探了一下 144 单位线，于是就促成了【伏击支撑位】的成功。

下午开盘不久，成交量开始温和放量，指标线和均线系统相继完成金叉穿越，并且迅速到达指定位置。

股价毫不费力地站上 21 单位线，然后在【海底捞月】完成时，用【浪子回头】清洗浮动筹码，量区里的大黑柱表明，被驱逐出来的不在少数。

翌日，股价低开低走，但主力收复失地简直是易如反掌，接着开足马力向上猛攻。接连拉出 5 根阳线之后，【一枝独秀】发出离场信号。见图三。

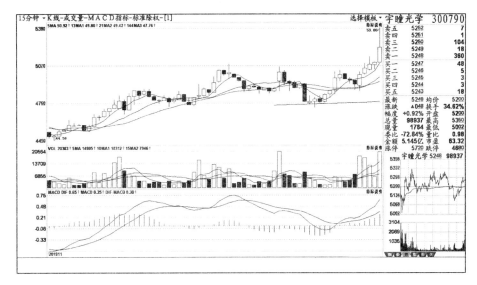

【一枝独秀】是调整信号，主动回避（图三）

在股市这盘大棋中，散户注定是颗棋子，而棋子是无法主宰自己命运的，你可以抗争，但最后会沉默。在与主力的关系中，以斗争求和平则和平无，以妥协求和平则和平存。当个散户真不容易，你赚钱了，主力恨你；你赔钱了，自己恨自己；你不交易，券商恨你。

沧海横流方显英雄本色，板块轮动黑马频频涌现。飞扬跋扈的股价欲与天公试比高，而那些跌入深渊的股票令人顿失滔滔。我们无法躲避飞来的横祸，但可以千方百计地逃生。

4. **永悦科技**（603879），复盘时对形态的构成要认真审视，每一个细节都不能忽略；在实盘时对主力的行为认真不较真，千万不能和它发生正面冲突，区别对待不闹心。

该股日线上继【走四方】之后，又用【一石两鸟】震仓，暗示主力还有想法。股价创出新高，又持续整理了 13 个交易日，这只能有一种解释，新高之后还有新高。同时也在提示我们：择机进场。

在 15 分钟图上，股价同样采取压价逼仓，发现它的意图后，就可以在144 单位线处【伏击支撑位】了。

没形态就悄悄进入，等于挖坑让主力跳，这种提前设伏一旦让主力发现，会做出对自己不利的结果。因此，【伏击支撑位】虽然有利可图，但也不是随便使用的。想得到某种东西，必须先付出一些东西。而且方法不当，付出也不会有回报。但为了把握【伏击支撑位】这个技巧，谁在乎付出多少，谁又在意得到多少？

莲花不慕牡丹之雍容华贵，不慕百合之馥郁馨香，不慕兰花之优雅美丽，不慕秀竹之修长挺拔，因为它只想安静地做自己，所以才内省不浮。

回放当时的情景，主力正在那里大打出手，先是放量击穿 144 单位线，不明真相的开始恨悠悠割肉出局，知道猫腻的早已提前埋单了，就担心你不砸盘。

【伏击支撑位】，只要把位置判断好了，有可能伏击成功，从而把预埋单变成实实在在的财富；位置判断不准，144 单位线被击穿而且长时间拉不上来，从而让伏击变成被伏击，那只能偷鸡不成蚀把米喽。

穷的想变富，富的想变贵。但主力先把你迎进天堂，然后再把你送入地狱，让你百感交集，有嘴难辩。

我们刚才想的这一切都没有发生，股价击穿 144 单位线后立即来了个华丽转身，很快就把【一阳穿三线】立了起来，指标线也趁机完成金叉穿越，与此同时，【均线互换】也不失时机地捅开上升通道。

随后，股价展开了猛烈的攻势，截至上午收盘时，涨幅已超过 5 个点。

下午开盘后，股价一如既往继续攀登，中途稍事休息，然后一鼓作气把股价推上涨停。

翌日，股价低开低走，转瞬即把股价拉了上去，说明主力不想让你在低位捡货。但不到半个小时，走势图上相继出现【晨钟暮鼓】、变形的【金蝉脱壳】和不规则的【一枝独秀】，尽管知道它的行情还没走完，但超级短线不能对这些离场指令置之不理。

有人刚学 135 战法的时候，还能严格按指令进出，后来赚了点钱，想法多了，胆也壮了，又开始天马行空、横冲直撞起来，把操作纪律早就丢在了脑后，不但把先前的利润退了回去，新的债主又开始上门催讨。随心所欲是本能，令行禁止才是本事。所以拿破仑说："能控制好自己的情绪的人，比能拿得下一座城的将军更伟大。"

在股市，不是有了希望才坚持，而是因为坚持了才有希望；不是因为成长了才去承担，而是因为承担了才去成长；不是因为赚钱了才去学习，而是因为学习了才有钱赚。见图四。

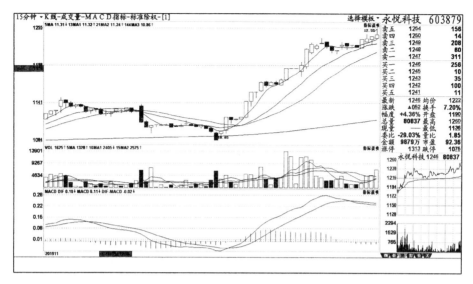

"只认指令、不管输赢"是超级短线恪守的原则（图四）

5. **飞荣达**（300602），在15分钟图上，股价先有一波不大的涨幅，顺势回落后转身继续上攻。在越过前高点时，指标线站在那里袖手旁观，实践证明，没有指标线的大力配合，股价只能干些偷鸡摸狗之事。于是，股价垂头丧气地向山下走去。

下跌途中，股价离144单位线越来越近，是【伏击支撑位】的好机会，顺手挂个预埋单，伏击成功可喜可贺，不成功也不会有额外损失。

风吹草帽扣鹌鹑，运气来了不由人。预埋单刚挂好，目中无人的主力大摇大摆地走了过来，但很不幸，主力也有落入圈套的时候，至此，伏击宣告成功。

股价先是一阵兴高采烈的猛攻，转眼就乌云密布，电闪雷鸣般下跌。超级短线的特点就是猛和快，演绎成过山车走势的并不多见。

股价上一程、下一程，涨涨跌跌又一程，终于等到了拔腿走人的时候，因为【金蝉脱壳】已出来亮相了。表明股价暂时不再上攻，识趣的赶紧离开。见图五。

价格的抽象和形态的具体冲突着，这究竟是供求关系发生了变革，还是通货膨胀的必然产物？没有人给出现成的答案，但鲜明的形态和具体的位置，毫不费力地解开了这对不可调和的矛盾。

什么叫理念？一是对股市规律有着深刻的领悟；二是对股价的涨跌奥秘知道得相当精细。但是，先有理念后有方法，先有形态后有规律。

在包罗万象的股市里，理念有着超越本身的含义。用理念表达股市的涨跌最纯粹，用形态反映股价的本质最真实。不管股市潮起潮落，但心随股走、及时跟变的灵魂不能丢，因为，理念既是炒股的出发点，也是炒股最终的归宿。

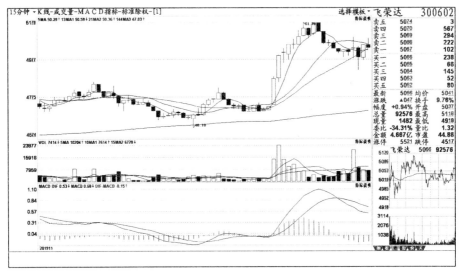

【金蝉脱壳】是调整信号，识趣的赶紧离开（图五）

繁体的"聽"字，左耳下边有个王字，表示一言九鼎；右边是"十""四""一""心"，意思是，听主力说话要目不斜视地用心听。而简体的"听"，左边是"口"，右边是"斤"，意思是，先让你说，看看你到底几斤几两，然后再去收拾你。

6. **振静股份**（603477），前不久，该股有过超过 50% 的涨幅，但它第一次顺势回落的时候，采取的并非蜻蜓点水，而是大刀阔斧的砸盘。所以，后来尽管用【一阳穿三线】进行补救，然而股价并不领情，它有恃无恐地在前高点下方盘旋，是应了"久盘必跌"的股市谚语，还是另有隐情？其实都不是。盘中主力想通过一横一跌的恐吓把获利盘清理出去，为未来的行情腾出空间。目前，对付这样刁钻的主力，除了【伏击支撑位】之外，其他战术似乎都用不上。

《大华严经》云，"诸菩萨众，一万人俱，常在其中而演说法"。据史书记载，佛教于两汉之际，传入中华大地，两晋时传入山西，东晋初年或者后赵时期，文殊信仰就随着佛教传入五台山地区。

佛祖释迦牟尼原是王子，他既不要历朝历代看重的王位和王权，也不要凡夫俗子追求的荣华富贵，他一个人走进林中，靠着一天就吃一个芒果生存，其实是在追求一种至高至圣的境界、大彻大悟的真谛，以及普度众生的办法。

佛教中有一个美丽的传说，即萨埵那王子舍身饲虎的故事。为了普度几只就要饿死的虎崽，他割下了自己身上的肉救活了虎崽。从佛祖释迦牟尼到传说中的萨埵那都是王子，他们为什么不利用手中的权柄普度众生，因为这是他们身体力行去追求信仰吧。佛教追求的信仰是至高无上的，有时是可以超越生命的。

电视剧《解放》中有一段毛泽东与清净法师对话：毛泽东在上五台山之前，调查了山下农民的生活情况，他们为了生存，迫切需要耕田，可周围方圆百里的土地都归寺庙所有。如果佛祖释迦牟尼在世，请问他会怎么办呢？如果文殊菩萨在此布道施法，他会看着山下百里众生没有田种，没有饭吃吗？对话之后，清净法师感到汗颜，连说顿悟。

这个对话让我们明白了一个看似浅显，实际又难做到的道理。若想真正把握股市的规律，必须有萨埵那王子舍身饲虎的精神和勇气。如果说智者为山，慧者为海，那么，过去股价涨跌规律这个巨大的问号就会被拉成感叹号，我们的操盘水准就能达到"心随股走、及时跟变"的境界了。

奇迹常在磨砺后，落难总在大意中。今后无论是欢快地买进，还是痛苦地卖出，都不能有任何主观因素。股市是公平的，谁透支了行情，注定如浮萍般飘忽不定；谁长风破浪、傲视九天，一切交由系统去定夺。

从15分钟图上可以清晰地看到，股价高开低走，然后径直奔向我们事先设置的伏击圈，把我们妥妥地接上车，然后非常卖力地拉着我们奔向前方。

当指标线和均线同时金叉的时候，我们知道，伏击成功了，只是不知道战利品是否丰厚。

随着行情的发展，主力动用的兵力越来越多，而且根本没有要罢手的意思，做梦也不会想到，一次非常普通的伏击，竟然逮住个大家伙。

两天后，【一枝独秀】宣布伏击结束。当抛出股票，心一下松弛下来，那感觉就像六月酷暑喝了一大碗冰镇汽水似的痛快淋漓。见图六。

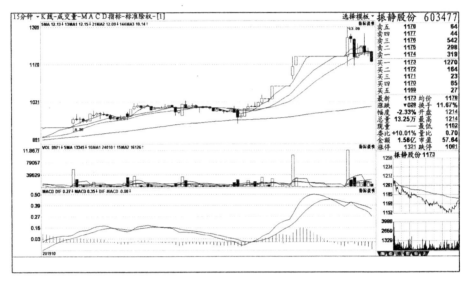

【一枝独秀】的成交量越大，见顶率越高（图六）

复盘时埋头苦干的人、无条件忠于指令的人、山顶上舍身跳崖的人、在谷底耐心等待的人，主力对他们任何行为已经不奏效了，已经不灵了。因此，对于股市里的磨难，它是赢家的必修课，也是宝贵的精神财富，不能单纯地认为它是人生的不幸。

当孤独开始富得流油，忧伤也异常亢奋。高手不是天天赚钱，而是不惹麻烦。因为，即使你有过人的天分、精湛的装备、先进的战术，如果不能每一次都按指令进退，也只能与财富失之交臂。

"两弹一星"的功勋，当初没有几个是专业对口的，有的连研究方向都不一样，但他们为了国家利益，隐姓埋名，用忠诚和热血楞是创造出中国奇迹。

武则天证明，成功和性别没有关系；姜子牙证明，成功和年龄没有关系；朱元璋证明，成功和出身没有关系；拿破仑证明，成功和身高没有关系……但不努力，一切都和你没有关系。

但我又一想，若干年后，当我们的子孙回顾这一代股民，他们肯定会觉得，那是有史以来最没有血性的一代人、胆小怯懦的一代；哪怕天大的事情，只要皮鞭没有抽到自己的皮肉上都不会哼一声；那一代人忍气吞声地赚钱，靠着财富支撑内心的不安全感，他们在股市噤若寒蝉，集体堕落。

那些为股市捐躯的，他们总以为自己是理性的，所有的交易都是对的，但事实上，这些行为都是自己根本无法了解的隐蔽动机的结果。他们至死也没搞明白自己是怎么死的，他们的行动从未停止与指令的冲突。

7. **山东华鹏**（603021），当指标线处于死叉状态下，股价也被弄得越来越没有自信了，最后干脆破罐子破摔，但千万不要被眼前的假象所迷惑，其实这是为了接应 144 单位线，演绎了一出"周瑜打黄盖"的苦肉计，但正好给我们提供了一个【伏击支撑位】的空当。

股价迈着小碎步在 144 单位线上心不在焉地走着，其实它是在掩护指标线进入预定位置，与此同时，也在等均线系统各就各位。

收盘前 15 分钟，指标线进入攻击位置，股价立即向上展开攻击，先是突破 144 单位线的封锁，至收盘时再下一城。

翌日，股价低开高走，一整天沿着 5 单位线小心翼翼地移动着，但累计涨幅还说得过去。

第三天，股价高开，但高开得有点过分，要么迅速封停，要么果断获利了结。

高开的股价用力往上冲了冲，但很快就败下阵来，说它是【独上高楼】吧，它头上有刺，说它是【一剑封喉】吧，它的肚子太大，经验表明，像这种不伦不类的"四不像"，见顶概率极大。

面对疯狂的股价，有时很难管住越来越大的欲望。如果不用纪律去约束，煮熟的鸭子还有可能飞掉。当时遇上强势主力，也可以跟着风光一回，但要密切关注脸色变化，一旦出现见顶形态，就赶紧把股票还给主力。

在卖点上卖出，不管卖低卖高，心如挂钩之鱼忽得解脱，再也不用提心吊胆了。见图七。

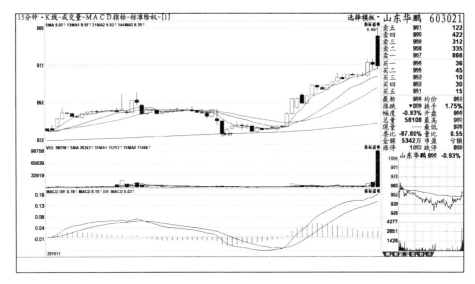

卖出形态一出现，卖错也得卖（图七）

以前，只要手里有钱，才不管面前的主力有多厉害，都敢上前叫板，凭着无知无畏的胆气撂倒对方，结果这种异想天开把自己弄得面目全非。虽然我不会"莫将仇恨付秋风"，但要尊重事实，吸取教训。不管你承认与否，主力既是敌人，也是盟友。离开了主力，我们什么也不是。

8. **瑞达期货**（002961），该股上市后取得连拉 15 个涨停板的骄人战绩，股价从 5.57 元暴涨到 39 元，够光鲜亮丽的。但这种畸形发育把它的一生也给毁了。拿到原始股可以疯赚一笔，但在二级市场却成了烫手的山芋。不懂技术又偏想着要高额回报，不幸买在【独上高楼】上，又死活不肯卖出，就等着喝西北风吧，多少年也难有出色的表现，因为它此时已如同被股市判了死刑。谁说股市里的钱好赚？挣些散碎银两都这么心酸。

自从【独上高楼】首次与市场见面，表现得很不老练，股价忽上忽下，知情人懂得这是主力在派发，成交量一直居高不下。对此类个股，短线高手可适当参与，技术不过关的欣赏就可以了。

股价重新站上 13 日线之后，用一周时间进行反复震荡，不过这种半死不活的走势很难引起市场的关注，但却给短线高手提供了一展身手的机会。

【伏击支撑位】是指事先通过判断股价位置和股价运行规律，光明正大地在 144 单位线设立伏击点，通过挂预埋单的方式收姜太公钓鱼之利。

【伏击支撑位】分待状与诱状两种，前者是根据 144 单位线给出的参数，提前挂预埋单；后者是以大量资金事先设伏，然后用少量资金诱使主力上钩。这种情况在机构操作中经常出现，在普通投资人操作中屈指可数。

【伏击支撑位】是一种非常奏效的战术，既简单又实用，若运用得当则收获多多。使用该战术，须天天预埋单，有时伏击几次也不一定成功，所以要有耐性和闲置资金。

再回到 15 分钟图上，一周后，股价气势汹汹地朝 144 单位线走来，但雷声大雨点小，仅仅是虚晃一枪，就在 144 单位线上留下一个深深的伤口。

翌日，股价低开高走，通过放量化解危机，然后迅速扩大战果，半小时后站上涨停板。

但涨停板顺势被冲开一个大缺口，成交量趁势流出，为了以后以更高的价位派发，主力又主动把缺口给堵上了。

第三天，股价高开高走，然后急速下探又强势拉回，这一连串的动作干净利落，除了主力手法娴熟，还应感谢 21 单位线的大力支持。

顶住市场的巨大抛压，股价顽强向上展开攻击，双方大战五个回合，重新把股价推到涨停板的位置。

第四天，股价小幅高开，随后使劲往上踮了一下脚，一不留神又滑了下来，莫非主力又要故伎重演？

5 单位线下穿 13 单位线，指标线同时出现死叉，【一阴破三线】也张牙舞爪要横，起死回生的可能性很渺茫，唯一出路就是择高出局。

有人可能会说，在涨停板卖掉就好了，但那是马后炮。其实，在涨停板上多数人不会卖，因为还想着以后会继续涨停；股价无常，谁也不知道下一秒会发生什么，但只要能根据股价实际情况，处理好当下就可以了，而且当天择高出局比昨天多赚 4.7％。

煮熟的鸭子飞了，有人气得发疯；然而，活蹦乱跳的鸭子从眼前鱼贯而过，很多人却视而不见。这究竟是你的点背，还是注定就不该你发财？

岁月苍老了容颜，斑驳了流年，但有些记忆是抹不掉的，比如，买入某只股票，从开始的兵荒马乱到最后的惨淡收场。见图八。

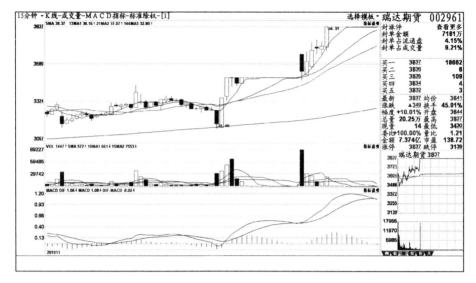

【一阴破三线】是见顶信号，择高出局（图八）

每一次进退有据，都是对生命的尊重。当自律变成一种本能习惯，你就会感受到交易的快乐。

超级短线，从入场到出局，一招一式无不触目惊心，尽管你有孤注一掷的勇气，却不一定有人获全胜的运气。特别是股价一动一销魂的特性，绝不允许存有流连忘返的念想。

国乒运动员王楚钦因为在比赛中出现摔拍这样不冷静的行为，从而遭中国乒协停赛三个月的处罚，假如我们自己交易违规，你会怎样惩罚自己呢？

9. 八一钢铁（600581），该股除权后边打边撤，原因谁都清楚，只是谁也不愿意点破。虽说中间有过几次像样的抵抗，但越是抵抗越是每况愈下。自从【红杏出墙】以后，股价面貌焕然一新。

把股票切换到15分钟图上，你会发现，股价站上144单位线后，没有预期的上涨，先是磨磨叽叽的晃悠，操作模式也从手动变成了自动驾驶，小阴小阳不停地闪烁，犹如组成的石片在水面一连串地漂过去，溅起一连串的水花。不过，有一个奇怪的现象，但凡横盘走势，走着走着就会主动往坑里掉，但也无大碍，因为有144单位线罩着呢。同时也给我们提供了【伏击支撑位】的机会。

伴随着 5 单位线下穿 21 单位线,引来指标线的连锁反应。股价低开低走,然后进行试探性打压,在不经意间击穿了 144 单位线,正好圆了我们的伏击梦。

股价仿佛意识到中了埋伏,开始是半信半疑,直到场外资金不断涌入才信以为真,于是先将股价提升一个档次,极不情愿地退出伏击圈。

翌日,主力先用一组【蚂蚁上树】把股价拉上来,然后再用一组【浪子回头】把股价推下去。主力似乎意犹未尽,又弄了一个【蚂蚁上树】,那一组小阳线傻乎乎地排排站,但接下来被欢快的小浪子结束了调整。

第三天,变形的冲天炮带着刺耳的轰鸣划破天际,然后就那么悠然地独处着,主力还嫌不过瘾,又在空中进行了二次发射,这下子就一头冲进涨停板空间站了。见图九。

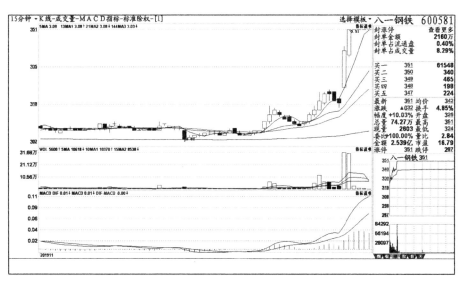

股市蕴含着希望,也潜藏着陷阱(图九)

相传,有两个人向酒神求教如何酿酒。酒神授之以法:选端阳那天饱满的米,与冰雪初融时清冽的高山流泉之水调和,注入千年紫砂土铸成的陶瓮,再用初夏第一张看见朝阳的新荷盖紧,紧闭九九八十一天,直到鸡叫三声后方可启封,酒即成矣。二人假以时日,历尽千辛万苦,克服重重艰难险阻,终于找齐了所有的材料。他俩按酒神的吩咐把酿酒的材料调和密封好,然后耐心等待那激动人心的时刻到来。多么漫长的等待啊。漫漫长路的终点终于触手可及，第八十一天终于到来了。两个人整夜都不能入睡，等着鸡叫的声音。这时远远地传来了第一声鸡叫，仿佛过了很久很久，依稀传来了第二声鸡叫，第三声鸡叫什么时候才能传来呢？其中一个人忍不住了，他迫不及待地打开了陶瓮，对瓮里面的一汪浑水惊呆了，酿出的酒的味道又苦又酸，他后悔极了，失望地把酒洒在地上。而另外一个，虽然欲望仿佛一把火一样在他心里慢慢地燃烧，让他按捺不住想要伸手，但他还是咬咬牙，坚持到了第三声鸡叫响彻天空。他打开陶瓮：多么甘甜清澈、沁人心脾的美酒啊！他成功了！与前者相比，他只是耐心等了第三声鸡鸣而已。很多时候，失败者并不是输在才能与机遇上，而是输在了那么一点点坚持和忍耐上。成功者与失败者的区别只是多了一点坚持和忍耐，有时是一年，有时是一天，有时仅仅只是一声鸡鸣。

人的内心深处都会藏着一些不愿见阳光的东西，一旦有了适合的土壤就会疯长起来，这就是想象力，如不加以节制，又会出现一批指点江山的穷人。

对目标朝秦暮楚，加上游移不定的思绪，除了让你变得一无所获，也会叫你负债累累。这时你会很郁闷，渴望被人理解，却又怕被人看穿自己的无能。

交易就像一根皮筋的两头，主力牵一头，我们牵一头，而且事先约好谁也不许先松开。但买进股票后，我们就死死拽住皮筋的一头不放，后来发现这只是自己一厢情愿，主力走的时候连个招呼都不打，我们还在恋恋不舍，毫无疑问，受伤最大的一定是不愿松开皮筋的那个人。

有一天，当股市磨平你的棱角，拔掉你身上所有毛刺，面对起伏的股价，你一定会适应它的节奏。对伤害过你的股票，也不要老想着复仇，看着它脸不变色心不跳，那叫心理素质过硬，除非你有极强实力，否则就是死要面子活受罪。

◉ 买入时间

按 144 单位线提示的数值，提前挂预埋单。

◉ **友情提示**

1. 日线上的均线系统，最好处于多头排列。

2. 分时上先有一波拉升。

3. 股价调整的时候多数情况采用压价逼仓。

4. 触碰 144 单位线要么是蜻蜓点水，要么是龙吸水。

坚持进退有据，赚之，我幸；赔
之，我命。

第九章 急蹿大步追

◉ 形态特征

在 15 分钟图上，股价先有小幅拉高，然后在 144 单位线附近徘徊，成
交量显得冷冷清清，当指标线完成金叉穿越那一刹那，股价不约而同地跳
空高开，这是最佳进场时机，短线必有爆发力很强的一段拉升，我们把这
根带有黄金缺口的阳线称之为【急蹿大步追】。见下图。

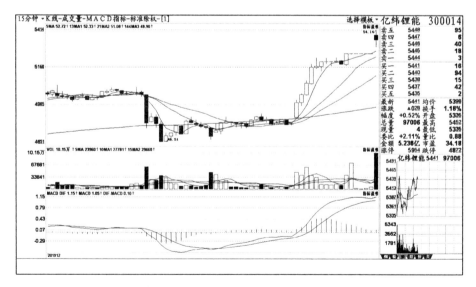

【急蹿大步追】是短线进场信号，别犹豫

◉ **经典记忆**

1. **瀚叶股份**（600226），有人问，为什么要关注这只股票，你怎么知道它短线有机会？答案并不神秘，因为它的日线持续拉出 5 根小阳线，是一组变形的【蚂蚁上树】，而【蚂蚁上树】的出现，表明有主力在里面活动，随着股价逐步抬高，自然会引起人们关注。这时，主力也发现情况有点不对，立即停下脚步，玩起装疯卖傻，还顺手抛出一根阴线。其实，在主力清洗获利盘的节骨眼上正是我们择机进场的时候，只要分时发出进场信号，就可以考虑动手。

股价在行进过程中，上涨与回调衔接，阴线和阳线交织，期待和失意错位，赢利和亏损失衡，如果没有一种方法来控制，那么，物欲的躁动、追逐的劳累、等待的焦虑都会一股脑冲杀过来。见图一。

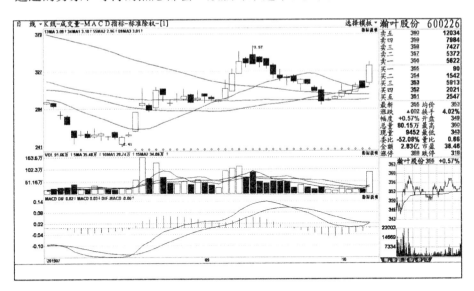

没有日线做基础，分时线不可乱用（图一）

若想加入【急蹿大步追】的行列，先从日线上找某种形态，然后再在分时上顺藤摸瓜，没有日线做基础，任何周期的分时皆不可滥用。

聪明人知道自己能做什么，而智者明白自己不能做什么；聪明人总想利润最大化，而智者总给别人留下获利空间；不愿吃亏的是聪明人，而忍辱负重的却是智者；聪明人知道什么时候出手，而智者知道什么时候该

放手。

在红尘滚滚的股市，能够安静地做着自己，而不被其他所左右，不是一件容易的事，除了内心安静宁和，也需要通透达观的智慧。

在强悍的主力面前，为什么我们总是那么不堪一击，因为我们没有摆正自己的位置，还隔三岔五去挑衅它，它可不是随便让你撞瓷的主。尼采说："聪明的人只要能认识自己，便什么也不会失去。"

纵然炒市如戏，从来都不允许彩排，但买卖主动权却在我们自己手里。永远不要让自己迷失在道听途说的是非之中，只有形态能够帮我们揭开涨跌的真相。

想在股市里生存，隐忍是重中之重，不要被黑马冲昏头脑赴汤蹈火，也不因一时愤怒毁掉自己的一生，但忍耐要有个度，比如，短线破掉守仓底线，别管什么原因都应无条件出局。守仓底线定得过高，容易踏空；太低又锁不定利润，要根据自己的交易风格和心理承受能力设定守仓底线。

不要总是抱怨股市给自己的生存空间小，坚持进退有据，交易不过几分钟的时间，关键看你能不能专注，买卖是不是时候，当亏损已成事实，应出场，然后再分析失利的原因。

我们把目光回到 15 分钟图上，股价非常有耐心地调整了一天，翌日，随着指标线的金叉穿越，股价几乎和它同步跳起，这根中阳线的出现，标志着该股短期内会有一波快速拉升，从这个点位进场，基本上属于抢钱，但主力是默许的，所以，面对快速上攻时的【急蹿大步追】一定要挺身而出。

在【急蹿大步追】出现时跟进，一般都不会让人失望。股价曾一度封停，虽然时间不长，但毕竟过了一把瘾。当天买进的股票，受交易规则限制，当天无法卖出，只能在第二天择高出局。

第二天，股价低开低走，没有延续昨日的走势，昨天意气风发的大步跟进，今日却要灰头土脸地离开，不管是谁，心里都会敲起小鼓，但股价得到 21 单位线的强力支撑，只要稍微往上仰一下头，就可以获利出局了。

下午开盘后，股价放量上攻，但它跑得太快了，多数人都被甩掉了，股价立马变得毫无兴致，分时图上给出【一枝独秀】的离场提示。见图二。

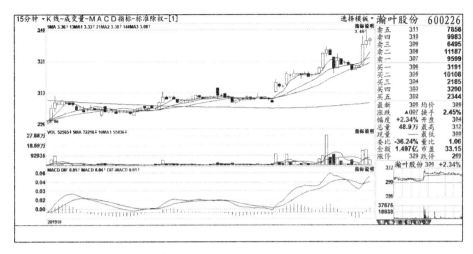

【一枝独秀】是调整信号，先出去躲一下（图二）

股票是条狼，选对了帮你致富，选错了逼你发疯；主力是条狗，跟对了，对你忠心耿耿，跟错了，把你撕咬的面目全非。形态是金矿，找对了，财源滚滚达三江；找错了，掉进深渊无人问。

《后汉书》里有这样一个故事：名士郭泰有一天在路上看到一个人背着个瓦罐走路，走着走着，这瓦罐突然掉到地上去了，哗啦一声，吓人一跳。谁知那个行路人看也不看，继续走路，就像什么事也没有发生一样。

郭泰看了觉得很奇怪，就主动上前问他："为什么你的瓦罐摔碎了，看也不看，弃之不顾，继续走路？"那人回答："破都破了，再看还有什么用呢？"

故事里的人谈吐不凡，拿得起放得下，是个奇才。他叫孟敏，求学十年之后闻名天下。

拿得起，是能力；放得下，是智慧。"心随股走，及时跟变"是超级短线的精髓，把它玩得得心应手后，交易时就如行云般自在，像流水般洒脱。

2. ST生物（000504），这个【急蹿大步追】为什么刚抬起腿就崴了脚呢？因为它的阳线太大了，拔苗助长反而弄巧成拙。这根诱人的大阳线，犹如笼子里煮熟的大虾，它的大红之日，便是大悲之时。因此，在使用【急蹿大步追】这个战术时，不要光想着赚钱，还要注意它的特点：①涨幅在3个点左右；②留有黄金缺口的中阳线，而不能是跳空阴线；

③满足指标线的金叉穿越；④日K线要有相应的形态做呼应；⑤在144单位线上方跳空高开，而不是144单位线下方。

看到的不等于看见，看见的不等于看清，看清的不等于看懂，看懂的不等于看透。老祖宗很早以前就用一个"盲"字警示人们，它由"目"和"亡"组成，意思是你看不清前面，只有死路一条。你再委屈、再愤怒，被恨的股市没有任何痛苦，恨它的人却是伤痕累累。

生活的质量是以你所做的事情而不是以你所度过的光阴来衡量。选择在最好的年龄里做着同龄人都在做的事情，注定你的成功将会很渺茫。在失落时候，想想一生中有多少时间为自己喜欢的事情做过努力？那些错过的机会还会回来找我们吗？

想挣钱的人不少，能挣到钱的人不多。有能力的人挣钱都难，没能力的人挣钱更难。"心理与赚钱成正比。"赚钱的期望值越高，给人的内心带来的压力越大。亏了，即使万般无奈，也要坦然接受。交易就是交战，打不过人家就乖乖地俯首称臣。见图三。

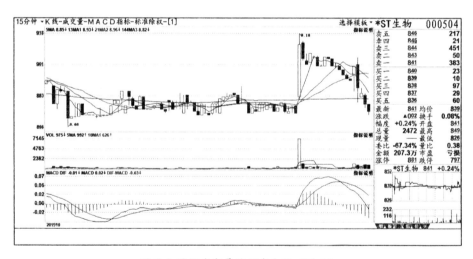

过于大的阳线容易使形态失败（图三）

有人的地方就有江湖，有江湖的地方就有规矩，有规矩的地方就有冲突，有冲突的地方就有伤害。但凡在股市能有一席之地的，都是特立独行、离群索居，他们买得奇巧、走得低调，谁能耐住寂寞甘当孤家寡人，谁就是大赢家。

15 分钟图上这根莫名其妙的大阳线着实让人摸不着头脑，但也引来短线客的追捧。由于它来得突然，所以它走得也会很仓促，可能由于出现的位置不当带给你灾难和厄运，但也不排除它带给你希望和辉煌。

花开花落只是一种存在形式，春华秋实才是最终的归宿。但相遇在山顶，还没来得及欣赏一览众山小，就被一阵狂风吹将下来。

"眼看他起朱楼，眼看他宴宾客，眼看他楼塌了"，股价涨跌正像古典戏曲中所唱的那样。

在尊重规律的前提下，要敢于折腾，说不定还能折腾出一个好命运来。刘邦不折腾，就是个混日子的；刘备不折腾，就是个卖草鞋的；成吉思汗不折腾，就是个放羊的；朱元璋不折腾，就是个要饭的。散户不折腾，就是个打工的，折腾对了命运就改变了；折腾错了，大不了还是穷人。

3. 上海家化（600315），股价一直在 144 单位线附近极为耐心地蠕动着，成交量也变得清淡起来，所有的参与者都感到孤独至极，股价几次下探均未戳穿 144 单位线的支撑，这时候，稍有一点风吹草动就能点燃外面的疯狂。理性可以让人孤独地等着，而感性却蕴含着神奇的力量。

第二天，开盘后，指标线和股价不约而至，仿佛在同一时间产生共振，在 MACD 金叉穿越的同时，股价也跳空高开，瞬间出现【急蹭大步追】的热火朝天景象，只要在这时候大胆跟进，当天都能处于获利状态。

15 分钟图上，主力像推土机一样发着震耳的轰鸣声簇拥着股价往山顶爬，一小时后再次登顶，尽管我们知道，主力的第二次冲顶时就向我们发出离场信号，但股市太盛情了，死活不让你走。T+1 交易规则确实给短线操作带来诸多不便，也正因为这样，才激励了短线高手在技术上更加精益求精，在时间点的选择上更加精确和恰到好处。

第三天，股价低开低走，瞬间跌穿 5 单位线，加上成交量的急流勇退，若不择高出局，很可能会被闷在里面。随着股价的企稳，悬着的心慢慢放了下来，但上攻时的成交量远远没有它下跌的时候大，而且 5 单位线已开始向下，说明主力有暂停的意思，走为上策。眼光不到易走弯路，心态不稳易失理智。见图四。

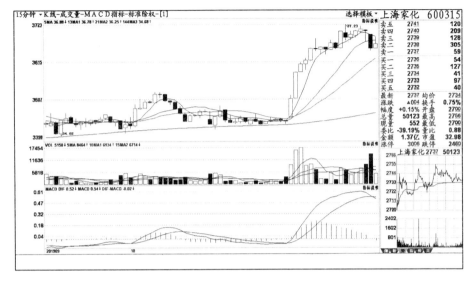

【过河拆桥】是出局信号（图四）

超级短线不是今天买明天卖，而是在日K线有形态的前提下按分时线的质变节点进出。也可根据自己的风格选择不同的时间周期，但不能摆脱日线的束缚。尽管人们对短线情有独钟，但不是每个人都适合，对于这点心里要有数。

短线不能犹豫，一眨眼轻舟已过万重山，再一眨眼飞流直下三千尺。把"只认指令、不管输赢"落到实处，买股票快乐又简单，卖股票简单又快乐。一件事反复做，你就是高手。

2015年普京参观俄罗斯博物馆时，感叹地说，拍得多美的雪景呀！随行人员赶紧小声地提醒他，让普京闹出"笑话"的正是外号"雪魔"的格鲁吉亚功勋画家。他从13岁开始到如今74岁，默默画了一辈子"雪"，他笔下的雪不再是单纯的白雪皑皑、银装素裹，而是蕴含着苍茫辽阔的壮美。在一片辽阔苍茫的天地中，透出几分静谧与温暖，作品对光影的掌控几乎完美，细节的拿捏更让人拍案叫绝。然而画出如此摄影品质般的作品，用的仅仅是一支铅笔。

1947年"雪魔"出生于格鲁吉亚一个木匠之家，母亲由于受不了丈夫的暴力，在一个风雪交加的夜晚离家出走。从此，13岁的他就开始自食其力，到一家小店当售货员，寒冬时节经常一人望向窗外看着鹅毛大雪发呆流泪，每天都盼着母亲归来。

大雪覆盖万物，小店生意冷清，他一遍一遍在纸上画下母亲离家的路，旁人都说他失心疯，只有他自己清楚，只有画画的时候心里的疼才会减弱一些。绘画对他而言不是炫技，而是疗愈。只有投入绘画时，才不会惶恐，内心有安全感。就这样，他整整画了 61 年。大雪封山，万籁俱寂，人们躲在屋内取暖的时候，他经常独自一人出门，在厚厚的雪中不知不觉站几个小时，沉浸在白色的童话世界，仿佛忘了自我的存在。有次在寥无人烟的郊外，他冻僵了，幸被一位出门铲雪的老太太发现。人们都把他当疯子，对他的反常行为难以理解。而他只是单纯地想在不同的时候、不同的地点，欣赏白雪即时即刻的美。让每一刻、每一个场景，在独特的光线下，体现雪花的惊艳。

父亲的暴力、母亲的离家给他带来难以磨灭的伤害，但他笔下的白雪世界，仍有不言而喻的温暖，雪是冷的，心是暖的。人们评价，看他的作品，仿佛自己置身于白雪茫茫的世界。他对光线和阴影的把握出神入化，难以想象他画出这样的美景用的仅仅是一支铅笔。世界各地 67 家有影响力的艺术机构、博物馆等争相为他举办展览，然而他早把名利看淡，守在乡郊自己的小屋，春耕种，冬赏雪。有人采访请教经验，他朴实地说："农人春耕，讲究时节，可画画，什么时候都不算晚。"人们称他为"雪魔"，他也以微笑回应，这世界上没有什么神魔，如果有，那也只是纯粹用心反复做一件事，终必有成。

4. 百隆东方（601339），和某只股票有缘，错过了还会重来；如果无缘，相遇了也会离开。与形态达成最好的默契，是懂得它的言外之意，但也要理解它的欲言又止。

该股从【一枝独秀】到【一锤定音】用时 5 个月，股价从 6.25 元跌至 3.7 元，跌幅 41%。由此可见，赚不赚钱、赚多赚少和持股时间没有关系，和股价的质变节点有直接关系。错误的时间遇上不可抗拒的诱惑，绚丽伴着凄美，幸福掺着泪水。

当股价经过一波拉升，发出离场信号时应立即退出，留着就是尴尬。执意不肯撒手，那就是你的悲哀，不会太久，你的心就会颤抖。

形态是速效救心丸，只在当天有效。当我们与形态擦肩而过、与机会失之交臂的时候，时间不会重新给你机会，它只给当天的有缘人留下财富的空间，赶上就赶上了，过期就不候了。

【一锤定音】的出现，标志着探底的成功，但股价走到【动感地带】，又用了两个月的时间。股价从山顶跌至谷底，需要很长一段时间休养生息，因此逃顶要快，抄底要慢。

从理论上讲，在【动感地带】附近，股价一般都会闹出点动静来，主力究竟会怎么闹，什么时间闹，我们不妨用 15 分钟图来观察它。

分时图上，股价分明受 144 单位线的压制，但它寄人篱下毫无怨言，先是默默无闻弄了个【三军集结】，但光听兵打仗，不见兵出城；然后又不痛不痒整了个【走四方】，在不显山不露水的调整中，指标线完成了金叉穿越，进入预定攻击位置，均线系统也按事先约定各就各位，目前已经万事俱备，只欠东风。

冲锋的号角终于吹响了！股价跃出战壕，呈【急蹿大步追】之势，然而不久就遭空方疯狂反扑，整整一天没往前挪动一步，好在回落的股价得到 21 单位线的强力支撑，截至收盘时，双方暂时打了个平手。

客观地讲，股价的涨跌是难以把握的，但它的质变节点还是可以认识的，按交易指令给出的提示进行适当操作，和主力在行动上保持一致，获利的机会就大一些。

每个人都有一段无法复制的时光，有人在这段时光里收获财富，有人收获贫穷，但都再也找不回自己。

时光总是在无形中伸展，无论曾经的形态多么诱人，都会被定格在转身之间。对于那些不是来得太早就是来得太迟的形态，不理也罢。去的尽管去了，来的尽管来了，在这来去之间，蕴藏着机会。

知道了股价的涨跌规律，就不会去抱怨股市，赚不赚钱那是你的本事。虽然有些人满脸认真，也未曾有过畏惧，可钱就在你眼前晃来晃去，却始终像空气一样躲着你。

有时候，我们无法掌控自己的命运，因为股价走着走着就跳水了；有时候，并不是努力就能心想事成，因为想得太离谱了，就容易被主力算计。不管股价是急涨还是急跌，都应在第一时间做出反应，而不是静观其变。

翌日，股价小幅推高，然后继续向上推进，接近上午收盘时，股价开始加速前进，这是个好兆头。

下午开盘后，股价延续上午走势，马不停蹄地继续上攻，大有涨停之势，然而天有不测风云，上攻的股价遭获利盘猛烈反扑，【节外生枝】暗示我们应迅速撤离战场。见图五。

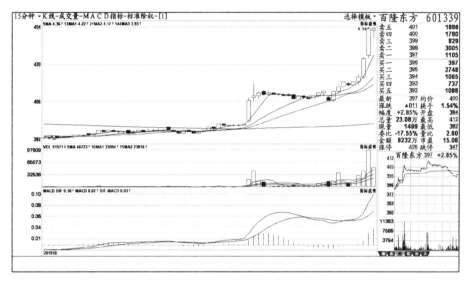

【节外生枝】是调整信号，应回避（图五）

只看形态而不思考，就会遭主力暗算。看形态不光看它的外貌，还要看它的结构和位置，从中悟出它的内涵和规律。

《西游记》里，唐僧去西天取经是十万八千里，孙悟空一个跟头也是十万八千里，孙悟空背着唐僧一飞不就过去了？为什么在吴承恩的笔下，非得要经历九九八十一难？等你把《西游记》读明白了，你会发现《西游记》不仅是一部小说，而是一个修佛过程，孙悟空如同唐僧的心。有个成语叫"心猿意马"，我们的心就像猴子一样善于攀缘，从这个事看到那个事，又从那个事想到这个事，越攀越远，所以我们的心会"七十二变"。说变就变，不信你就试试，用你的心去追即将涨停的股，黑马看到了吧，骑上去，马又不动了，然后再抓一匹正在飞奔的黑马。心不受约束，所带来的影响巨大，力量巨大，破坏力也最强，股市的每个人都具有孙悟空的特征。

那猪八戒是什么呢？他干了那么多遭心事，唐僧却不责怪他，再怎么都无所谓。因为猪八戒代表着唐僧作为一个普通人的欲望，唐僧见到女人不动心，见到美食不动心，见到钱也不动心，而猪八戒样样都动心了。我们对自己欲望所犯的错误往往都比较宽容，正是这样的宽容，把我们一次又一次地逼到死亡线上。

沙僧是什么呢？沙僧说的每一句话都是对的。大师兄，师傅被妖怪抓走了；大师兄，二师兄也被妖怪抓走了。沙僧说真话，但无趣，代表着唐僧的理性和逻辑，所以他才挑着担子一直走。

白龙马代表意志，不管你们去不去，我一定要去，心猿意马就是这么来的。

牛魔王是什么？他是孙悟空的兄弟。像孙悟空一样去修炼，则成为斗战胜佛，而在外撒野，就是牛魔王。

从《西游记》中，可以读出一个人的修炼过程。最终孙悟空修炼成佛，他跟佛祖说，你帮我把这金箍摘掉吧。佛祖说，你摸一摸。一摸，金箍没有了。谁缚汝？禅宗里说，谁把自己绑住了，就是你自己把自己绑住的。所以，孟子说的求其放心而已，就是让我们能够学会念念分明，让我们生活在当下。哪怕你是股市九段，也要心随股走、及时跟变。

5. 美诺华（603538），【浪子回头】确认以后，股价开始小幅推高，但很快就无量下跌，经验表明，主力在构筑空头陷阱，这是要起飞的征兆，盯住它。

我们能看到股市的潮起潮落，却找不准自己的位置；能看到主力的过失，却看不到自己的缺点；能看到别人的贪婪，却看不到自己的吝啬；能看到别人的愚蠢，却看不到自己的无知，当人贵有自知之明的时候，财富才会不期而至。

在15分钟图上，伴随着指标线的金叉穿越，股价也不约而同跳空高开，随后携量突破前期整理平台，【急蹿大步追】映入眼帘，快速跟进。

股价走到前高点附近，主力用一根中阴线清理昨天浑水摸鱼跟进的筹码，从成交量来看，被驱赶出局的还真不少。

接下来，在【急蹿大步追】跟进的眼睛亮了，股价瞬间吞噬刚刚形成的中阴线长驱直入，被恐吓出局的人后悔了，气得直跺脚，急得头上直冒汗，但就是不敢把抛出的筹码再接回来，眼睁睁地看着股价涨到收盘。

股价在起起伏伏中行进，亦在若明若暗中丰满，还在深深浅浅中永恒。在变幻莫测的股市应有自己的坚守，面对上涨途中的股价，要让自己的心静守淡然。

翌日，股价低开，接着放量上攻，但很快就败下阵来，在高点下方留下一个不规则的【一剑封喉】，5单位线开始下掉，指标线出现死叉，种种迹象表明，择高出局是正确的。

静坐电脑前，享受只属于自己一个人的时光，交易前的纠结疑虑、交易后的喜怒哀愁，每一段心路历程都丰盈着自己的心智，见证着蜕变的自己。

努力不一定让你立马富裕起来，但懒惰一定会让你资金缩水。股市不让你赚钱，其原因除了你投机取巧外，就是你不够尊重它，叫你冲的时候你往后撤，叫你撤的时候你又往前冲。如果你下定决心，把你的想法和主力的利益结合在一起的时候，你就是赢家。

"木秀于林，风必摧之；堆出于岸，流必湍之；行高于人，众必非之。"从自然界到证券市场，自以为是的影子几乎在每个人身上都程度不同地存在着，若不想被"开除股籍"，在形态提示离场的时候，不管你有再多的理由，眼下必须一切行动听指挥。见图六。

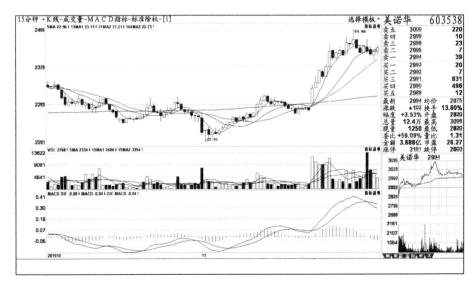

【一剑封喉】是见顶形态，应抛出（图六）

人的一生，好比乘坐北京地铁一号线，途经国贸，羡慕繁华；途经天安门，幻想权力；途经金融街，梦想发财；途经公主坟，遥想华丽家族；经过玉泉路，依然雄心勃勃，这时突然有个声音在耳边响起：乘客您好，八宝山快到了。

把知道的规律告诉大家，是一种道德；把知道的常识告诉大家，是一种责任；把目睹的真相告诉大家，是一种良知；把听到的谎言告诉大家，是一种博爱；把亲历的苦难告诉大家，是一种告诫；把面临的风险和不幸告诉大家，是一种善念。这就是135战法致力追求的目标。

6. 舍得酒业（600702），该股完成【三军集结】以后，逐渐形成一个慢牛走势，但短线始终没有给进场机会，所以只能作为旁观者，一会看它涨一会看它跌，因为它始终没有给出我们需要的形态，在这种情况下，只能耐心等。

近日，股价在前高点附近，主力用了一个【一石两鸟】进行震仓，言外之意，最近要有动作了。主力果然言必行、行必果。5单位线上穿21单位线后，指标线完成金叉穿越，股价跳空高开，唯一的不足是，在攻击前期整理平台时冲高受阻，留下不算太长的上影线，这也符合"创新高必回调"的135理论，但让人大跌眼镜的是，主力采取的是强势回调，甚至连阴线都没有出，调整就在盘中完成了，然后一路慢牛爬坡直至收盘。见图七。

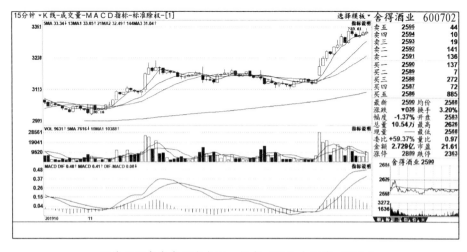

强势回调在盘中就完成了，根本不用拉出阴线（图七）

从【急蹄大步追】进场，一般当天都能处于获利状态，但期望值不能过高，第二天只要有出局信号，就应识趣地走人，不要恋战，【急蹄大步追】挣的就是瞬间爆发这段利润，获利空间一般在 7 个点左右，运气好的有可能撞上涨停板。

超级短线，不一定非要买在最低或卖在最高，而是交易在股价质变节点上。赚钱的人不一定都聪明绝顶，但对指令都绝对忠诚。

为什么总是锁不定利润？因为你的欲望比满足欲望的手段跑得快，赚了 5 个点还想着 10 个点，有了 10 个点还想再来个涨停板，没有能力控制欲望，就无法锁定利润。

【急蹄大步追】与【明修栈道】的区别：

第一，性质不同。【明修栈道】出现在大幅拉升之后，是行情的终结点，属于离场信号；【急蹄大步追】出现在充分整理之后，是短线的爆发点，属于进场信号。

第二，周期不同。【急蹄大步追】属于超级短线，要快进快出，不得恋战；【明修栈道】属于日线，适合波段操作。

玩超级短线，不论是繁华还是荒凉，看过风景后不要太留恋。

看过一个"从废弃的车库到迪士尼王国"的故事，它对有志成为短线高手的人很有启迪：

1919 年，沃尔特·迪士尼成立了一家美术公司，一个月后因收入太低，被迫停业。1922 年，他建立动画公司，挣扎了一年多后，宣告破产。所有人都劝他放弃，踏踏实实找份工作，但他不顾劝阻卖掉自己的摄像机，买了一张开往加州的单程火车票，带着行李和一些绘画材料，去了传说中"梦开始的地方"——好莱坞。在哥哥的帮助下，他租用一家废弃的车库作为画室兼住所，每天在充满汽油味的车库里工作到深夜，睡觉以后，会听到老鼠吱吱的叫声，他没有精力去驱赶，只能和那只老鼠和平共处。一天半夜，他看见幽暗的灯光下，一双亮晶晶的小眼睛在闪动。后来的日子里，他和这只老鼠朝夕相处，老鼠偶尔还跳到他的画板，在艰难的岁月中，他们仿佛建立了默契和友谊。工作室成立了三年，一直不温不火，直到推出《幸运兔子奥斯华》系列，一炮而红，他信心满满地去找发行公司续约，对方却与他终止合约，并挖走了他工作室的成员。回去的火车上，他突然想到那双亮晶晶的小眼睛，画笔在纸上飞速穿越，全世界最受欢迎的动画形象——米老鼠诞生了。此后，他创作出世界上第一部有声动画，推出世界上第一部彩色动画，又创作出了唐老鸭等一系列生动的动画形象。

1934年，他决定推出长篇动画电影，被美国媒体称为"愚蠢之举"，因为没有人愿意花一个多小时看一部动画片。他坚持自己的狂想，一遍遍修改，片场都抵押了出去，因超出预算几倍，他与哥哥几次争吵。1937年，他推出了影史上第一部动画电影《白雪公主和七个小矮人》，首映结束，全体观众激动地起身鼓掌。接下来的数十年，他相继推出《木偶奇遇记》《小飞侠》《睡美人》《阿拉丁》《狮子王》等众多脍炙人口的动画，创建了世界上第一座迪士尼主题乐园。1966年，65岁的沃尔特·迪士尼因肺癌逝世。他用自己的敏感和能力筑起了迪士尼王国，他说不管做什么，把它做好，好到人们想看你再做一次，甚至邀其他人来看你究竟做得多好。

输赢的关键往往在于你有没有放弃，这就是这个故事给我们的启示。人总得有一技之长，才能在股市有一席之地，而且纪律越严、技术越精，成就就越大。绠短者不可以汲深，这是早已被股市证明了的。如果还是信马由缰，结局只能是"上穷碧落下黄泉，两处茫茫皆不见"。

7. 长盈精密（300115），该股曾有过两波不同程度的拉升，总体涨幅相当可观，从累计涨幅看，参与价值不大，而从形态看又有参与的理由，遇上这种情况怎么处理？原则上不参与，参与也要适量。

走势图上不规则的【浪子回头】，虽然性质上是震仓，但形状上明显是心不在焉。一般讲，有震仓就会有动作，只是动作大小而已。

在15分钟图上，我们不难发现，指标线完成金叉穿越，并且进入预定攻击位置，但股价一直受144单位线的反压，种种迹象表明，它要试图突破。

知行合一，历来都是最难的。嘴里说着知足常乐，心里却暗想着一夜暴富，这种矛盾心理很普遍，具体表现是：耿直却又圆滑、坦诚却又世故、多疑却又轻信、爱占便宜却又慷慨等分裂的性格、矛盾的心理，导致亏损时守纪律、赢利时赶时髦。

前不久，从网上看到一则报道：2008 年 5 月 30 日，道指为 12638.20 点，上证为 3433.35 点。10 年后的 2018 年 5 月 30 日，道指为 24361.45 点，上证为 3041.44 点。报道接着笔锋一转，10 年前，深圳华侨城 2008 年 5 月 30 日，房价每平方米是 7000 元，2018 年 5 月 30 日华侨城，房价每平方米 10 万元。于是，报道作者调侃：股价是用来住的，房价是用来炒的。

【均线互换】的完成，标志着上升通道已经被打开，股价能不能涨起来，取决于主力的态度和其他因素的配合。

翌日，股价跳空高开，强行突破封锁线，而且将那些反扑过来的筹码统统拿下，【急蹿大步追】发出进场提示。

15 分钟后，股价直奔涨停，但中间有过两次打开，特别是第二次打开后，成交量泥沙俱下，不明真相的争先恐后地往里冲，老道一点的纷纷获利出局，量区里这根半年以来的巨大量柱，表明主力在制造恐慌的同时自己也在拼命地向外兜售。

最忐忑的应该是当天跟进的，尤其是在涨停板被打开后混进去的。但凡按形态跟进的，明天发现情况不妙，主动择高出局，多少还有些赢利，在涨停板打开后杀进去的就不好说了。

在使用【急蹿大步追】时，一是要注意日线上形态的具体位置和以前的涨幅；二是在分时的时间点的把握上要足够精确，留有余地。

第三天，股价低开高走，但期望值不可太高，因为它的均线和指标线都已经死叉，择高出局才是明智的选择。

半小时以后，股价在【分道扬镳】下方出现不规则的【一剑封喉】，别再犹豫了，先把获利锁定再说。技术好的能锁定 3 个点，稍差的也能锁定 2 个点的利润。

股价的轨迹既不是一马平川，也不是一路腾达，而是跌宕起伏、有升有降，有顶峰、有低谷，盛极必衰，否极泰来。不要心怀侥幸，不要不以为然，在没有形态下交易，不管是谁都属于铤而走险，主力的狡猾和我们技术手段的局限，只会让短线操作越来越复杂。

当你的自选股里出现【急蹿大步追】时，心里肯定会有热火沸腾的冲动，心中会油然升起一种自豪感，你会发现自己和主力的心脏一起跳动。

由于【急蹿大步追】来得突然，没有经过专门训练的还真跟不进去，即使按形态冲进去的，也会紧张得额头冒汗，但很快就会沉浸在股价的飞翔中。见图八。

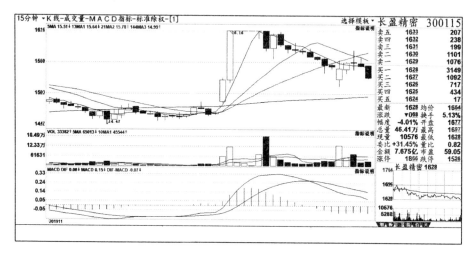

【一剑封喉】是出局信号（图八）

不管这次操作有多少喜悦、欢乐、遗憾和失意，抛出股票这一切都已经跑到身后，我们要迎接扑面而来的冲天炮。

【急蹿大步追】与【锁定冲天炮】的区别：

第一，位置不同。【锁定冲天炮】是从 144 单位线下方上穿 144 单位线；【急蹿大步追】是从 144 单位线上方跳空高开。144 单位线是分界线。

第二，时间不同。【锁定冲天炮】随机性强，从来不分时段；【急蹿大步追】在早盘出现的时候多，应多留意。

20 世纪 80 年代，导演王扶林看到一份调查报告，国内某名牌大学中文系学生竟没有看过四大名著，而当时因为荧幕上播放的却都是《阿童木》《加里森敢死队》等国外影视作品，于是他向台里建议，将我们自己的经典搬上屏幕。正是这个建议，才让《红楼梦》走进千家万户，而 87 版电视剧《红楼梦》之所以被奉为经典，不仅因为拍摄得早，更因为它背后克服了无数个常人眼中的不可能。

《红楼梦》是一部残书，也被文坛誉为"断臂的维纳斯"，剧本的改编成了当时最大的事。为此剧组请来曹禺、沈从文、蒋和森、周汝昌等当时国内顶尖学术研究大师，阵容之豪华空前绝后，让人瞠目结舌，即使如此，编写工作仍然耗时两年多时间，但所有人斗志昂扬，且没有任何报酬。为保证演员与原著人物高度匹配，剧组决定采取全国招募和自荐的方式，最终从数万名候选人中遴选出 153 名参演人员，他们中有学生、电话员、服务员，唯独没有明星大腕。为了让演员真正了解红楼梦文化，剧组专门在圆明园举办了两期近一年的学习班，参演人员跟着红学家研究原著分析角色，学习表演，甚至要像大观园中的姑娘们一样苦练琴棋书画以培养角色气质。正因如此严苛，才让一个个人物仿佛从书卷中走出一般。该剧的服装师史延琴在历代服装中提取最精美的元素，并融合戏剧服装特色，重新进行创作。为了让服饰更贴合人物性格，她给宝玉多用砖红或朱红，因为他心性纯真、待人温暖；给黛玉多为白清之色，因为她忧郁且高冷。为了突出黛玉的诗人气质，她首次将戏装里小生常用的梅、兰、竹、菊等元素添入黛玉的服装里，这种做法也开创了影视剧服装设计的先河。几年下来史延琴共设计服装 2700 套，用一件件服装给贾府上上下下 400 多人分出了层次。红楼梦拍了三年，她就在剧组住了三年，因常年不着家，丈夫和她闹离婚，为了不耽误拍摄进程，她主动提出离婚，这份执着震撼了当时所有人。用她的话说，我来剧组不是赚钱，是为了圆我一生"红楼梦"的。而当时一个化妆师每天要化五六个演员的妆，化妆师杨树云每日凌晨 3 点就爬起来开始化妆，这一坚持就是三年，正因为这份坚持，才让林黛玉的罥烟眉和王熙凤的丹凤眼如此深入人心，而像他们这样的追梦人，在这个剧组中比比皆是。

作曲家王立平在接到为红楼梦作曲的任务后兴奋无比，但一想到要给这部绝世经典作曲，一种前所未有的压力骤然而至，以至于深耕原著一年多时间仍感到无从下笔。每一次导演打电话问创作情况，他总是惭愧至极，用他自己的话说就是一朝入梦，终身难醒。然而沧海横流，方显英雄本色。四年煎熬最终换来《葬花吟》《枉凝眉》等 13 首经典名曲，而最让他难忘的就是这首声声都是泪、字字都是血的《葬花吟》。仅此一曲，就耗时一年九个月，为了让曲子完美地被演唱出来，他力排众议，起用年轻歌手陈力，并安排她全程跟随剧组，学习红楼文化近三年时间。而陈力也是激动万分，她早早跑到剧组，食堂没有成立，她就一个人在宿舍吃了近一个月的泡面，正是凭着这种执着，在被王立平无数次骂哭之后，才一遍遍擦干眼泪重回录音棚。就在录音演唱渐入佳境之时，家中突传噩耗，她的丈夫癌症晚期，回家照料了八个月之后仍然无力回天，留下了她和4岁的女儿。最终，她在母亲的支持下，趁着深夜女儿熟睡之际，偷偷踏上了红楼的征程。在火车上她默默发誓，要做到最好，要对得起母亲，更要对得起自己的孩子。也许正是自身的多舛，才让本就凄婉深沉的红曲如此催人泪下。有人感慨道，红楼梦曲天际响，只需陈力三分吟。这些艺术家们，创造了一个又一个的不可能，将我们带入了一个包罗万象的大观园，让我们在短暂的繁华幻梦中阅尽人间百态，也感悟了五味人生。

　　8. **菲林格尔**（603226），该股除权以后走了一波不错的填权行情，股价从19元涨到38.76元，半年时间股价翻倍，盘中主力功不可没，可喜可贺。桀骜不驯的主力既然能让股价一飞冲天，但也同样能够让股价一落千丈。你可以拒绝它的诱惑，但绝对不能去挑逗它，否则，那麻烦就大喽！

　　股价见到阶段性高点以后，又从38.76元一路跌到17.83元，时间仅用了11天，其间连个认错和改正的机会都没有。

　　我们知道，下跌途中的股票，放量之后有新低（见四川人民出版社2018年4月《与庄神通》第3版）。如果在【过河拆桥】出现时，由于种种原因没有抛出，那么，当跌停板被打开，不管亏多少先要出场。君子报仇十年不晚，遗憾的是，多数人并没有吃一堑长一智，而是还没有找到以前失利的原因就匆匆忙忙展开复仇了。这样只会加快你的死亡速度。

　　我们还原一下当时的情景。当跌停板被打开，很多跟踪过它的人一窝蜂地冲了进去，主力表现出少有的慷慨，从当天66％的换手率看，没有让任何人失望，人们只知道自己买上股票了，但却不知道这股票是谁卖给自己的。这是其一。其二，跌停板被打开以后，原先持股但没有择高出局的，意味着你手里的股票还有20％的跌幅。从图上不难发现，主力把股价高高抛出后，立马把接盘客砸得满地找牙。见图九。

　　你不赚钱，往往不是因为你的智商和学历，而是你的理念和生活圈。股市里的"贵人"不一定是直接助你赚钱的人，而是开拓你的视野与思维、给你正能量的人。

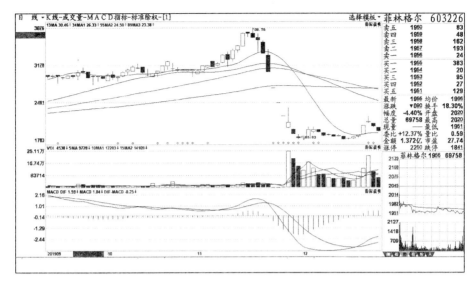

坐拥云起处，心容大江流（图九）

　　我不信佛，但尊重事实。我不怕亏，但想知道是怎么上当的。如果是交易不慎，我改；如果是无法抗拒的外力，我认；如果是技术不精，我练；如果是找死，那就活该。

　　主力和我们是什么关系呢？主力是一只股票的领军人物，我们只是摇旗呐喊的人，想赚钱就得亲近、顺从主力，疏远甚至对抗主力就会受到制裁。我们也不能在赚钱的时候把主力捧成仙，亏钱的时候又把它骂成魔鬼。我认为，只要你还在股市里，就必须摆正自己的位置，不应主动挑衅，主动扩大与主力的冲突，但我们必须敢于坚持守仓底线。经历一段艰难期后，我们很可能逐渐走向成熟。

　　短线高手不会和主力对抗，更准确地说，他们是在与主力周旋。周旋最重要的功夫是要灵活，有耐力。什么叫耐力？就是在周旋的同时，力争不吃亏或少吃亏。

　　如果我们的资金不断缩水，就会在股市失去活力、失去张力，直到被逼到崩溃为止。所以说，面对主力的打压，我们不是与它迎头相撞，也不是躲进碉堡里缩起来死守。我们要唱着歌、跳着舞，用一波又一波释放出来的活力来瓦解主力打压的冲击波。

　　不管是买入或者卖出，我们总是被迫应战，因为处于从属地位的我们没有别的选择。况且，散户一盘散沙，股市错综复杂，唯有市场主力才能积聚起强大的凝聚力。只有在那一刻，我们才会对"凝聚力"这个词有更深刻的理解。一只股票里有主力和没有主力，它的强度和韧性是完全不同的。

别小看中国股市，虽然只有短短的数十年，但它经历的风雨并不少，虽然单独个人的见识都很有限，但散户作为群体的见识非常惊人。每次"股灾"他们却挺了过来，而且每次"股灾"也一次次给散户这个群体打了疫苗。

应当说每代人都经历着不同的股市，但总有一群散户能在股市中生存下来，那些活得有滋有味的更是神奇。什么是好人生呢？它可不只取决于你在股市挣了多少钱，还能拥有一个一生越来越好的变化曲线。

在底部区域，股价在144单位线下方不知是韬光养晦，还是元气大伤，反正在那里憋屈地活着。随着成交量的温和放大，股价又慢慢地活了过来，先是完成了【均线互换】，打开上升通道，接着完成【梅开二度】，继续跃跃欲试，股价像蚯蚓似的在144单位线附近缓缓蠕动，它一会儿露露头，一会儿又钻回去。时光闭着眼睛，谁知道它在想什么……

奇迹常在绝望后，落难总在无意中。无论是欢快买进还是痛苦卖出，坚持进退有据，交由系统去定夺。

翌日，股价跳空高开，【急蹿大步追】发出明确的进场指令。在形态未出现之前，股价犹如一群散兵游勇，形态出现以后，股价立马神灵活现地八面威风起来。

成交量瞬间爆发，形成气吞山河之势。股价一举突破前期整理平台，然后"回眸一笑百媚生，六宫粉黛无颜色"，三下五除二就把涨停板拿下了。

刚才，主力斩将搴旗太辛苦，躺在涨停板上足足睡了一个下午，直到收盘也没叫起来，就让它睡个自然醒吧。

赢家谈趋势，输家论是非；赢家谈付出，输家讲索取；赢家谈理念，输家寻绝招；赢家谈行动，输家搞算计。

经历过许多坎坷，却没有消沉下去；感受过很多悲苦，却没有沉浸其中；每次煎熬过后，都能焕然一新，这样的人不会沉默下去。

第三天，股价高开高走，气势如虹，但是，如此大的换手率股价该封停才对啊！一定是有人在里面做手脚了，假如股价不能迅速封停，【狗急跳墙】的阴谋就坐实了（详见四川人民出版社 2017 年 10 月《巅峰对决》第 4 版）。如果不是因为股市有些古怪，我巴不得永远和【急蹿大步追】厮守一生。

借阵清风小眠，江湖纷争已远。醉闻半盏清茶，手中无股成仙。见图十。

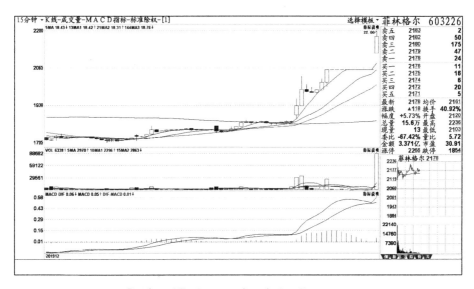

【狗急跳墙】是见顶形态，走为上策（图十）

前不久，在电视里看一组画面还是很震撼的。画面上是新组建的芬兰政府，教育部长 32 岁，财政部长 32 岁，总理 34 岁，内政部长 34 岁，清一色的 80 后。想一想，我们 30 多岁的时候还在干什么？

芬兰 34 岁的女总理桑娜·马林并非政治世家出身，她母亲在孤儿院长大，父亲酗酒，后来她母亲和同性伴侣组建了新家庭。中学毕业后，马林也没有直接进入大学深造，而是选择打工。她干过收银员，派送过报纸，做过其他不少兼职，然后靠着国家补贴和自己打工赚的钱读完了大学。在大学时她就积极参与公共政治。2012 年，27 岁的她当选为芬兰坦佩雷市市政议员。

2013 年至 2017 年，她担任市政议会主席。2017 年，马林获得硕士学位。年轻的她在党内一路擢升，在芬兰大选中，社会民主党成为议会的最大政党，党主席安蒂·林内出任总理，马林成为芬兰交通和通讯部长。

劳资纠纷引发芬兰全国性罢工，林内辞职，马林击败竞争对手出任芬兰总理，成为芬兰最年轻、也是当今世界最年轻的总理。34 岁的马林没有结婚，但和男友育有一个孩子。马林能有今天，不是因为家庭，不是因为背景，靠的是她自己的努力和付出，当然背后也是 100 多年来无数芬兰人对女性权益的争取。早在 1906 年，芬兰妇女就获得选举权和被选举权，芬兰成为欧洲第一个妇女获得选举权的国家。1907 年，19 名妇女通过议会选举首次进入议会，芬兰成为最早拥有女议员的国家。在芬兰新内阁中，19 名政府要员中 12 名为女性，五大联合执政的党首都是女性，其中四位是 80 后。

如今，婚姻也越来越多元。马林家庭背景独特，而她自己未婚先孕，社会越来越包容。以马林为例，她一方面治国理政，一方面也不忘在 Instagram 晒美照。她与传统政治家，如默克尔等传统女政治家，也有很大的区别。

9. **江山欧派**（603208），股价在一定高度滑行了一段后，然后对准 144 日线就是一个蜻蜓点水，由此可见，主力只是虚晃一枪，它并不想让人们在这里捡漏，指标线开始亲密接触，已经黏合在一起，错位的均线系统让人眼花缭乱，一时间，找不到进场的理由。

翌日，指标线金叉穿越进入指定位置，均线经过一夜的磋商，终于达成共识，股价兴高采烈地跳空高开，成交量撒着欢拽着股价往上猛跑，【急蹿大步追】正式发出入场邀请。

随后的无量上涨让人不够过瘾，同时也暴露出大部分筹码仍被主力所控，或许担心两年前的高点还有埋伏，所以股价始终战战兢兢、磨磨唧唧地往上爬，最后虽然封停了，但很不坚决，给人留下一丝疑虑。

第三天，股价低开低走，主力引诱人们不断往外抛出，在它认为不需要再施压的时候，突然用了一招龙吸水把股价快速拉了上来，但那根缩量阴线或多或少给那些被驱出局的人们一点安慰，股价整个上午都在安抚中度过的。

下午，股价开始小步向上移动，接着越走越快，最后干脆迅跑起来，然后突破两年前的高点，创造了该股历史新高，此时此刻，股价干脆一不做、二不休，直扑涨停板，可就在它涨到 9 个多点的时候突然停下了脚步，让人匪夷所思，行将收盘时，【金蝉脱壳】发出离场信号。见图十一。

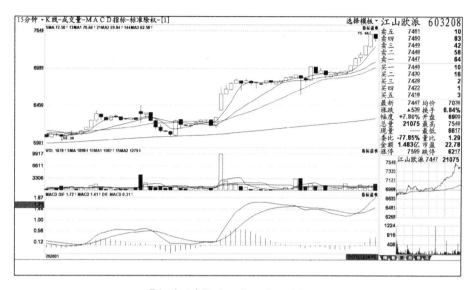

【金蝉脱壳】是调整信号（图十一）

一叶孤舟在股海里漂浮，要有自己的航标，要善于找到自己心理上的平衡点，一旦找到了，就不能再动摇。没有这一条，很难在股市坚持下去。

股价是动态的，方法也应灵活些，在实战中顺应股价的变化。按某种形态介入后，若形态失败不要赖着不走，不要总是期待奇迹的发生。既然我们无法控制股价的方向，就只有改变我们的思路。

有时候，我觉得炒股就像股市里的搬运工，主力把某种形态营造好了，让你把它送到某个地方，然后领取一定的报酬，但是，在运送过程中把货弄丢了，你要照价赔偿，货色好，留为己用，一经发现，除了追回原物，还要受到不同程度的处罚。

"心随股走、及时跟变"，始终是短线遵循的原则，心口不一的人赚不到钱。实现财务自由，一定要有自己的事业；衣食无忧，一定要有自己的方法。交易过程中会遇到很多难以预料的事情，面对事情的态度及其处理方法很重要，它决定了你的命运。

我们把目光回到日线上，翻看一下历史走势。该股上市后连拉 7 个涨停板，股价由 24.83 元升至 72.13 元，涨幅 190%，然后一年半时间里股价从 72.13 元一路下跌，直至打破它的发行价，并创下 19.61 元新低，跌幅达 73%。这就是说，在见顶形态出现后不抛出，即使你抽签中的原始股也同样无钱可赚。其实，股市里有很多古代神话里的荆天，"一个因为挑战天帝的神威被砍下了头，可他没死，而是一挥斧子继续战斗"。精神可嘉，但你的钱呢?

老子说"天地不仁，以万物为刍狗"，意思是，要生存就得靠自己，不能靠苍天。这比神爱世人听起来残酷，但非常现实。勇于抗争，不怕输，更不会服，才是中华民族真正的信仰。

股价经过长期下跌之后，实在是跌不动了，所以【红杏出墙】让股价涨了 27%；【黑客点击】又让股价涨了 18%；【梅开二度】锦上添花，让股价涨了 54%，累计涨幅超过 100%，之后调整 5 个月，股价继续原来的升势，【海底捞月】让股价涨 54%，经过一个多月的整理再次形成【梅开二度】，股价再次迎来又一春。见图十二。

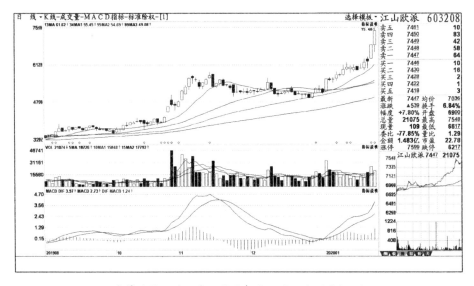

交易就是一进一出，结果都是一盈一亏（图十二）

与清风共舞、与云雨同行。克莱德曼的钢琴曲《秘密的庭院》凄美而悠扬，悲伤而又神秘。在股市行走久了，在心灵深处也偷偷藏着一个秘密庭院，那里不需要打扫得一尘不染，只要有一方蓝天、一缕阳光、一片雨露便好。野花遍地开，荷叶随风摆。

有时候，我总想在乡下盖一所小房子，建一个小亭子，搬来一方石桌，沏上一壶清茶，任清风拂去茶香，任我在庭中闲坐。垂下的芊芊杨柳、爬上亭子的藤蔓、盛开池中的莲花，它们在风儿弹奏的音符里起舞，也与我的心一道共鸣。

动听的旋律有一种安神之效，抚慰着或浮躁或伤感的心。沉浮的股市永远不会停歇，在自己不安之时，寻一方宁静的小天地，疗养身心，沉淀心境。毕竟，我们并不能在所有的时候都能保持良好的理智与好心情，在心情低落的时候，把身心交与音乐与自然，交与清风和明月，交与夏雨荷花……

◉ 买进时机

通常出现在开盘后第一时段，这是诞生【急蹿大步追】最神圣的时刻，愿每个人都能在这一刻找到财富。

◉ 友情提示

1. 【急蹿大步追】出现之前，日线上应有相应的形态做铺垫。
2. 【急蹿大步追】起涨都是原地增压，弹射起步。
3. 【急蹿大步追】起涨阳线涨幅在 3% 左右，最好不带长上影线。

后记 艰难的跨界

我的人生经历过三次跨界：一是从青年学生到合格军人，二是从军转干部到基层办事员，三是从公务员到135战法创始人。每一次跨界都是前途未卜，充满惊奇，但我用对生命的最大真诚感动着每一个陌生的领域。

虽然我出生在农村，但从未觉得自己的智商低于别人。直到高中毕业，我才发现一个人从他出生那天起，就已经处于不同阶层。我承认，人的起点可能影响结果，但不承认，人的起点就能决定结果。所以当同学们抱怨上山下乡就像个老农民的时候，对连上山下乡的资格也没有的我来说，义无反顾地选择了当兵。

一、从青年学生到合格军人

部队是一个大学校。我在新兵连学政治、学军事、学条令条例，从立正、稍息、敬礼、整理军人风纪到队列训练这些最基本的军人素养学起。正步训练踢腿、甩臂看似很简单，但一天下来双腿肿得连床都爬不上去。而我还时不时地走出"八字步"。为纠正这一毛病，我可吃了不少苦头。操场旁边有一条用砖和水泥砌成的小水沟，水沟的内槽宽度与脚宽差不多。课间休息时我就到水沟里练正步，脚被磕得鲜血直流。一个月下来，脚板的内外两侧磨出一层厚厚的老茧，"八字脚"终于得到纠正。

新兵训练结束后，我被分配到三营七连。

1976年7月27日，也就是唐山大地震的前一天，我从师部绘画班学习结束后，回到正在柏各庄军垦农场造纸厂执行任务的连队。当天晚上，正好是我们班上夜班。28日凌晨3点半，班长让我去澡堂换水，准备下班后让全班好好解解乏。

我刚拔下池子里的木塞，突然听到可怕的嗡嗡声响。我下意识地关闭澡堂的阀门，却被一股巨大的外力掀翻在水池里，我灌了几口水后又奇迹般地被甩到池子外面。我很快意识到可能是地震了，就以百米冲刺的速度往外跑，但倾斜的门怎么也推不开，我只好返身回去找衣服。不大一会儿，澡堂的门被砸开，是翁仁泽班长带人来救我了。班长抓住我的手就往外跑，我说我还没穿衣服，班长说："活命要紧！"就这样，我只好和班长"赤裸相见"。

1976年底，在政治处书记孙学江的引荐下，我被调入部队电影组。初来乍到，我对一切都感到新鲜，学放映，放广播，画幻灯。幻灯的脚本一般都是邱继臣股长和陈伯和干事写，我根据内容进行构图。先在白纸上画初稿，再用墨汁画在小玻璃片上，画错了就用小刀刮掉，每画好一幅幻灯片就在玻璃片上面蒙上一层胶片，然后用胶水把玻璃片四周粘好，最后给幻灯片上颜色。由于幻灯片的内容反映的都是部队里的人和事，深受官兵喜爱。可时间不长，就发生了一件震惊部队"半夜鸡叫"的事。

那是1977年年初的一天，我突然从梦中惊醒，披上棉袄从床上跳下来，上下眼皮还在打着架就下意识地放了起床号。这时候，司令部打来电话问："什么情况？"我才意识到自己放错了号，心里很害怕，头上直冒冷汗，一下子瘫坐在床边。刚到电影组就捅了这么大的娄子，吓得早饭也没敢去吃。

早饭后，邱继臣股长来到电影组，我想肯定是兴师问罪来了，连大气也不敢出，恨不得找个地缝钻进去。邱股长没提放错号的事，这让我更加忐忑不安起来。闷了一个星期，邱股长找我谈了一次话，还是只字不提放错号的事，只是说能调到电影组的兵都是千里挑一的，要珍惜这个机会，尽快熟悉业务，为部队服好务，也没有看出要把我退回连队的意思。当时我什么也没说，深深地给邱股长鞠了一躬。

邱股长问我不放电影的时候几点睡觉，我说晚上不想睡早晨不想起，可我得先把部队叫醒，再钻进被窝睡"回笼觉"。我的话一下子把邱股长逗乐了。他说我的字写得还可以，以后不放电影的时候帮他们抄抄稿子，我不置可否地点了点头。刚开始抄稿子时我还有点想不通，觉得这种事应该报道组干。可经过一段时间我渐渐明白了，这是邱股长换了一种方式让我多学知识，心里很感动。

这个谜，还是转业多年后见到邱股长时才解开的。我问邱股长，当时我犯了那么大的错，你怎么就不剋我一顿。邱股长说，放错号本来压力就大，再批评怕你背思想包袱，这对你的成长和工作不利。

放电影是个细致活儿，从倒片、接片、跑片，每个环节都不能出错。地震后，部队的大礼堂没建起来之前都是露天放映。冬天冻得手都伸不出来，尤其是挂银幕，绳子甩多次才能挂上，遇到绳子被卡住，还要像猴子一样爬杆，当时仗着年轻也不知道累。随着业务越来越熟练，我们电影组创造了连续放映600场无故障的佳绩，受到军区通报表彰。

顾翔普主任和邱股长对我青年时期的成长付出了很多心血，我从他们身上学到很多东西，而且更重要的是他们培养了我的学习习惯。当时部队里图书室归电影组管理，我除了画画就是看书。如果一天不看书就没着没落，好像有什么事没干完似的，读书学习为我日后的事业发展奠定了坚实基础。

后来我提了干，为培养我，部队又推荐我到石家庄陆军学校深造。从陆校毕业后，又回到原部队政治处当干事。部队不但磨砺了我的意志，而且培养了我的组织纪律观念、吃苦耐劳精神、责任感和使命感。1985年部队百万裁军，结束了我的十年军旅生涯，开始了人生的第二次跨界。

二、从军转干部到基层办事员

转业后我被分配到邯郸一家小企业当办事员，除了干部身份外，一切需要从头再来。

到地方工作后，我一以贯之地保持了在部队多年养成的拼搏进取精神，领导在与不在从不惜力。这种只顾耕耘、不问收获的实干，给我带来了意想不到的效果。我先是从企业的办事员调到市局当秘书，后来被任命为办公室主任，接着列入第三梯队，多次民主推荐局级干部我都名列前茅。正当我有望"百尺竿头更进一步"的时候，由于工作上的变故，我的命运发生了意想不到的变化。世界上的事往往就是这样，你虽然热血沸腾，满腔报国之志，但是命运却偏偏把你置于无能为力的尴尬境地。

在那段灰色的日子，我仿佛站在了十字街头，不知该往哪里走。在朋友的引领下，我决定去股市寻找精神上的寄托，至于能不能挣钱、会不会亏钱压根儿就没想过。可万万没想到，等待我的是一番脱胎换骨的历练，我人生的第三次跨界竟然是被"逼上梁山"的。

三、从公务员到 135 战法创始人

"壮年听雨客舟中，江阔云低，断雁叫西风。"1999 年 8 月 19 日，在我 42 岁的不惑之年，正式成为中国股民。

"股盲"入市，无知者无畏。有时候，"瞎猫碰上死耗子"赚了仨瓜俩枣，就很是激动一番，觉得股市的钱好赚，头脑一热就开始追加资金大干一场。而大盘正在构筑头部我却浑然不知，还一个劲儿地"满仓"，恨不得把钱全买成股票。结果，刚赚的几个钱还没焐热就全部还给了股市，而且还亏了一笔。

那一段时间，我整天泡在交易大厅。可眼见别人买的股票都嗖嗖地往上蹿，唯独我买的股票卧着不动，看着真憋气，我于是"挥刀开斩"，一万元瞬间就亏掉了。心疼啊，这可是我一年的工资啊！原想通过炒股接济并不宽裕的家庭，不想却亏损累累，一时压得我抬不起头来。

当时，有人推荐了两本炒股的书，我仿佛看天书一般，翻来覆去弄不明白，最后用一个最笨的办法：抄。我用两个月时间，硬是一笔一画抄完了两本书。虽然不太明白书上说的，但毕竟能看进去了。此后，我经常往书店跑，凡是和股市沾边的书我都买，就像一块贪婪的海绵不知疲倦地吸收中外证券书籍里的知识。

记得一次和散户讨论股票时，我突然冒出一句：要是能找到股市的规律就好了。没想到引得大家哄堂大笑，他们都以为我是痴人说梦，有人甚至不加掩饰对我嗤之以鼻，那场景深深刺激了我。我想，既然股市能一波一波涨，又一波一波往下跌，肯定有一只"看不见的手"在起作用，即有一种被称为"规律"的东西伴随着人们的每一次操作，它的金手指指向谁，谁就会踏着失败者的悲伤穿过胜利的凯旋门。

可是，究竟该从哪里去找"这只手"呢？对于当时进入了"越亏越买，越买越亏"的恶性循环、捞本心切的我来说，只好有病乱投医，盲目去"撞大运"。股评家说要研究基本面，我就天天看新闻、看财经、看上市公司信息，还从地摊上买来一大堆证券报刊，把各路名家推荐的股票集

中起来进行"优选"。结果，还是越炒越赔、越赔越炒，"两边挨耳光"，但我并不气馁。那段时间，我起得比鸡早，睡得比狗晚，吃得比猪差，干得比驴多。我读了国内外大量关于股市的书籍，静下心来寻找股市的新路径。

有一天，我突然发现一个困惑很久的问题，即业绩好的股票为什么总是不涨的"秘密"：业绩好的大家都在买，而且买了以后谁也不卖，市场主力收集不到筹码，股价怎么能涨啊？而问题股、亏损股人们唯恐躲闪不及，主力囤积了大量廉价筹码，所以才敢"风风火火闯九州"。

我自以为发现了涨跌奥秘，胆子也大了起来，甚至不顾家人的劝阻一意孤行，把家里所有的积蓄及在亲戚朋友中借的钱全部投入股市。最后杀红了眼，竟然背着家人借高利贷，而且越借越多，最终把自己逼上了绝路。

回到家里我不再谈股票，并且竭力掩盖亏损的事实，除了不想让家人为我担忧之外，重要的是没有面对失败的勇气。这种自欺欺人的做法维持了一段时间就坚持不下去了，严重的亏损已经压得我喘不过气来。有时走到楼下，我会整理一下心情，虽然这个躯壳属于我自己，但推开门，我就是父亲，也是儿子，唯独不是我自己。在家人面前，我用小心翼翼的微笑掩藏所有的心酸，用故作洒脱的姿态逼自己坚强起来。我的性格属于愈挫愈奋，面对困难和挫折的时候，我会迅速地摆脱负面情绪的纠缠，换言之，外力很难将我击沉，但我真的不知道该怎么浮上来。

我当时想，这些年即使什么也不干也比现在好，起码不会负债吧。此时此刻，炒股的酸甜苦辣强烈地刺激着我：工作的变故、交易的失利、年迈的父母、下岗的妻子、嗷嗷待哺的女儿，这一切突然不可抑制地袭上心头。假如父母突发疾病急需一笔住院费，或者女儿出国留学急需一笔保证金，我该去哪儿找呀，想到这些就不寒而栗！而周围朋友的变化与我形成了鲜明的对比，他们有的买了车，有的换了房，有的升了职，有的发了财，唯独我的人生之路越走越窄。我感觉到了生活的压力和上有老、下有小的那份揪心，眼前的这个家庭已经处于风雨飘摇之中，我简直不敢想象，这时候如果我有任何闪失，都可能把这个家弄得支离破碎。

在没有进股市之前，我从未想过炒股；进入股市以后，从未后悔当初的选择，既然股市已经把我折腾得倾家荡产了，就应该在哪儿摔倒就在哪儿爬起来。那一夜，我是伏在一张张亏损的交割单上昏昏欲睡的。我感到了炒股的艰难，但不想把"股民"这个称号让给鄙视我的人，也就是在这时，我萌动了一定要在股市杀出一条血路来的念头。

急火攻心的我终于病倒了，一连几天高烧不退，我甚至听到了死神的脚步声。我惊骇，但叫不出声；我奔逃，却又迈不开步子。眼前飘浮着杂乱无章的K线，我用手去抓却又抓不住。作为军人，我从不惧怕死亡。但这一次就像是对死亡的预演，让我感到一种恐惧。而我现在还不能死，因为我的使命还没有完成，即使死也要把债务全部还清，不能有一丝一毫的拖欠。

为了早日找到股市规律，也为了躲避债主，我索性停了手机，让同学帮我租了一个8平方米的小屋，闭门索居，隔断了与外界的一切联系。当时没有电脑，我每天收盘后就在坐标纸上画K线图和移动平均线，开始认真梳理总结每一次失利的原因，思索着到底是什么"魔咒"在制约着股市。在这个8平方米的小屋里，我度过了绝望的迷茫期。

凡是能让我投入热忱的事，就是生命中最值得去做的。为了提高效率，我借钱买了一部二手电脑，从此以后，我在不同的个股之间不停地辗转腾挪，不分昼夜地在电脑上看股价的位置和均线的方向，分析股价的支撑与阻力，寻找主力在整个操作过程中的不同阶段在K线上的表现，然后用统计学原理算出它们的概率，我惊喜地发现一种带有共性的东西：不同的股票，凡是出现相似的形态，而最后的结果也往往有着惊人的相似；凡是能够大幅上涨的股票，起动前都会出现类似的形态；相同的形态出现在不同的位置，其结果也各不相同。

这些散落在不同股票中间的现象，孤立地看，它们太像一个接一个的偶然了。但如果有太多的偶然都在显示同一现象，你还能心平气和地把它看成偶然吗？不，这时候你必须承认，这就是规律。

我意识到，过去屡战屡败，不单纯是技术上的原因，还有心态上的控制，重要的是缺少一套属于自己的交易方法和严格的操作纪律。

"有志者，事竟成，破釜沉舟，百二秦关终属楚；苦心人，天不负，卧薪尝胆，三千越甲可吞吴。"我用了整整三年时间寻找股市规律，这是一段长跑，既需要耐力，还需要爆发力。上天似乎十分眷顾我这百折不挠的坚持，让我迎来了与股市规律的相遇。经过无数次失败和大量实践的探索，我终于发现了隐藏在股市背后的斐波纳契数列的神秘面容，受此启示，遂把这个数列组成均线系统，过去"踏破铁鞋无觅处"的黑马，如今"得来全不费功夫"。它以均线系统为依托，以技术形态为切入点，三条均线犹如悬崖边上的三道护栏，在护栏以内行走安然无恙，越过护栏将坠入万丈深渊。不同的买卖点犹如山上的形态各异的景观，只要记住它的形态特征以及它所代表的市场含义，就能十分清楚地知道股价目前所处的具体位置，是买是卖一目了然。于是，我依据斐波纳契数列的原理和中国股市实际，把理念、方法、原则、纪律融为一体，形成一套完整的属于自己的实战交易系统，并将其命名为"135战法"，从而把握了股票操作的主动权。命运之神同我开尽了玩笑，在我付出惨痛代价之后终于让我看清了股市规律的模样，并最终反败为胜，经过时间的沉淀，如今"135战法"已经成为中国股市的投资品牌。

有了自己的实战交易系统，我制订了一个还款计划：坚持每周盈利3个点，156周后就可以把一千多万的债务还清。虽然还债的日子很苦很累，但我情绪异常高涨，因为每周都能超额完成目标。经过两年八个月的努力，我提前完成还款计划。那一刻，一种特有的成就感无法言说：我终于不用再躲债，可以和家人团聚了。

股市让我经历了一生最痛苦的炼狱过程。那些无法呼喊的悲怆，那些在污泥浊水中的挣扎，那种黑云压城城欲摧的恐惧，那种寄人篱下的苟延残喘，股市把我打得遍体鳞伤，然而大难不死的我竟然奇迹般地活了下来，伤口上长出的翅膀竟然带我"大鹏一日同风起，扶摇直上九万里"。

一个当初来股市寻找精神寄托的我，竟然和股市结下不解之缘，它不仅改变了我的人生走向，而且让我从散户蜕变成职业投资人。我说不清在黑暗中探索了多久，也不知道在软弱自卑的环境里纠缠了多久，如果用一句话概括我的炒股之路，那就是"饱经沧桑，历尽磨难"。人有时候并不知道自己有多么优秀，不遇挑战还真挖不出自己的潜能。

回顾我人生中的三次跨界，世上没有什么不可能，只要用心去做就能取得跨界的成功。我的人生经历证明了一个道理：只要不要滑、不偷懒，锁定目标，不懈努力，不管以后生活的浪花把你带到天涯何处，你都会在那里开花结果。

2021 年 3 月于北京